网络媒体与信息管理研究

李博 栗俊杰 著

燕山大学出版社
·秦皇岛·

图书在版编目（CIP）数据

网络媒体与信息管理研究 / 李博，栗俊杰著．—2 版．—秦皇岛：燕山大学出版社，2022.1

ISBN 978-7-5761-0285-7

Ⅰ．①网… Ⅱ．①李…②栗… Ⅲ．①计算机网络—传播媒介—信息管理—研究 Ⅳ．① G206.2

中国版本图书馆 CIP 数据核字（2021）第 281323 号

网络媒体与信息管理研究

李 博 栗俊杰 著

出 版 人：陈 玉
责任编辑：孙志强
封面设计：于文华
出版发行：燕山大学出版社 YANSHAN UNIVERSITY PRESS
地 址：河北省秦皇岛市河北大街西段 438 号
邮政编码： 066004
电 话： 0335−8387555
印 刷：英格拉姆印刷(固安)有限公司
经 销：全国新华书店

开 本：700mm×1000mm 1/16 印 张：14 字 数：230 千字
版 次：2022 年 1 月第 2 版 印 次：2022 年 1 月第 1 次印刷
书 号：ISBN 978-7-5761-0285-7
定 价：56.00 元

内容简介

随着社会的不断发展，互联网信息时代已全面到来，由于它自身所独具的广泛性、突发性、自由性、互动性和偏差性等特点，广大民众就会利用这个平台来表达自己的意愿，发表自己的看法和意见，从而形成了网络信息。政府在制定或者执行方针政策的时候，如果能够重视网络信息，积极听取或者采纳广大民众的意见建议，就会赢得民众的支持和信赖，这将有利于方针政策的进一步推行和推广，从更深层次意义上也有利于树立政府良好的形象和确保社会稳定，对构建和谐社会起到重要的作用。本书在行文上，注重学术与通俗、理论研究与社会实践相统一，力求本书既可以作为学术著作供高校和科研机构的科研人员当参考，也可以作为网络信息管理方面的普及性读物供社会大众阅读。

前　　言

网络媒体和传统的电视、报刊、广播等媒体一样，都是传播信息的渠道，是交流、传播信息的工具、信息载体。与传统的音视频设备采用的工作方式不同，网络媒体依赖 IT 设备开发商提供的技术和设备来传输、存储和处理音视频信号。最流行的传统的 SDI（串型数字）传输方式缺乏真正意义上的网络交换特性。需要做大量的工作才可能利用 SDI 创建类似以太网和 IP（因特网协议）所提供的部分网络功能。所以，视频行业中的网络媒体技术就应运而生。与其他媒体比较，网络媒体主要有以下优势：

1. 传播范围最广：全球性。传统媒体无论是电视、报刊、广播还是灯箱海报，都不能完全跨越地区限制，只能对某一特定地区产生影响。但任何信息一旦进入 Internet，分布在近 200 个国家的 Internet 用户都可以在他们的计算机上看到。从这个意义上讲 Internet 是最具有全球影响力的高科技媒体。

2. 保留时间长：全天候（常年）。报纸广告只能保留一天，电台、电视台广告只保留几十秒，甚至几秒，Internet 上发布的商业信息一般是以月或年为单位。一旦信息进入 Internet，这些信息就可以不间断地展现在网上，以供人们随时随地查询。

3. 信息数据庞大：全面性。例如影像、动画、声音、文字；涉及政府、企业、教育等各行各业；用于写文章、搞研究、查资料、找客户、建市场、信息流、物流等等。

4. 开放性强：全方位。

5. 操作方便简单：傻瓜化。仅点点鼠标，浏览、搜索、查询、记录、下单、购物、聊天、谈判、交易、娱乐、报关、报税等轻松实现，跟发传真、打电话一样简单。

网络舆论是指在互联网上传播的对社会问题不同看法的网络信息，是社会舆论的一种表现形式，是通过互联网传播的公众对现实生活中某些热点、焦点问题所持的有较强影响力、倾向性的言论和观点。舆情信息管理是通过对网络上各类可见的公众关于社会中各种现象、问题所表达的信念、态度、意见和情绪等信息的预警、搜集、分析、反馈，从而获得舆情态势变化数据，做出舆情处置决策，化解舆情危机的过程。以政府为例，做好信息管理需从以下几个方面入手：一是要构建互联网管理的技术支撑平台。二是要推进和完善互联网管理机制建设。三是要建立互联网舆情的快速报告制度。四是要落实互联网舆情处置的问责。五是要加强互联网有害信息的源头控制。

本书主要由李博、栗俊杰撰写和修改完成，张静民、周明、段建军、肖凤志、孟军政、张建鑫、蔡常山等同志参与了部分章节的初稿和撰写。

本书的出版得到各级领导和同事的大力支持，得到了出版社编辑同志的精心编辑修改，在此一并深表谢意！

本书参考了相关研究的一系列著作和论文，对这些作者的前期研究，深表敬意，若有注释不清或失误，深表歉意。

由于作者水平有限，错误在所难免，恳请读者指出，若有再版，我们加以修改。

目　　录

第 7 章　自媒体与高校学生网络信息管理及其应用

第1章　政府舆情信息管理及其应用

随着诸如微博、微信朋友圈、博客以及社交论坛等新媒体的崛起，媒体的内涵和外延都发生了重大的转变，人们固有观念中高准入规则的专业传媒机构已经向新闻个体化和实时化转变，而且各种新媒体对社会热点事件和重点问题的解决都起到积极的推动作用，这不仅有利于传统媒体的转型升级，而且有利于推动社会文明程度的提高。上述现象的产生和普及我们称其为自媒体时代的到来，自媒体时代指的是以个体传播为主体，以信息化、自由化的方式，向未知特定个体或未知群体传递规范性和非规范性信息的时代。但是，自媒体时代信息的传播由于其无法溯源性的特点导致其存在非法信息、错误信息以及误导信息等被肆意传播的可能性，这对社会的稳定、经济的发展以及网络环境的净化都存在严重的阻碍作用。而政府作为国家社会管理的主体力量，维护社会稳定和网络和谐是其义不容辞的责任，由此政府成立了舆情信息管理部门。舆情信息工作是当前我国党政部门的主要工作之一，通过舆情信息工作的准确搜集和分析，能够对涉及民生的关键性问题进行有效筛选，进而提高政府社会管理和服务的针对性，最终体现我党全心全意为人民服务的宗旨和要求。

1.1 舆情信息工作的相关理论基础

1.1.1 舆论、舆情信息与舆情信息工作的内涵

1.1.1.1 舆论

“舆论”一词在我国历史上首先出现要追溯到南北朝时期，公元502年，梁武帝萧衍在被册封为梁公时的表文便提到“舆论”一词，据《据梁书•武帝纪》中记载:“故前代选官，皆立选簿，应在贯鱼，自有铨次。胄籍升降，行能臧否，或素定怀抱，或得之舆论，故得简通宾客，无事扫门。”上述所提到的舆论一词

与现代意义上的舆论内涵相似，按照古语解释为大众言论的含义，但是在当时却指代社会上某一类社会群体。

而西方国家的舆论是随着启蒙运动的发展而逐渐形成的。由于 18 世纪的欧洲处于由封建社会向资本主义社会的过渡和转型时期，在各领域都呈现出新旧思想的激烈斗争，从而引发了影响全欧洲的思想启蒙运动，而法国则是西方文化启蒙运动的发源地，西方文化启蒙运动提倡对理性崇拜的回归，启蒙运动典型代表卢梭提出了社会契约理论和天赋人权理论，从而奠定了西方文化启蒙运动的思想基础，使启蒙运动时期的思想打上了很深的民主、平等的烙印。在舆论概念形成的过程中包括苏格拉底、柏拉图、亚里士多德以及马基雅维利等都曾对其相似和相近概念进行过研究，而舆论概念的首次提出和使用是霍布斯。霍布斯在 1651 年出版的《利维坦》中，第一次提出并详细论述了“公众意见”。但霍布斯使用的“舆论”并非“public opinion”，而是“opinion”。西方公共舆论概念的真正形成是以《社会契约论》为标志的。1762 年，卢梭在《社会契约论》中首先将“公众”与“意见”结合起来，肯定了舆论的巨大力量，他认为舆论是正规法律以外的法律。德国哲学家兼社会学家哈贝马斯提出了公众话语空间理论，并在该理论中详细阐述了公共舆论的起源、地位和作用等内容。

由于“舆论”概念所产生的时代背景和社会状况不同，我国和西方社会对舆论的理解有很大的差别。我国的“舆论”概念产生于没有人身自由的奴隶社会，是为巩固统治集团的政权服务的；而西方的“舆论”概念则是产生在资本主义兴起的萌芽时期，是资产阶级革命的产物，并为资产阶级革命服务。西方学者对舆论概念界定的主要代表性观点如表 1-1 所示，我国学者对舆论概念的界定如表 1-2 所示。

表 1-1 西方舆论概念的典型界定

代表人物	国家	舆论概念界定
加尔夫	德国	民意，是一个国家的大多数公民，每人反省或实际了解某件事所得到的判断后，许多人的共识。
雅尔保	美国	民意是许多人的情境里，个人可随时表达自己的意见，或被要求表达自己的意见，来赞成或反对具有普遍重要性的特定状况、人、计划等，并表现出人数、强度和稳定性的比率。
V.O.KEY	美国	所谓舆论乃为民间所持守、政府要仔细听从和考虑的意见综合。
伦纳德·杜布	美国	舆论是指当人们是同一社会集团的成员时，对一个问题的看法。

表 1-2 我国舆论概念的主要界定

代表人物	时间	舆论概念界定
刘建明	1988	舆论是显示社会整体知觉和集合意识、具有权威性的多数人的共同意见[1]。
孟小平	1989	舆论是公众对其关心的人物、事件、现象、问题和观念的信念、态度和意见的总和，具有一定的一致性、强烈程度和持续性，并对有关事态的发展产生影响[2]。
喻国明	1993	舆论是社会或社会群体中对近期发生的、为人们普遍关心的某一争议的社会问题的共同意见[3]。
陈力丹	1999	舆论是公众关于现实社会以及社会中的各种现象、问题所表达的信念、态度、意见和情绪表现的总和[4]。
宋林飞	2001	舆论是社会上相当多的人对一定的社会问题、事件或个人行为所发表的类似意见与一致评价[5]。

综合中西方学者对舆论的概念界定，本书将舆论定义为：社会公众对于社会问题、现象以及涉及自身利益的社会整体知觉、意识集合和诉求表达形式。

1.1.1.2 舆情信息

舆情信息是对社会和网络舆论的客观描述和真实反映，从理论层面来看，舆情信息指在对社会公众的政治倾向和社会态度的搜集、整理和分析的信息处理过程中，能够客观体现社会舆论走势和发展趋势的相关信息和数据。从广义层面来看，舆情信息也可称为社会舆情信息，归属于社会信息的范畴，包括由人类意识产生且能够对社会、政治、经济和文化生活产生影响的各种信息符号的综合。而从狭义层面上理解的舆情信息是指能够直接反映社会舆论走向和运动状态的各种媒介和载体的总和，换句话说，狭义的舆情信息专指以文字材料形式反映社会舆论和舆情信息的材料。本书中所提到的舆情信息不仅包括形成文字的舆情材料，还包括网络思想、社会价值等无形舆情信息的传播和管理，因此，本书中所提到的舆情信息是广义舆情信息的概念。

舆情信息归根到底是公众思想状况的反映形式，而诸如生物信息、科技信息以及经济信息等都不属于舆情信息的范畴，只有通过人类思想加工的普遍认识才能称之为舆情信息。例如：非典型性肺炎和禽流感本身并不属于舆情信息的范畴，但是由于传染性而引发的社会恐慌以及公众社会态度的转变才能称之为舆情。舆情和舆情信息是两个截然不同的概念，舆情体现的是公众社会思想的客观性，无论关注与否都依然存在，而舆情信息则不同，它是由人类有组织、有计划地对舆情进行筛选、整理和加工而形成的，是特定的媒介和载体，因此，舆情信息具有主观性。

1.1.1.3 舆情信息工作

所谓舆情信息工作指的是在国家中央部门的直接领导和组织下，围绕特定社会问题、实践以及意识形态领域的动态变化而有针对性地通过信息的搜集、整理、筛选、分析和加工而形成有利于政府管理者进行社会、政治、经济和文化决策的参考信息的处理活动和过程[6]。简而言之，舆情信息工作是舆情信息工作部门有组织、有目的、有计划地进行舆情搜集、整理，并将形成的舆情信息文稿报送有关部门的过程及其所需要从事的相关工作。对于舆情信息工作的概念可以从三个方面进行理解：第一，舆情信息工作的主体。舆情工作的组织者和实施者一般指的是党政机关的信息工作部门及其人员，舆情信息工作的主体在工作中始终处于主动状态，其工作人员专业技术能力的高低直接决定着舆情信息工作质量的优劣程度。第二，舆情信息工作的客体。舆情信息工作的客体指的是民意调查和服务的对象，主要包括普通民众、网民以及其他群体等。第三，舆情信息工作的效应。舆情信息工作的效应指的是舆情信息工作成绩的体现，通常以社会公众对社会问题的政治支持倾向为主要衡量标准。而舆情信息工作的成效高低主要取决于舆情信息的决策者和执行者两方面因素。此外，能否顺利完成舆情信息工作还需要把握好舆情信息工作各要素之间的关系，遵循舆情信息工作的基本发展规律和原则。

随着我国互联网的普及和应用，尤其是移动网络的更新和升级，我国舆情信息工作面临着新的挑战，自媒体时代舆情信息工作呈现出新特点，具体体现在：

第一，舆情信息工作环境的复杂性。由于我国正处于社会转型期，各种社会矛盾相互交织，而互联网快捷性、自由性、虚拟性等特点恰恰使其成为我国社会各种矛盾的集中反映场所，同时也极大地加深了社会公众对“话语权”的认识和理解。普通民众可以通过网络自由发表言论、发布消息，但同样是由于网络的虚拟性和自由性，使得网络信息鱼龙混杂，各种虚假和误导类信息充斥其中，这对舆情信息工作的搜集和筛选带来了极大的挑战。此外，西方敌对势力也通过网络散播严重影响民族团结和社会和谐的非法言论，想借此来动摇我党和我国社会主义制度，这些都无形中增加了舆情信息工作的难度和工作量[7]。

第二，舆情信息的时效性增强。舆情信息的发布需要借助一定的载体，而官方微博、社交论坛、微信、微博以及个人博客空间的飞速发展推动了我国舆情信息量的暴增。因此，任何社会问题和事件经过网络的传播、转载和评论均会迅速得到传播和关注，甚至有可能会导致社会公共安全事件的发生，从而造成简单问题复杂化以及局部问题扩大化的负面效应[8]。正因如此，我国党和政府对网络信息重视程度逐年提高，而且还设立了网民互动日，以此推进我国政府工作的改进和完善。综上所述，舆情信息的网络时效性较强，这对党政机关舆情信息工作的效率提出了严峻的挑战，只有在最短的时间汇总舆情信息的动态并进行科学合理的决策才能有效地平息事态的扩散和蔓延，也才能维护社会的和谐和稳定。

在大数据背景下，对于舆情信息的分析仅依靠人力是无法实现的，必须要借助专业的设备和工具。但是，在现实生活中我们往往发现部分单位耗费巨资购入舆情监测和分析处理系统，但却由于专业技术人才的匮乏而将其束之高阁，为了杜绝类似现象的发生，我国应加强舆情信息工作人员的专业技能培训，其培训内容主要包括三个方面：首先，掌握必要的互联网技术和信息查询方法，能有效应用网络技术、数据库技术、信息检索统计分析技术等；其次，要具备一定的法律知识和政策修养，熟悉国家互联网相关法律法规、空间治理基本理论、信息分析预测以及舆情信息学的基础等；第三，要具有较强的学习和创新能力，能够在短时间内熟悉舆情信息监测系统的基本操作。

1.1.2 自媒体时代舆情信息工作的重要性分析

古人云：以史为鉴，可知兴替；以铜为鉴，可正衣冠；以人为鉴，可知得失。舆情信息来自于社会和网络，能够直接反映社情民意，是社会公众各种利益诉求的真实表达，从某种程度上而言，舆情信息相当于警戒我国当前工作的镜子，既能够为党中央了解基层实情、作出正确决策服务，也能为基层管理人员研判形势、未雨绸缪而服务。据我国互联网信息中心统计数据显示，截至2018年12月，我国网民规模达8.29亿，而2019年我国网民规模达8.54亿，比上一年增加0.25亿。网民中使用手机上网人群的占比由2017年的97.5%提升至98.3%，网民手机上网比例继续攀升。随着自媒体时代的到来，舆情信息的传播空间不断拓展，所产生的社会影响也不断增大，这对于各级党政机关信息工作部门提出了严峻的挑战。

第一，有利于社会舆论的引导，维护社会和谐稳定。掌握舆情信息是加强意识形态工作的前提和基础，在现代社会，社会主流意识形态不仅依靠行政力量的推行，同时还要依靠媒体的传播。因此，党和政府为了实现其执政目标需要把握社会舆论的导向，以马克思主义理论和思想指导社会的发展以及社会的团结。只有通过不断加强舆情信息工作，才能巩固社会主流舆论的主导地位，也才能充分发挥社会主义意识形态对人民群众的引导和激励作用，同时实现不良舆论影响的消除。

第二，有助于提高党的执政能力和水平。不断加强舆情信息工作能够有效地密切党同人民群众的联系，不断巩固党的执政基础和地位。只有通过舆情信息工作的完善才能及时掌握公众的思想动态，架起党和政府与群众沟通交流的桥梁，才能实现权为民所用、利为民所谋、情为民所系的社会服务目标。此外，在我国建设社会主义和谐社会的进程中，需要准确把握群众所关心、关注的问题，对其不满意的方面及时予以改进和完善，真正实现代表最广大人民的根本利益，从而不断巩固我党的执政基础，切实维护执政安全。

第三，有利于各级政府领导的科学决策。科学决策是党和政府执政能力的重要体现，在自媒体时代舆情信息已经成为各级领导科学决策的重要依据。谁掌握的舆情信息最全面、最准确，谁就获得了决策的主动权。我国舆情信息工作的开展就是要及时获取公众的思想动态和舆论走向，不断提高我国各党政机关科学决策的主动性和针对性，从而实现社会矛盾和问题有效解决。正如毛泽东同志所指出的："一定要每日每时关心群众利益，时刻想到自己的政策措施一定要适合当前群众的觉悟水平和当前群众的迫切要求。凡是违背这两条的，一定行不通，一定要失败。"[9]

1.1.3 舆情信息工作的流程

步骤一：舆情信息的搜集和抓取。舆情信息监测系统会自动对各媒体发布的新闻、论坛信息以及博客内容进行筛选和采集，并对所搜集信息进行统一加工、筛选、分类以及保存。对热点问题的智能分析，要应用基于向量空间的特征分析技术对搜集的内容做分类、聚类和摘要分析，随后在监控知识库的指导下进行基于舆情信息的语义分析和倾向性分析，最终将监测的结果根据所属部门分别推送并追踪反馈信息。

步骤二：自动发现并跟踪网络信息热点。对重要的热点新闻信息进行分析和追踪，对于突发事件引发的网络信息事件要及时掌握舆情爆发点和事态走势。系统会根据新闻文章数及文章在各大网站和社区的传播链进行自动跟踪统计，提供不同时间段的热点新闻以及热点新闻、论坛发帖的传播速度和转载数量。

步骤三：多维度关联的舆情展现。系统会自动对每天采集的海量的、无类别的舆情信息进行分类整理，将相近内容的信息归为一类，并自动为该类生成关键词。

步骤四：舆情信息的分析和统计。舆情信息分析和统计项目如表 1-3 所示：

表 1-3 舆情信息统计和分析项目体系

	统计项目名称	统计和分析内容
舆情信息的分析和统计	热点专题统计	热点专题总体分布
		重点预警事件总分布
		各类重点预警事件分布
	站点统计	可统计各采集站点的采集文章数
		统计各论坛站点的采集文章数
	热点词语统计	系统自动抽取文章中的热点词语
		按该机构名出现的文章次数进行统计
		查看热点词语的传播趋势
	热点人名统计	系统自动抽取文章中的人名
		按该地名出现的文章次数进行统计
		查看热点地名的传播趋势
	热点地名统计	系统自动抽取文章中的地名
		按该地名出现的文章次数进行统计
		查看热点地名的传播趋势
	热点机构统计	系统自动抽取文章中的机构名
		按该机构名出现的文章次数进行统计
		查看热点机构的传播趋势

步骤五：舆情专报生成。根据配置的关键词信息，自动定时生成要求格式的舆情专报，提供给相关部门进行决策参考。

1.1.4 舆情信息工作的理论基础

1.1.4.1 公共治理理论

20 世纪 70 年代，西方国家在社会政治、经济以及管理方面遭遇重大危机，从而推动了西方公共管理和公共行政理论研究范式的变革。而随着近代资本主义的发展、现代信息技术以及公民社会发展的需要，西方政府公共管理的范围不断拓展，规模也在不断扩大，从而促使行政与政治相分离获得了独立的地位。

公共治理理论的主要内容包括三个方面：首先，治理主体的多元化。公共治理是由多元的公共管理主体组成的公共行动体系，既包括政府及公共权威部门在内的政府部门，同时也涵盖了以私营部门、第三部门为代表的非政府部门，公共治理的主体包括政府但同时又不局限于政府，只要政府部门所行使的权利能够得到公众的认可就能够成为公共治理的合法主体。其次，治理主体间权利的相互依赖和互动。治理主体间权利相互依赖主要指的是公共活动的各组织无论其组织性质如何，都不可能拥有绝对的资源和能力独自解决任何社会事务，因此，治理主体之间也需要相互依赖和支持，在实现共同目标的同时也实现各自的目的。正是由于治理主体间存在权利依赖关系，因此，公共治理过程便具有了互动性，需要治理主体间不断地交流、沟通和合作。因此，政府与其他社会组织便在这种过程中建立了各种各样的合作关系。最后，自主自治网络体系的建立。传统的公共管理理论依靠市场调节这种单一的协调方式，这必然对社会经济的发展和稳定造成隐患。而公共治理理论的治理主体间相互依赖和合作的关系必然会推动公共管理朝着自主自治的网络化的方向发展。

1.1.4.2 公共服务理论

登哈特夫妇的新公共服务理论是建立在对传统公共行政理论和新公共管理理论的批判和反思的基础上的，公共服务理论强调用基于公民权、民主和为公共利益服务的新公共服务模式代替以经济发展理论为基础的行政主导模式，未来的公共服务模式将是以平等对话协商和公共利益至上为基础的。公共服务理论的内容主要包括七个方面的核心内容：

第一，政府的职能是服务而不是掌舵。政府及其公职人员的职责是谋求公共利益的实现,而非以强制手段去管理和控制,其角色定位应由控制到平等协商。

第二，公共利益是目标而非副产品。政府及其公务人员追求的公共利益是集体的公共利益，公共利益的实现并不是简单地寻找解决问题的方案，而是要创造共享利益和共同责任。

第三，思想上具有战略性，行动上要具有民主性。即符合公共需要的政策和计划，通过集体努力和协作的过程，能够最有效、最负责任地得到贯彻执行。

第四，为公民服务而不是为顾客服务。公共利益是基于平等协商的共同价值准则的对话，而不是单纯的个体利益的重复叠加，因此，公民的角色和顾客存在根本的差异。

第五，公务员不应仅关注市场，也要关注宪法和法律。政府及其公务人员应该受到包括公共利益、法律法规、非政府组织、社会团体、环境因素以及其他公民需要在内的各种制度和标准等多种因素的制约和影响。

第六，重视人，而不只是重视生产率。公共组织及其所参与的网络，如果能在尊重所有人的基础上通过合作和共同领导的过程来运作，它们最终就更有可能获得成功。

第七，公民权和公民服务比企业家精神更重要。公共服务理论认为公务人员并不是所在机构的所有者，而仅仅是管理者，政府组织部门的所有者是全体公民。

1.2 乐亭县舆情信息工作的现状分析

近年来，乐亭县舆情信息工作坚持从县情民情出发，紧紧围绕关系国计民生的重大事件以及党政机关的工作大局，对国民关心的重点和热点问题由县委宣传部牵头协调各相关职能部门予以解决。乐亭县主动适应社会转型时期群众思想异常活跃的新态势，不断创新和调整舆情信息工作的思路，将县域舆情信息工作的重点集中在人民群众密切关注的领域。总体而言，全县的舆情信息工作发展态势良好，为上级和本级党政部门的科学决策提供了重要的参考价值。但是，我们在肯定其舆情信息工作取得成绩的同时也必须清楚地认识到，随着乐亭县经济的快速发展，各种新型媒体以及互联网的普及和应用导致社会思想的泛滥和价值多元化，这给乐亭县舆情信息工作提出了严峻的挑战。

1.2.1 乐亭县舆情信息工作的新变化

近年来，乐亭县舆情信息工作紧紧围绕县委的中心工作，突出全县改革、发展、稳定的主旋律，坚持“为领导服务，为机关服务，为基层服务”的服务宗旨，按照“及时、准确、全面、真实”的原则，抓住重点、关注热点、突出亮点、剖析难点，及时捕捉苗头性和倾向性问题，搜集和上报信息，及时、准确、全面地为相关部门和上级党委提供情况和决策依据，发挥了舆情信息工作的参谋助手作用。但是，随着乐亭县社会转型进度的加快，各种潜在的社会矛盾和冲突不断涌现，尤其是在以信息网络为载体的新型媒体的冲击下，乐亭县的舆情信息工作开始发生新的变化，主要体现在乐亭县舆情工作主体的变迁以及乐亭县舆情热点的重新构架两个方面。

1.2.1.1 乐亭县舆情主体的变迁

舆情主体即舆情信息工作的服务对象为广大的人民群众，由于所处时期的不同，人民群众的思想动态、生活方式以及角色状况都存在较大的差异。社会非转型期，人民群众的生活较为平稳，思想活跃程度较低，社会冲突和矛盾处于潜伏状态；而在社会转型期，各种潜在的冲突和矛盾不断出现，人民群众的思想活动异常活跃，而相对平稳的生活方式发生了剧烈的震荡和改变，并由此导致公众的社会、政治以及家庭角色都随之发生改变。

第一，经济的变迁引发公众对社会态度的变迁。根据《河北省经济统计年鉴》数据显示，2012 年，乐亭县实现国民生产总值 323 亿元，同比增长 10.2%；固定资产投资 98 亿元，同比增长 25.5%；社会消费品零售总额 95.02 亿元，同比增长 18%；乐亭县实现财政收入 8.1 亿元，乐亭县社会消费品零售总额为 95.02 亿元，与 2011 年相比增长了 15.9%，城镇居民储蓄存款余额 137.7 亿元，较 2011 年增长 18.3%，城镇居民人均可支配收入 33586 元，农民人均可支配收入 10460 元。但是和唐山其他县区相比，乐亭县的经济发展水平和人均收入水平处于中等偏下。因此，不断提高乐亭县域城镇居民的收入水平和社会保障水平依然是未来乐亭县发展的重点领域。此外，房地产、教育、消费品以及医疗等正逐步成为乐亭县居民的主要消费项目，消费领域的转变必然会带来相应的舆情新问题。

第二，政治环境建设不断完善。乐亭县居民参政议政的渠道不断拓宽，政府信息公开和共享程度不断提高。微博、博客等为广大人民群众提供了畅所欲言的利益诉求和表达平台，政府信息网站的不断健全和完善给县域居民及时了解最新的政务信息动态提供了便利。同时乐亭县开通了政务微博平台，使得政务信息的传递更加及时、准确和透明。民意调查的广泛应用为乐亭县政府决策提供了积极的参考价值，特别是近年来乐亭县的基础设施建设进程的加快，包括公路扩建改建工程、电力设施建设以及污水处理工程等各项惠民工程在施工过程中难免会对周边居民的生活产生影响，因此，县政府专门组织人员对周边居民的生活规律和对工程建设的态度进行了广泛的走访调查，并根据调查结果对工程项目的施工进度和时间安排进行了适当的调整，以确保周边居民的日常生活和出行。

第三，文化环境的变迁。乐亭县大力实施文化惠民工程，不断完善公共文化服务体系。2014 年，乐亭县建设全县农村文化活动室 80 个、文化广场 85 个，安装农民健身器材118套，目前全县有健身设施的村已达374个。乐亭县的社会文化氛围进一步提升，乐亭县实施图书馆全民阅读工程。开展图书进学校、进社区、进农村、进机关、进军营、进企业的活动，设流动图书服务点，开展送图书、送科技、送信息等流动服务活动。同时开展了"月荐10本好书"、创办"全民阅读大讲堂"等特色文化活动。

1.2.1.2 乐亭县舆情热点的重新构架

随着乐亭县县域经济的飞速发展，乐亭县舆情信息工作的新情况和新问题不断出现，成为广大人民群众关注的焦点和政府舆情信息工作的着眼点，乐亭县舆情信息热点问题的变迁主要体现在政治、经济和文化三个层面：

首先，政治热点的重构。自以习近平同志为代表的中央新的领导集体上任以来，提倡节俭之风，狠抓政治和经济腐败现象，惩治腐败的力度和效果前所未有。不断加快行政体制改革的步伐，对行政审批权的取消和下放在提高政府行政效率的同时也提高了基层政府的工作积极性和主动性。上述政治舆情热点问题是当前乐亭县广大人民群众所广泛关注的焦点，同时也是县域舆情信息工作的交汇点。

其次，经济热点的变迁。随着乐亭县产业机构的进一步优化、所有制结构的日趋合理以及人均收入水平的不断提高，乐亭县的经济发展在保持目前良好势头的同时要将更多的精力和资金投入自然环境的建设和修复方面。乐亭县的经济应逐步向循环经济、新能源经济以及文化产业经济等方向转变，对人民群众关心的污水处理、防风治沙以及废气处理等方面加大投入和监管力度。

最后，文化热点的转变。由于乐亭县互联网普及率的逐年提高，乐亭县居民在网络论坛、微博等新媒体的影响下，其社会思想逐渐活跃，其固有的社会主义核心价值观开始受到冲击和动摇，甚至会导致其道德底线的沦丧和极端思维的产生。因此，为了有效维护乐亭县的社会和谐和稳定，净化乐亭县的文化环境和网络环境，乐亭县舆情信息管理部门要加大对网络尤其是移动网络的监督和管理，这将是乐亭县未来舆情信息工作的重点领域。

1.2.2 乐亭县舆情信息工作的基本格局

1.2.2.1 组织结构设置

乐亭县舆情信息工作起步较晚，主要由县委宣传部牵头联合乐亭县信访局、统计局、科技局、环保局以及城市管理执法局等多个单位，针对各自具体业务的舆情信息开展搜集和汇总工作。

县委宣传部。下设舆情信息管理处专门负责对国内主流媒体涉及乐亭县舆情信息新闻的搜集、分类和整理工作，并生成乐亭县舆情报告，及时送呈县委、县政府等各级领导审阅。同时县委宣传部还承担构建全县舆情信息监测、搜集网络信息的职责，负责招聘舆情信息监测工作人员并对其进行专业技能及相关法律法规的培训。

县公安局。近年来，随着微博、微信等新媒体的出现，涉警类负面舆情不断增多，公安宣传工作面临着负面舆情引导和正面舆论宣传的新形势、新挑战和新机遇。乐亭县公安局要以警察公共关系建设为突破点，通过整合新闻宣传、舆情导控、新媒体运行维护等方式不断构建具有地方特色的舆情监管体系。

1.2.2.2 舆情信息工作运行情况

乐亭县舆情信息工作运行机制主要体现在两个方面：

第一，舆情信息网络体系的不断健全。乐亭县舆情信息网络建设是舆情信息工作的前提和基础，只有构建高效灵敏的舆情信息监管网络，才能充分调动各舆情信息网络监测点工作人员的工作积极性和主动性，也才能够及时准确地把握乐亭县县域居民的思想动态，从而保证乐亭县舆情信息工作的质量和成效。乐亭县舆情信息网络体系主要包括四个方面：首先，县域各乡镇（街道）党委负责本地区的舆情信息的搜集、整理、分析和上报工作；其次，县委宣传部以“身、广、新”舆情信息工作的准则，不断拓展舆情信息网络覆盖范围和领域，在重点街道、部门、单位以及主流媒体和网站等选择设立 1 ～ 2 个灵敏高效的舆情监测点；再次，县级各部门、单位党组织负责做好本部门、本单位的舆情信息报送工作；最后，宣传、文化教育、医疗系统各单位负责提供其职责范围内的舆情信息。乐亭县已经初步实现县—乡镇—村全覆盖的舆情信息监管体系。

第二，明确舆情信息报送重点。乐亭县的舆情信息主要包括以下三个方面：首先，社会舆情信息。关系国计民生的重大安全问题、社会纠纷和矛盾、群体性事件、引发社会关注的热点问题。其次，宣传工作信息。主要上报与马克思主义理论和实践、舆论引导和调控、教育文化体育事业相关以及公务员队伍建设相关的舆情信息。最后，网络信息。重点报送网民对国家和社会突发事件、群体性或安全性事件的反映；对社会热点、难点问题的集中反映；意识形态领域倾向性问题以及其他政治敏感类信息。

1.2.3 乐亭县舆情信息工作的发展态势

1.2.3.1 取得的成绩

乐亭县建立了完善的舆情信息监管机制，切实掌握了舆情信息工作的主动权，乐亭县舆情信息监管机制主要涵盖以下四方面内容：

第一，完善的组织结构。明确了舆情信息管理机构和人员，由县委宣传部下设的舆情信息管理科为主要管理单位，其中下设科长一名，副科长一名，同时设立舆情信息联络员、监测员、统计员、分析员和报告员。

第二，完善的舆情信息处理机制。以《燕赵都市报》、《唐山晚报》、《唐山劳动日报》、联合资讯、广播电视、唐山市电视台、唐山市人民广播电台、乐亭县电视台以及其他相关主流媒体和网站为依托搜集与乐亭县相关的舆情信息，并及时呈报县委和县政府主要领导。

第三，舆情信息工作环境不断优化，硬件设施建设不断完善。县财政出资为舆情信息管理部门相关人员配置了电脑、打印机等办公设备，同时乐亭县政府不断完善舆情信息工作的相关规章制度，先后制定实施了《乐亭县舆情通报制度》《上报情况反馈制度》等，促进了乐亭县舆情信息工作的规范化和制度化。

第四，牢牢掌握舆情信息工作的主动权。乐亭县建立舆情应急处理机制，同时强化对重点问题的监督和控制力度，及时争取工作主动权。坚持正确的舆论宣传导向，在主动应对网络信息的同时加强舆情信息工作的宣传力度，为乐亭县舆情信息工作的顺利开展营造良好的社会环境。

2013 年，乐亭县委宣传部向唐山市委宣传部报送工作信息 89 条；上报舆情信息 129 篇，其中唐山市委宣传部采用 18 篇，省委宣传部采用 3 篇，无论是舆情信息的上报数量还是上级领导部门的采用率都实现了历史性的突破，圆满完成了乐亭县全年舆情信息报送工作。

1.2.3.2 面临的机遇和挑战

第一，乐亭县舆情信息工作面临的机遇。乐亭县舆情信息工作开展所面临的机遇主要体现在两个方面：一方面，国家对舆情信息工作重视程度逐年增加。从党的十六大提出要加强舆情信息工作以来，党和国家领导人对于舆情信息工作的重视程度与日俱增，国务院加紧制定与舆情信息工作相关的规章制度，全国人大也在深入调研的基础上开始修订《互联网信息管理办法》。而随着国家对舆情信息工作重视程度的增加，省市级政府对舆情信息工作的关注度和重视程度也必然会不断加大，从而对乐亭县舆情信息工作的开展产生叠加的政策效应。另一方面，各级政府提高执政能力和管理水平的方式和手段不断更新。城市化进程的加快以及社会经济的飞速发展所引发的政府与民众间的利益冲突和矛盾是各地政府所面临的普遍性问题。如何通过有效的舆情信息工作，对影响本地区和谐稳定以及社会经济发展的社会问题、社会冲突和矛盾进行有效的预防和控制是各地政府最为关心的问题。而舆情信息工作机制的健全和完善在有效降低社会问题和矛盾的同时，将极大地提高了地方政府的执政能力和服务水平。

第二，乐亭县舆情信息工作面临的挑战。主要表现在两个方面：一方面，乐亭县适应能力有所欠缺。乐亭县舆情信息工作的创新和发展与新型媒体的更新换代速度相比明显滞后。以政务微博为例：当乐亭县顺应时代发展开通官方政务微博之后，猛然发现又出现了新的移动网络客户端媒体微信聚集了大量的客户和受众群体，导致其应接不暇。此外，乐亭县舆情信息工作人员相对较少，工作量较大。另一方面，基层舆情信息工作存在较大的隐患。对已经发生的舆情事件进行分析，我们发现将近 80% 的舆情事件起源于基层，而涉及的领域包括占地补偿、拆迁补偿、医疗纠纷以及食品安全等多个方面。而同时，随着公众权利意识的觉醒，其对个人利益的诉求欲望不断增长，从而导致简单的问题复杂化。此外，基层舆情信息机构和相关工作人员的缺失、基层党政干部缺乏舆论调控和引导能力，上述这些都可能会对乐亭县舆情信息的开展埋下深深的隐患。

1.3 乐亭县舆情信息工作存在的问题及原因

虽然乐亭县在舆情信息工作体系建设、制度理论和技术层面都取得了一定的成果，但是在舆情信息工作协调、工作质量以及机制建设等方面仍然存在诸多不足之处，本书结合乐亭县舆情信息工作现状，归纳出乐亭县舆情信息工作中存在的问题及原因。

1.3.1 乐亭县舆情信息工作中存在的问题

1.3.1.1 乐亭县舆情信息工作协调不够顺畅

虽然乐亭县舆情信息工作网络已经初步建成且覆盖面较广，而且在搜集一般社会动态舆情信息方面也已经积淀了一些基础，但是由于我国行政管理体制在实际运转过程中存在内强外弱的情况，这在很大程度上限制和影响了舆情信息网络整体效能的发挥和提高。当前乐亭县舆情信息工作的开展主要依赖于纵向的行政权力网络结构，而乐亭县各部门之间以及各部门与媒体之间的协调沟通和联动机制还不顺畅，部分研究学者在对舆情信息工作案例研究的基础上，提出了突发事件应对和处理的“黄金四小时”原则，主要强调在突发事件或群体性事件发生的第一时间政府要进行果断决策，进行处理，以适当的方式引导社会舆论的走向，避免事态的进一步扩大。但是，随着我国信息技术的发展以及移动网络的技术升级频率加快，移动网络终端和互联网终端逐渐融合，以微信、微博等为代表的舆情信息传播速度和传播范围在无限制地扩大和增长，而舆情信息监管部门还需要与本部门相关领导和上级相关部门进行层层汇报，但以行政权力为主导的纵向传递和反馈速度与网络信息传播和扩散的速度相比较为滞后和缓慢，在这个时间差范围内突发事件有可能会演变成舆论风暴，甚至会导致群体性冲突的发生，对社会和谐稳定以及党和政府的形象和公信力造成严重的损坏。此外，各乡镇舆情信息工作运转相对独立，仅为本部门或上级机构和领导服务，因而造成舆情信息的共享程度不足，各部门和各舆情信息工作之间的横向协同度较低。从系统性层面看，这也造成乐亭县舆情信息工作的重复性和舆情信息内容的同质化和相似化，不仅没有达到预期的效果而且还浪费了大量的人力、物力和财力。

1.3.1.2 乐亭县舆情信息工作的重视程度不足

乐亭县舆情信息工作的重视程度不足主要体现在三个方面：首先，乐亭县舆情信息工作人员的编制较少，而且部分人员属于兼职，乐亭县政府财政对舆情信息工作的投入较低，并没有将舆情信息工作的评价纳入年终工作目标和年终考核指标体系[10]。甚至部分单位领导和工作人员根本不清楚舆情信息工作的内容和职责，对舆情信息工作置若罔闻。其次，部分舆情信息工作人员的主动性较差。部分单位舆情信息工作人员对舆情信息的重要性认识程度不足，主观认为其与其他呈报材料类似，因此，对于舆情信息工作的开展并没有遵循进行实际调研、走访的原则，仅仅是在办公室内等下属单位上报舆情信息、对原有信息进行部分内容的主观性修改或者从网络下载或抄袭其他地区的舆情信息稿件，可想而知，如此的舆情信息监测如何能发挥其应有的作用和成效。最后，舆情信息质量较低。除上述原因导致舆情信息质量较低以外，部分舆情信息工作人员虽然经过深入调研掌握了第一手材料，但是其仅仅将所掌握的材料进行简单的分类和汇总便上报给相关部门领导，对一些具体问题的反映和对经济社会发展当中能引起公众深层次思考的问题，没有进行深入的分析研究，因此导致舆情信息的思想深度、理论深度较低，对相关部门和领导的决策参谋服务作用还不够显著。

1.3.1.3 舆情信息的工作网络尚未健全

乐亭县舆情信息工作网络还不健全主要表现在两个方面：

一方面，乐亭县舆情反映体系不够完善。目前，乐亭县获得舆情信息的主要渠道包括四个方面：通过人大代表和政协委员的实际调研，搜集和整理舆情信息并形成议案提交到人大或政协会议进行讨论；通过县信访局的投诉建议和信访渠道获得相关舆情信息；通过对传统媒体的新闻报道和网络媒体对特定社会事件和问题的关注和热议抓取舆情动态信息[11]；通过各级党政机关舆情信息工作机构以及各舆情信息监测点上报和反馈的舆情信息进行整理和汇总。但是，上述大部分渠道在反映舆情方面都存在明显不足之处，主要表现在：人大代表和政协委员提案周期较长，而舆情问题的解决强调的是迅速和简洁的原则，因此，此渠道仅适用于关系国计民生的重大问题且不在公众的可等待的时间范围内；由信访部门所提供的舆情信息大部分具有特殊性和个体性，并不符合大部分公众的整体利益，因此该渠道的舆情信息反映也不明显；对媒体报道和网络热点问题的关注确实能够准确把握公众的思想动态和舆论方向，但是毕竟存在不实报道或网络推手的恶意炒作现象，这也使得舆情信息的搜集质量大打折扣；而通过纵向行政体系进行上报的舆情信息存在流于形式、报喜不报忧的现象和问题。

另一方面，乐亭县舆情信息研判机制不健全。舆情信息的研判是在定量和定性方法的基础上对舆情信息的发展态势和方向进行预测和判断的过程。舆情信息的研判是一项复杂而系统的工程，主要包括两个方面的内容：第一，对舆情信息的持续性追踪和信息搜集，并在此基础上构建舆情信息数据库；第二，对临时性突发事件或针对性较强的舆情事件的研判会随着事态的平息而结束，因为其并不具有典型代表性和可借鉴性。乐亭县在舆情信息研判工作方面相对滞后，不仅没有专门的舆情信息研判人员，更没有相应的舆情信息预警和应急处理机制[12]。

1.3.1.4 乐亭县网络信息及信息的理论研究进展缓慢

虽然乐亭县也曾试图委托部分高校和信息分析机构对本县的整体舆情形式

进行分析和预测，但是由于财政资金有限而搁浅。从我国近年来部分高校、科研院所以及专业的信息分析机构对我国舆情形势的分析和预判情况来看，其研究成果与现实的需求还存在较大的差距，尤其是部分信息分析机构在硬件设施并不完备的前提下，通过随机抽样调查的结果就对全国舆情形势进行分析，这样的报告结果难免会有失偏颇，有的时候会对公众造成误导，严重者甚至会导致社会混乱和动荡。乐亭县在舆情信息理论方面的重视程度不足，在研究方法上仍然采用简单的定性和规范性研究，以理论推导式的研究为主，研究结论的信效度和应用型有待检验；在研究内容上对系统性的舆情信息发展战略和规划研究不足，主要精力都集中在单独的个案方面；舆情信息网络的效用较低，虽然乐亭县建立了完善的舆情信息监测网络，但是其反映的灵敏度不足，与现实联系得还不够紧密。

1.3.1.5 舆情信息工作人员队伍的专业性不足

在大数据背景下，对于舆情信息的分析仅依靠人力是无法实现的，必须要借助专业的设备和工具。但是，在实际工作中我们往往发现部分单位耗费巨资购入舆情监测和分析处理系统，但却由于专业技术人才的匮乏而将其束之高阁，为了杜绝类似现象的发生，乐亭县应加强舆情信息工作人员的专业技能培训，其培训内容主要包括三个方面：首先，掌握必要的互联网技术和信息查询方法，能有效应用网络技术、数据库技术、信息检索统计分析技术等；其次，要具备一定的法律知识和政策修养，熟悉国家互联网相关法律法规、空间治理基本理论、信息分析预测以及舆情信息学的基础，等等；第三，要具有较强的学习和创新能力，能够在短时间内熟悉舆情信息监测系统的基本操作。此外，乐亭县部分舆情信息工作人员属于兼职，而这些兼职人员需要处理其本职工作，所以导致时间和精力相对有限，因此，造成舆情信息工作滞后甚至被忽略。

1.3.2 乐亭县舆情信息工作存在问题的原因分析

1.3.2.1 舆情信息工作理念的滞后

乐亭县舆情信息工作理念的滞后主要表现在四个方面：首先，舆情信息工作的被动理念。舆情信息工作与其他工作相比，其工作性质和环境的相对封闭性使得部分工作人员对其重视程度不足，从而导致其总是处于被动执行上级命令的状态，工作时间“磨洋工”甚至旷工的情况和现象时有发生。其次，舆情信息“数量至上”的错误理念。舆情信息的数量可以反映乐亭舆情信息工作的部分成绩，但是如果没有信息质量的保证，那么舆情信息工作便毫无价值。再次，本末倒置式的工作理念。本末倒置的工作理念指的是由于过度强调对上级决策负责和服务而忽视了为本级党委决策服务的功能，形成本末倒置式的工作常态。最后，舆情信息工作人员的主动性意识缺失。在乐亭县的舆情信息工作中，部分舆情信息工作人员只是通过对舆情信息的复制—粘贴然后转呈相关领导参阅，而并没有进行深入的思考和分析，此种错误的工作方式和理念对于乐亭县舆情信息工作的发展会产生严重的阻碍作用，而且不能够真实反映舆情的本质。

1.3.2.2 舆情信息管理机制不健全

在自媒体时代下，乐亭县舆情信息工作的客体是广大人民群众，而随着信息通信和网络急速的发展，普通民众的舆情素养在不断地提升[13]。从客体层面来分析乐亭县舆情信息管理机制的健全程度需要重视三个方面的因素：首先，乐亭县是否有完备的舆情信息领导组织机构，组织机构的完备性是舆情信息工作开展的重要政治保证和合法基础；其次，社会公众对网络世界的好奇及从众心理的影响易导致其辨别是非的能力降低，受到感性思维的影响而发表过激言论，如何通过有效的监控机制及时掌握社会公众的思想动态是乐亭县舆情信息管理机制的重要内容；最后，乐亭县舆情信息工作激励和考核机制的不完善会直接影响舆情信息工作人员的工作主动性和积极性，应将舆情信息工作的绩效考评结果与其福利待遇以及晋升等相结合。

1.3.2.3 舆情信息工作的保障机制不健全

乐亭县舆情信息工作的保障机制不健全主要体现在三个方面：

首先，人员配备结构不合理。乐亭县部分乡镇和街道都倾向于将综合写作能力突出人员用于为领导撰写讲话材料或用于本单位本部门的上报材料撰写或相关活动的总结宣传等方面。而将舆情信息的撰写工作分配给本单位的闲散人员或者刚入职人员，前者有力无心，缺乏工作热情，后者有心无力，需要在工作中逐渐积累经验。

其次，乐亭县经费投入较低。乐亭县的财政收入在唐山市各县区中仅排名第八，尤其是随着城市化进程的加快、新型城镇化的转型以及县域基础设施建设等方面都需投入大量的财政资金，在此种情况下，乐亭县政府并未为舆情信息工作的开展预留资金空间，这也就导致乐亭县舆情信息工作的软硬件设施都不完备，而舆情信息工作人员只能依靠阅读报纸杂志、浏览网页等来获取舆情信息，但这不能保证舆情信息的全面性和准确性。

最后，时间保障不力。乐亭县部分单位和舆情信息工作部门配备专门的硬件设施且信息员已经具备舆情信息写作的能力，但是由于部分信息员多为兼职工作，在本原单位工作繁忙时经常分身乏术，造成舆情信息报送的间断性，舆情信息工作的进展速度由舆情信息员责任心的强弱决定，舆情信息写作时间得不到有效保障。

1.4 乐亭县舆情工作优化对策研究

1.4.1 转变舆情信息工作理念

新媒体时代乐亭县要想实现舆情信息工作的顺利展开就必须要进行创新，摒弃传统的工作惯性思维，要加快思想和理念的创新，需要从四个方面进行转变：

第一，工作方法要由被动向主动转变。舆情信息工作相对于其他政府部门的工作性质和职责而言，其工作性质的相对封闭性使得部分工作人员对其重视程度不足，对舆情信息工作不负责，总是处于被动执行上级命令的状态，工作时间“磨洋工”甚至旷工的情况和现象时有发生。上述错误的思维和工作行为方式是绝对禁止的，在新时期乐亭县舆情信息工作人员要从全局的视角和战略层面来看待自身的工作，要深刻领会和践行全心全意为人民服务的宗旨和原则，要充分认识到舆情信息工作对于乐亭县委、县政府以及其他县级行政部门的日常决策和政策制定有着至关重要的作用和价值，要转变拖沓散漫的工作作风，变被动为主动，努力将舆情信息工作打造成领导决策的情报库。

第二，舆情信息数量向质量转变。舆情信息工作同样存在着各部门之间的竞争，为了突出本部门的工作成绩，部分部门和单位片面追求舆情信息的数量，从而导致大量舆情信息垃圾的产生。虽然舆情信息的数量能够从一定程度反映乐亭舆情信息工作的成绩，但是倘若只有数量却没有质量的保证，那么舆情信息工作便毫无价值。因此，乐亭县要努力实现舆情信息质量的提高，要从根本上解决此类问题关键在于要不断优化乐亭县的舆情信息结构，具体包括：反映工作动态的信息要有时效性；反映政策方针的信息要有针对性；反映经验做法的信息要有可行性；反映社情民意的信息要有代表性；反映领导言论的信息要有启迪性；反映社会问题的信息要有普遍性。

第三，由本末倒置到标本兼治的理念转变。由于乐亭县过度强调对上级决策负责和服务，从而导致乐亭县部分单位一味追求舆情信息的稿件数量，将数量多少作为衡量其舆情信息工作优劣的主要标准，在这种绩效导向的影响下，部分舆情工作人员只顾在舆情信息稿件数量上绞尽脑汁而忽视了为本级党委决策服务的功能，造成本末倒置式的工作方式。而标本兼治指的是在保证舆情信息为同级党政领导决策服务的前提下，最大限度地提高舆情信息稿件的数量和质量，实现舆情信息工作的两手抓、两手都要硬的工作目标。

第四，舆情信息的初级处理向深层次加工转变。在现实的舆情信息工作中，部分舆情信息工作人员简单地认为对舆情信息的上报就是简单的复制—粘贴过程，无须进行个人主观意识的加工，此种错误的工作方式和理念对于乐亭县舆情信息工作的开展有重要的阻碍作用，而且此种工作方式不能够真实反映事情的本质。要彻底改变这一现象实现舆情信息处理的深层次综合加工就需要在舆情信息的主题、层次方面下功夫，促使舆情信息层次和质量的双重提高[14]。

1.4.2 适应新形势下舆情信息工作的要求

随着乐亭县社会结构和利益格局的深刻变化以及新兴媒体所带来的舆论环境的重大转变使乐亭县的社会舆论价值多元化倾向明显，为了适应形势的发展和变化，乐亭县舆情信息工作必须进行必要的调整，以适应社会和时代的发展变化，具体可以从以下三个方面进行努力：

第一，准确把握上级的舆情信息工作动态。新形势下的舆情信息工作要保持与上级部门和党中央的高度一致，要认真学习和领会上级关于舆情信息工作的文件精神，再结合本地区、本部门的实际情况有针对性地开展舆情信息工作。

第二，要把握社情民意。舆情信息工作的最高标准和原则是全心全意为人民服务，强调人民利益至上。新媒体的飞速发展使得普通社会公众在社会舆论中的主导性不断增强，而且网络已经成为反映社情民意的重要窗口。新时期乐亭县舆情信息工作尤其要注重网络信息的搜集和整理，及时了解县域网民的社会关注热点和利益诉求，以促进民主决策、科学决策。

第三，借鉴先进地区的经验。随着我国城市由独立发展向协同发展和区域联合发展转变，传统的闭门造车式的工作行为方式已经远远滞后于时代的发展和要求。因此，乐亭县舆情信息工作要遵循社会发展的客观规律，借鉴先进县区的舆情信息工作经验，进一步寻找差距和不足，例如与乐亭县相近的秦皇岛市海港区和昌黎县两个同级别行政单元分别获得“2013 全国舆情工作先进单位”和“2009 年度舆情信息工作先进单位”称号，其中秦皇岛市海港区 2013 年共向中宣部报送 10000 余篇舆情信息，被采用 500 多篇。其中，26 篇信息被刘云山、刘奇葆等中央领导批示。

1.4.3 完善乐亭县舆情信息工作管理机制

1.4.3.1 要畅通舆情信息工作渠道

乐亭县各级党组织要健全舆情信息报告制度，做到舆情反映的制度化、经常化，确保舆情信息工作顺利开展。同时，要重视对乐亭县舆情信息的调查和研究，开展多种形式的舆情信息搜集，要深入到各行业基层，对一线工作者展开调研，最大限度地搜集一手资料和信息，力求准确客观地反映基层群众的利益诉求。此外，乐亭县在现有舆情信息监测点和监测网络的基础上，不断拓宽和疏通舆情信息的传递渠道，开辟多渠道的舆情信息上报制度[15]。

第一，完善人防技防。乐亭县从财政预算中预留舆情信息工作费用，用于县区主次干道、重点部位、人群密集区域、治安复杂场所安装视频摄像头，设立治安岗亭，在社区开展“数字化支撑”试点工作。

第二，健全信息员队伍。建立包括退休干部职工、社区物业管理人员、志愿者以及监测员等在内的各类信息员队伍，经常入户走访，记录好“民情日记”，掌握各类舆情信息。所属街道的舆情信息管理中心要安排专人搜集汇总上报舆情信息，定期召开舆情信息分析会议，研究解决各类民生问题，无法达成一致的交由相关部门协商处理。

1.4.3.2 推进舆情信息工作的法制化进程

以舆情信息工作制度创新为载体不断推动乐亭县舆情信息工作的法制化进程。首先，乐亭县要加强舆情信息管理的制度建设。要注意厘清与舆情信息相关的隐私权、国家机密、人身攻击、言论自由、诋毁、诽谤等专业法律名词的法律界限。要加快制定和出台乐亭县舆情信息管理实施办法以及相关的制度规范，明确舆情信息工作的主要内容和工作流程，保证舆情信息工作中的各环节都能够有法可依，有章可循。此外，虽然任何制度和规范都不可能是一劳永逸的，但是乐亭县舆情信息管理制度规范的制定要建立在对现有社会环境和网络环境的充分分析的基础上，要符合现有环境的发展趋势，从而制定出具有针对性的且具有可操作性的规章制度，不断推进乐亭县舆情信息工作的法制化和规范化进程。

1.4.3.3 建立和完善激励机制

为了有效地调动舆情信息工作人员及监测员的工作积极性和主动性，乐亭县委宣传部可以尝试在全县范围内开展舆情先进工作单位的评选和表彰活动，可以从两个层面对舆情信息工作的县级集体和个人予以表彰。首先，从舆情信息报送数量、采用率和采用数量三个方面对舆情信息工作先进单位予以表彰和奖励，三个奖项分别设立集体奖和个人奖；其次，评选最优舆情信息奖，该奖的评选以稿件的质量、成效以及主要领导的批复情况为主要的评价标准，除对作者进行精神奖励外还应该适当地给予一定数额的物质奖励[16]。

为了鼓励县级各单位和行政部门多撰写有情况、有思想、有深度的舆情分析报告，以加强舆情分析带动舆情信息质量的提高，乐亭县还应该制定相应的上级采纳奖励政策。具体奖励办法如下：完成舆情分析积极主动、报送及时、有深度、有对策建议并被省委宣传部采用的舆情信息，每篇发给稿费 200 元；对通过召开重大舆情分析会议形成的舆情分析报告并被省委宣传部单篇采用，每篇发给稿费 500 元；对舆情分析信息或重点分析性舆情信息上报中宣部并被中宣部综合采用的，每篇奖励 500 元，单独采用的，每篇奖励 800 元；对重点舆情信息得到中央领导和中宣部领导批示的，每篇奖励 2000 元；得到省委领导批示的，每篇奖励 1000 元；得到省委宣传部领导批示的，每篇奖励 800 元；得到省直有关厅局领导批示的，每篇奖励 600 元。

1.4.4 健全乐亭县舆情信息研判工作体系

健全乐亭县舆情信息研判工作体系具体包括四个方面的内容：

首先，建立舆情监管领导机制。乐亭县首先要成立舆情监管领导小组，加强对舆情信息研判工作的领导，明确专职人员具体负责对涉及乐亭县的网络言论、投诉举报、违纪事件等舆情信息进行搜集、研判等工作。同时，要加强相关配套制度建设，规范舆情信息研判工作流程和内容。

其次，建立实时监控筛选机制。乐亭县要加强对舆情信息的日常监控，每天对重点网站、单位和部门进行随机巡查，对舆情信息进行汇总和整理。收集的内容经过筛选后形成《舆情简报》报送主要领导参阅，确保舆论热点、媒体焦点、舆情风险级别等方面信息的及时、准确和全面掌握，力求做到早发现、早报告和早处置。

再次，建立快速反应核查机制。根据舆情信息反映的情况，乐亭县要及时召开舆情信息研判会，明确舆情产生的根本原因，认真核实舆情反映的情况和问题，对舆情走向和风险等级进行准确的预判。

最后，建立舆情事件的应急处理机制。乐亭县应由纪检监察机关牵头组成舆情事件工作领导小组，日常工作中各小组成员各司其职，在舆情事件发生后迅速集结组成决策和处置小组，以应对舆情事件可能带来的后果。对重大舆情事件要实行动态跟踪、对舆情事件的动态进行及时准确的把握，对负面影响较大且易导致舆情事件升级的舆情信息要合理地引导舆论导向，避免事态的恶化升级并及时采取应急处置措施。

1.4.5 加强舆情信息员队伍建设

舆情信息工作是一项庞大而系统的工程，因此，乐亭县需要构建专业化的舆情信息员队伍，主要包括三个方面的内容：

第一，要严把招聘关。首先要设定舆情信息员的最低任职资格条件，主要包括学历限定为最低本科学历；要求具有新闻行业工作经验；有较好的公文写作能力；有较强的文字分析、综合能力；工作踏实，责任心强；对互联网有较深入的了解；熟练使用计算机及办公软件。

第二，要加强舆情信息员的培训力度。虽然乐亭县要求各单位挑选政治素质过硬、综合能力突出的人员承担舆情信息工作，但是在实际执行的过程中难免会出现一定的偏差。因此，要根据舆情信息员的实际层次进行分类培训。通过培训不断拓宽其知识面，帮助其掌握基本的政治、经济、文化、法律方面的知识；有针对性地培养其发现问题的能力和敏感度，逐步引导他们通过观察社会去发现舆情问题。此外，县委宣传部还可以通过不定期地召开信息员交流会，加强舆情信息员之间的沟通和学习。

第三，提高舆情信息工作人员的综合能力。舆情信息工作人员需要专业型和复合型人才，除了具备必要基础之外还需要具备学习能力、调研能力、辨别能力以及创新能力等四个方面的能力：(1）增强学习能力。舆情信息工作人员除加强必要的理论学习之外还必须紧跟时代发展的步伐，不断适应社会、政治、经济和文化环境的发展。此外，舆情信息工作人员还需要加强业务学习，认真学习与信息工作相关的基础理论知识、公文写作技巧和形式等。(2）提高调研能力。在舆情信息工作的收集过程总要将实地调研作为首要原则和标准，要始终坚持在调研中察实情、理思路、觅规律、求突破，要在广泛调研的基础上通过深入的分析和思考，对导致问题的深层次原因进行剖析，并在此基础上提出切实可行的对策和建议。无论舆情信息工作还是实地调研都只是为解决社会问题所进行的前期努力，最终的落脚点和着眼点还在于能否顺利地解决实际问题。（3）要提高辨别能力。在大数据背景下，各类信息数量异常庞大且信息的良莠不齐、真假不一。在这种情况下舆情信息工作人员能否在海量的信息库中迅速地提取有价值的信息主要取决于其辨别信息的能力。辨别信息的能力提高是需要经过知识和时间的积累而形成的，因此，舆情信息工作人员切忌好高骛远。（4）要提高创新能力。对于舆情信息工作人员来讲，能否保持与时俱进的精神状态和开拓创新的工作作风是决定其工作成败的关键因素。舆情信息工作人员要在观念上创新，建立与发展相适应的信息工作新思路；要在工作机制上创新，优化信息运行的各个环节，为信息工作顺利开展构建新的平台；要在技术上创新，积极利用新媒体、新渠道，进一步提高信息处理能力。

章末总结

本章以自媒体时代为背景，从舆情信息工作的内涵和体系着手，在对乐亭县舆情信息工作现状分析的基础上，归纳出乐亭县党政机关在舆情信息工作中存在的主要问题及原因。最后，在前述分析的基础上，结合乐亭县的实际情况提出符合乐亭县舆情信息工作实际的创新发展路径和对策，以期能够不断提高乐亭县舆情信息工作的质量和水平。

参考文献

[1] 刘建明 . 科研决策的情报保证 [J]. 情报学刊，1988（6）：94-95.

[2] 孟小平 . 揭示公共关系的奥秘——舆论学 [M]. 北京：中国新闻出版社，1989.

[3] 喻国明，刘夏阳 .《中国社会人际关系与现状调查》总体报告 [J]. 中国人民大学学报，1993（2）：87-95.

[4] 陈力丹 . 宏观引导舆论与适度社会动员 [J]. 当代传播，1999（1）：8-10.

[5] 宋林飞 . 西方社会学理论 [M]. 南京：南京大学出版社，2001.
[6] 富嫣嫣 . 话语权与司法公信力——在科学发展观视野下处理涉检网络信息问题 [J]. 今日南国（中旬刊），2010（7）：134-135.
[7] 陈均土 . 高校网络信息问题及其破解 [J]. 思想教育研究，2010（11）：84-87.
[8] 乐培书 . 网络信息问题的分析与处置 [J]. 中国电力企业管理，2010（30）：10-11.
[9] 毛泽东 . 毛泽东文集（第 8 卷）[M]. 北京：人民出版社，1996：33.
[10] 王来华，温淑春 . 论群体性突发事件与舆情问题研究 [J]. 天津社会科学，2006（5）：63-65.
[11] 谢晓专 . 网络信息问题及其情报工作机制构建 [J]. 福建警察学院学报，2008（5）：70-75.
[12] 秦亚欧 . 组织部门应对网络信息问题的策略分析 [J]. 领导科学，2011（6）：41-43.
[13] 巨乃岐，宋海龙，张备 . 我国突发事件网络信息问题与对策探析 [J]. 天中学刊，2011（4）：39-44.
[14] 张丽红 . 网络信息中的伦理问题 [J]. 理论界，2007（6）：6-7.
[15] 林竹 . 群体性突发事件显示的舆情问题探析 [J]. 前沿，2007（6）：164-167.
[16] 王来华 .“舆情”问题研究论略 [J]. 天津社会科学，2004（2）：78-81.

第2章　政府应对网络信息研究及其应用

我国关于网络信息的研究起始于2005年，国内关于对网络信息的研究，主要涵盖了网络信息的基本定义、主要特征、监测预警和分析引导等方面的内容。从近十年来看，由于网络信息对政府影响越来越明显、作用越来越突出，因此，有关政府如何应对网络信息方面的研究和专著明显增多。习近平同志在2013年曾提出“互联网是我们面临的‘最大变量’”，强调要把认真做好网上舆论工作作为当前各级政府的一项重点工作来抓好抓实。随着社会的不断发展，互联网信息时代已全面到来，由于它自身所独具的广泛性、突发性、自由性、互动性和偏差性等特点，广大民众就会利用这个平台来表达自己的意愿，发表自己的看法和意见，从而形成了网络信息。当政府在制定或者执行方针政策的时候，如果能够重视网络信息，积极听取或者采纳广大民众的意见建议，就会赢得民众的支持和信赖，这将有利于方针政策的进一步推行和推广，从更深层次意义上也有利于树立政府良好的形象和确保社会稳定，对构建和谐社会起到重要的作用。

2.1 网络信息基本概述及应对网络信息的重要性

2.1.1 网络信息基本概述

2.1.1.1 网络信息的定义

网络信息是随着互联网信息技术的运用发展而不断壮大的，它自身的便捷特点让更多的人愿意通过互联网来表达自己的观点和主张。网络信息的发展必须有一定的空间，也就是所谓的舆情空间。在这个空间里，舆情的发布者（主体）、舆情的接受者（客体）、舆情传播的载体（中介）通过彼此之间多维互动，使得舆情得以产生、发展和变化。网络信息空间，也就是舆情空间具体到互联网上的变化形式，它是舆情信息在互联网上的拓展和延伸[1]。德裔美国社会心理学家库尔特•勒温提出的有着“心理学中相对论”之美誉的场学，认为人的任何一种行为都是“场”的产物[2]。网络环境的自身具有的特点，牵动着网民在网络世界里不同的心理活动和行为特征。网民是这个世界的活动主体，网络环境影响着网民的心理。网络环境与网民的交互作用构成了网民的生活空间，构成了“网络舆论场”，决定着网民的行为[3]。学者王来华是我国对网络信息进行完整定义的第一人，他指出：“舆情是指在一定的社会空间内，围绕中介性社会事项的发生、发展和变化，作为主体的民众对作为客体的国家管理者产生和持有的社会政治态度。”[4] 周如俊教授认为：“网络信息从书面上理解就是在互联网上传播的公众对某一焦点和热点问题所表现的有一定影响力、带有倾向性的意见或言论的情况。”[5] 学者刘毅认为：“网络信息是由各种社会群体构成的公众，在一定的社会空间内，对自己关心或与自身利益紧密相关的各种公共事务所持有的多种情绪、态度和意见交错的总和。”[6] 学者纪红认为：“网络信息就是指在网络空间内，围绕舆情事件的发生、发展和变化，网民对执政者及其政治取向所持有的态度。”[7] 笔者个人将网络信息概括为，网络舆情就是通过互联网络围绕某一个热点事件和话题的产生及不断变化，多数网民对共同关注的问题和对政府所持有的态度和做法，表达出自己的观点主张和信念价值观。它是大多数网民对社会中发生各种现象和问题所表达出来的观点、主张和利益诉求等的综合表现形式。

2.1.1.2 网络信息的传播载体

网络信息的传播载体主要包括社交网站、网络新闻、论坛、跟帖、即时通信、博客、微博等。

（1）社交网站（SNS）

社交网站（Social Network Site），它的发展大致有三个阶段：第一个阶段是门户网站，包括新浪、搜狐、网易、腾讯四大门户网站；第二个阶段是搜索网站，包括百度、谷歌等；第三个阶段是社交网站，包括人人网、FACE BOOK 等。

（2）网络新闻

网络新闻也就是通过网站发布出来的新闻，其最大的特点是可以对实时新闻进行相关报道。而对网络新闻专业性更强的定义是指通过互联网发布、传播的新闻报道[8]。新闻网站目前已成为大众获取信息来源的重要载体和平台，据

CNNIC 发布的《第 33 次中国互联网络发展状况统计报告》显示，占互联网使用量第三位的网络新闻用户规模超过 4.9 亿，占网民使用率的 79.6%。

（3）论坛（BBS）

论坛（Bulletin Board System），也就是我们所熟知的电子公告板，是网民在互联网上参与交流的另一个重要场地。当某一事件发生或某一话题发布后，网民可以通过论坛浏览、回复、发表评论，它也是网络信息的主要载体之一。百度、新浪、天涯、网易等国内比较著名的门户网站都设有自己的论坛。

（4）跟帖

跟帖，也称为回帖。其实质就是在已发表的帖文后面回复自己的意见、观点和看法。在网络中如果出现有关社会热点或焦点的帖文就会引发大量的跟帖，其跟帖的数量能反映出网络信息的发展态势。例如，2014 年 3 月 8 日“马航失联”事件，一经媒体报道，立即引起大量网民的纷纷议论，相关跟帖量一直处于上升态势，表明该事件确实引起了网民的高度关注。

（5）即时通信（IM）

即时通信（Instant Messaging），是一种基于互联网的即时交流软件，它可以让互联网用户随时实现一对一、一对多和多对多的直接视频和文字交流，包括 QQ、UC、MSN 等。在这里值得一提的是，当前手机微信的普及也成为信息传播的一种快捷有效的载体。微信是腾讯公司于 2011 年研发的一款软件程序，通过微信广大用户可以发送语音、信息、视频、图片，目前已经突破 6 亿用户。2013 年年底，据腾讯微信产品负责人披露，微信平台上的公众号数已超过 200 万个，每日新增公众号 8000 个，如《人民日报》“央视新闻”等都纷纷开展公众平台运营。2013 年 4 月 20 四川芦山地震发生当天，“央视新闻”公众平台当天推送 7 条消息，立刻引来大量关注与评论；《人民日报》官方微信除了发布重大新闻外，还针对社会热点积极刊发权威解读和独家评论，以及励志正能量文章。据统计，平均阅读比例占阅读人数的 20%，峰值期间甚至达到 60%，展现出良好的舆论引导能量。

（6）博客（Blog）

博客（Web log），中文意思是“网络日志”，被誉为“平民媒介”，其优势在于可以把个人的所见所想以日记的形式在网上予以发表。随着开通博客的数量与日俱增，其影响力也在不断提升。比如 2010 年 7 月网络名人方舟子在自己博客中指出唐骏学历造假，从而使得该事件引发广大网民广泛关注。

（7）微博

微博（MicroBlog），用户可以通过使用互联网电脑、上网手机等平台发布微博，它的最大特点是短、平、快，用户可以随时随地即时更新和传播信息。经统计，普通网络用户从2013年下半年开始作为第一信息源的占比大幅下降，取而代之的则是政府部门的官方政务微博和新闻行业的媒体机构微博。如2014年新浪微博开启了“让红包飞”的活动，经统计，2014年1月3日至15日，有关该活动的微博就高达1.6亿条，充分显示了微博的社交参与量非常大，有新闻媒体报道：微博就像从多个方向推动的多米诺骨牌一样，瞬间把这些社交链条激活，辐射全网。

2.1.1.3 网络信息的特点

网络信息是凭借互联网的产生而发展壮大的，互联网的不断发展会对网络信息产生深刻的影响。同时，网络信息与传统的社会舆情存在差异性，它具有广泛性、突发性、自由性、互动性和偏差性的特点。

（1）广泛性

网络信息的广泛性既包括参与主体的广泛性，也包括舆情内容的广泛性。其参与主体的广泛性主要表现在不受性别、年龄、身份、学历、地域等差异，任何网民都可以通过网络表达观点、发表意见、提出建议。例如：2014年全国“两会”期间，民生话题再次成为网民议论的焦点，从人民网网民参与的投票量来看，2014年参与量达到336万次，为2013年参与人次的1.5倍、2012年参与人次的2倍，网民参与度明显上升。而舆情内容的广泛性主要表现在舆情主题极为宽泛，涉及政治、经济、文化、军事、外交以及社会生活的各个方面，网民可以根据自己的爱好，关注或参与自己感兴趣的内容并发表自己的言论，具有较大的自主权。

（2）突发性

网络信息的产生在通常情况下发展非常快速，当某个热点事件发生后，会引来不同声音在网络上的表达，网民可以通过网络发表自己的意见和观点，当相同意见汇集起来或者经过“意见领袖”发表见解后，可以迅速地形成公共意见，而与此同时，持有不同观点的网民针对这一热点事件也会针锋相对地进行互动，迅速形成庞大的意见声势，从而使得网络信息爆发。纵观当前网络，许多引发社会广泛讨论的热点事件大多都是最早在网络上爆发，很快成为某个网站或论坛的头条，进而促使政府相关管理部门予以关注。

（3）自由性

由于网络具有开放性的特点，它为人们表达观点和主张开辟了新的场所，并且这个场所给每一位网民都提供了平等自由的机会，每个网民都能自由发布信息，也能自由获取信息，在这个场所内每个网民可以自由地谈论某一话题。同时，由于网络的匿名性，大多网民会在这个场所内说出自己的真实想法，或者表露出自己的真实情感。鉴于此，在这样一个场所内所形成的网络信息也就较为真实地反映了当前社会存在的问题，也客观地表现出了不同网民的价值观。比如，自余额宝诞生以来，它的商业运作模式一直是人们争议的焦点，特别在网络上，余额宝更是不断地被广大网民议论，使得余额宝走上了舆论的风口浪尖。反对方的网民建议应该取缔余额宝，他们认为余额宝没有经过经营风险就能获得暴利，是“是金融寄生虫”；而支持运用余额宝的网民则认为，余额宝能倒逼银行提高存款利率，有利于更多的储户。据新浪网报道，支持余额宝的用户达九成。

（4）互动性

广大网民在互联网上可以发表自己的观点和主张，并就某些自己感兴趣的热点话题和其他网民进行交流和互动，网民之间可以相互交换、探讨、争论某一共同话题。有学者对网络舆论的生成机理进行了研究，指出由于相关联的利益关系、共同的价值观念和观点一致的想法见解是网络舆论产生的社会学原因和心理推动因素[8]。网民在网络上相互之间进行互动，不同的观点和主张就可以在互联网上迅速地显现出来，话题交流越深入越广泛，网络信息也就能越集中地反映出来。

（5）偏差性

网络是一把双刃剑，在带给人们方便快捷的同时，也能使人性的某些弱点表现出来。学者爱瑟 • 戴森（Eshther Dyson）曾提出 :“网络世界既可以释放难以形容的生产能量，也可能成为恐怖主义者和江湖巨骗的工具，或是弥天大谎和恶意中伤的大本营。”[9] 同时，“它是一个虚弱的宣传工具，但却也是施展阴谋的好地方。”[10] 由于网民受到自身因素的影响，有些网络观点缺乏依据，当网民自身的观点和主张没有被认可或者利益诉求难以满足时，他们会把网络当做泄愤的场所，一些网民就会在网络上表现得比较不理智和情绪化，更有部分网民通过互联网传播谣言、披露他人个人隐私、进行过激的人身攻击，这时候表现出来的网络信息就会成为负面性信息，非理性的网络言论极有可能在其他网民的呼应中演变为有害的舆论。

2.1.1.4 网络信息的发展路径

在通常情况下，网络信息通过传播载体在传播过程中会经历四个阶段，即发布信息、转发信息、评论信息、平息舆情四个阶段。笔者借助“沈阳卫生局局长和医院院长开房事件”对网络信息发展路径作进一步分析。

首先是发布信息。2013 年 12 月 26 日，腾讯微博上的“沈阳开房门”视频被大量关注并被转载传播，网友称视频中沈阳市妇幼医院院长李晨阳与沈阳市卫生局局长闫石进行权色交易，垄断医院所有工程。

其次是转发信息。2013 年 12 月 27 日，开房事件由新浪和凤凰网在各自网站的相关频道予以报道。12 月 31 日，新华社对该事件予以曝光，《新京报》等传统媒体也进行同步报道。随后，人民网、新华网等主流网络媒体及腾讯、新浪等知名门户网站对事件进行转载报道，使得该事件的关注度迅速飙升。除了传统的新闻文字报道外，在此事件传播过程中，视频网站的作用也是不容忽视的。截至 2014 年 1 月 1 日，该事件相关视频信息达 435 条，其中酷 6 网对该事件相关报道最为充分，共计视频报道 95 条。

再次是评论信息。广大网民立即从不同的角度对这一件事发表自己的看法，有网友质疑局长和院长开房动机不纯，开房汇报工作的可能性较小；还有网友指出，两者的行为不单单抹黑了政府形象，更对不起自己的家庭和亲人；更有网友提出对此事应该进一步深度调查，相关部门应该查查开房的费用是自费还是公款，院长的升迁有没有按照正规程序，存不存在暗箱操作；同时，也有部分网友从法理的角度对媒体进行了批判，认为各大网站把双方当事人的真实姓名、照片公布出来，称二人进行权色交易的行为其实侵犯了二人的肖像权，建议给所有媒体普法。

最后是平息舆情。12 月 31 日，经沈阳市纪委核实，12 月 26 日网络上出现的“沈阳再现开房门”视频中的男性确为沈阳市卫生局局长闫石，女性为沈阳市妇幼医院院长李晨阳。根据有关规定，闫石已被责令辞职，李晨阳被停职，两人正在接受组织调查。随着网络信息的推动，由于政府机关的介入，真相被公布于众，网络信息便在一片赞美与质疑声中逐渐平息。

以上就是网络信息的基本发展路径，即发布信息—转发信息—评论信息—平息舆情，当然，在其他网络信息事件的发展路径中也有可能会出现周而复始的情况。

2.1.2 政府应对网络信息的重要性

2.1.2.1 网络信息对政府的影响

（1）影响政府决策执行

政府决策是指政府在履行其职能时，所作出的相关决定及制定的政策。执行政府决策才能落实政府决策。公众在政府决策中扮演着重要角色[11]，网络信息集中代表着广大民众的观点和主张，网络舆情一经形成会在一定程度上影响到政府决策。比如，前些年发生频率很高的拆迁事件，多数网民在很大程度上对于暴力拆迁事件持反对态度，针对这种情况，国务院废止了旧的《城市房屋拆迁管理条例》，并适时出台了新的相关条例和办法。当前，全国自上而下开展党的群众路线教育实践活动，要求广大党员干部必须广泛深入群众听取意见和建议，做到问政于民、问需于民、问计于民，随着互联网的日益普及，人们更多地愿意通过互联网平台来发表自己的观点和主张，表达自己的利益诉求，因此通过网络了解民意，也是践行党的群众路线教育的一种具体体现。

（2）影响政府形象

政府形象是公众对政府综合认识后形成印象的总和。正确应对网络信息可以树立良好的政府形象；而无视网络信息，必将对政府形象带来损害。如，2014 年春运火车票在网络上全面开售。由于大量旅客通过网络购票，“12306”购票网站 2013 年 12 月 30 日上午出现瘫痪现象，下午 3 时左右，“12306”购票网出现“串号”，用户登录后有可能看见其他用户的身份证、手机号、姓名等个人资料。“12306”这一逢节必瘫现象，让春运抢票的网友焦急；在安全方面，个人信息被泄露后却连个道歉也没有，更令网友感到愤慨。这一案例，在一定程度上是有损政府形象的。

（3）影响社会稳定

近年来，网络信息对社会稳定的影响越来越大，部分重大的网络信息事件让广大网民逐步认识到互联网对社会监督的重要性。同时，网络信息突发事件如果处置不当，会引起网民的不满情绪，诱发网民的过激行为，进一步影响到社会稳定，“一个高度传统化的社会和一个已经实现了现代化的社会，其社会运行是稳定而有序的”[12]。如2014年春节黄金周期间，海南三亚市大东海公共海滩被曝有男子裸晒、裸游不雅行为。随后，三亚综合行政执法、旅游、公安等部门展开联合整治。2月6日，三亚市政府正式发布禁止在公共场所裸游、裸晒的公告；2月9日在统一整治过程中，一男子不听劝阻质疑裸晒，公安机关依法对其处以刑拘5日的处罚；2月10日，武警官兵在大东海海滩上开始值守。整个事件迅速引来各方关注和讨论，公众舆论出现分歧，有网友支持整治行动，认为裸晒、裸游行为过于开放，造成视觉污染，是一种不道德行为；但也有网友认为这种行为是心态开放的象征、回归自然的表现。在整个舆情事件处置过程中，三亚市政府利用媒体大力宣传，积极引导理性思维，从而导致支持政府进行整治的声音仍占据主流，从而保证了社会大局的稳定局面。

2.1.2.2 政府应对网络信息的重要意义

鉴于网络信息的影响力和重要性，充分重视和正确应对网络信息对各级政府来讲就显得十分重要。因此，政府对待网络信息要“不必害怕冲突，不必掩盖冲突，冲突与抗争不会翻覆天地，反而会促进社会进步”[13]。

（1）有助于了解社情民意

随着互联网的深入普及，一旦国际国内出现影响范围较大的新闻，广大民众都很快会通过网络了解事件、参与讨论、发表观点，网络信息随即产生。因此，通过舆情信息获取民众意愿成为政府了解社情民意的一个重要平台。有时候，网络信息涉及的领域很广很繁，虽然不能完全真实客观地反映出社情民意，但政府可以通过互联网掌握民众的观点和主张，了解广大网民关心什么、需要什么，对政府有什么意见和建议，从而更好地推动政府工作，互联网已经成为顺畅民意诉求的重要途径，对于构建和谐社会起到举足轻重的积极作用。因此政府必须快速了解网络信息，积极应对网络信息，努力构建和谐社会。

（2）有助于完善民意表达机制

在以往，广大民众可以通过选举人大代表、来信来访、参与社团等方式表达意愿。但是这三种表达途径在很多情况下并不畅通，这也正是大多网民的言论在互联网上表现较为过激的一个重要因素，他们会通过互联网来表达自己的不同观点，发泄自己的不满情绪。因此，政府必须在完善传统民意表达机制的同时，要更加重视网络信息工作，做好网上群众工作，全力推进政府信息公开，认真解决网民反映的困难和问题，化解群众的不满情绪。

（3）有助于网络健康发展

鉴于网络自身具有的广泛性、突发性、自发性、互动性、偏差性等特点，网络不仅拓展了人们的表达空间，也使得自身的表达权和言论权得到充分保障。同时，互联网上充斥着各种各样的言论信息，网络言论良莠不齐，不良有害的信息遍布网络，长此以往势必会对舆论导向产生影响，也不利于网络健康有序发展。因此，政府必须规范网络环境，正确引导网络信息，全力确保网络规范有序发展。

（4）有助于公众有效监督政府

随着网络的不断发展壮大，政府在应对网络信息方面的态度也有了很大转变，特别是在加大政府信息公开方面做了很大努力。政府加快推进信息公开，就会引来大量网民对政府行为的关注，网络问政势必会加大民众对政府的监督力度，网络信息是民众监督政府的有效手段，它能促进信息公开、决策透明、解决问题公正，这对政府提高公信力、改善政府形象有重要作用；相反，政府如果应对网络信息处置不力，也会降低政府公信力、损害政府形象。

2.1.3 国内规范互联网发展现状与应对热点舆情状况分析

从 1994 年开始，我国相继出台了一系列关于互联网管理的相关法律法规，包括《全国人民代表大会常务委员会关于维护互联网安全的决定》《中华人民共和国电子签名法》《互联网信息服务管理办法》《中华人民共和国计算机信息系统安全保护条例》《信息网络传播权保护条例》《外商投资电信企业管理规定》《计算机信息网络国际联网安全保护管理办法》《互联网新闻信息服务管理规定》《互联网电子公告服务管理规定》[14] 等，不难看出，这些法律法规共同构建了互联网管理的法律体系，同时也有效地规范和调节了互联网秩序；党的十七届四中全会明确强调要拓宽社情民意反映渠道，注重分析网络信息；党的十八届三中全会提出要加大依法管理网络力度，完善互联网管理领导体制；党的十八届四中全会通过依法治国的决定，开启了网络空间法治化的新进程，依法管网、依法办网、依法上网已成为全社会的共识；特别是中央网络安全和信息化领导小组于 2014 年 2 月成立，由习近平同志亲自担任组长，该小组负责统筹协调涉及社会各个领域的网络安全和信息化等重大问题，研究制定网络安全和信息化发展战略、宏观规划和重大政策，推动国家网络安全和信息化法治建设，不断增强安全保障能力。该领导小组级别规格之高，充分证明了党和国家对互联网工作的重视程度。随着国内相继出台的法律法规日趋完善，各级政府在应对网络信息事件方面取得了良好的效果，但我国正处于改革的攻坚阶段，各种矛盾和问题仍然突出，势必会给政府在应对方面增加不少难度。笔者以 2014 年国内网络热点舆情加以盘点分析，进一步论证地方政府应对网络信息取得的成效以及存在的突出问题（见表 2-1）。

表 2-1 2014 年国内 20 件热点舆情事件

序号	事件	时间	新闻量	微博量	热度
1	马航航班失联	2014/3/8	1200000	2490018	31.03
2	香港占领中环事件	2014/6/20	21600000	1168686	30.86
3	云南鲁甸 6.5 级地震	2014/8/4	903000	3647466	28.82
4	阿里赴美上市	2014/9/19	1900000	1623657	28.76
5	台学生占领“立法院”	2014/3/18	6660000	309153	28.35
6	周永康立案审查	2014/7/30	1130000	1330597	28.04
7	昆明火车站暴恐案	2014/3/1	1200000	1214216	28.01
8	昆山爆炸事故	2014/8/2	515000	820828	26.77
9	麦当劳、肯德基供应商黑幕曝光	2014/7/20	369000	956117	26.59
10	演员柯震东、房祖名在京吸毒被抓	2014/8/18	445000	559740	26.24
11	兰州自来水苯含量超标	2014/4/11	569000	387042	26.12
12	山东招远血案	2014/5/28	135000	884869	25.51
13	广西玉林狗肉节事件	2014/6/21	49000	1777017	25.19
14	郭美美赌球被拘	2014/7/30	228000	57616	23.30
15	东莞扫黄事件	2014/2/9	232000	54016	23.25
16	湖南产妇因羊水栓塞死亡	2014/8/13	23700	183987	22.20
17	乌克兰政局巨变	2014/2/22	70400	38171	21.71
18	黑龙江三名嫌疑犯杀人越狱	2014/9/3	54100	46964	21.66
19	广东茂名 PX 群体性事件	2014/3/30	2140	170286	19.71
20	21 世纪报系涉新闻敲诈被调查	2014/9/13	3150	76004	19.29

来源：http：//yuqing.people.com.cn/n/2014/1231/c354318-26306123.html 人民网 .2014 年网络热点舆情

通过以上表格，可以看出 2014 年国内舆情发展态势呈现以下个特点：

（1）党中央加大改革力度，以“踏石留印，抓铁有痕”的决心，深入开展预防和惩治腐败行动，体现出党要管党、从严治党的治党治国理念。如“中央对周永康立案审查”，反映出网民对国家的向心力明显提高。

（2）在经济发展过程中，环保和健康问题备受社会广泛关注。如“兰州自来水苯污染事件”和“广东茂名 PX 群体性事件”反映公众对加强环保和维护自身权益等问题仍然是网络信息关注的热点，广大民众不能完全理解政府公共治理的全部复杂性，容易把体制视为美好生活的制度性障碍，由此引发负面传闻并迅速传播。

（3）暴恐事件和恶性犯罪引发社会不安，受到社会共同谴责。如“昆明火车站的暴恐事件”，在网上引起了网民极大的心理震撼和一致声讨，而政府的反恐举措同时也赢得了全社会的高度认同和拥护。

（4）明星人物的失德事件呈上升态势，转型期社会的道德伦理失范引发了全社会的深刻反思。如“柯震东、房祖名在京吸毒事件”，还有其他文艺界名人吸毒、嫖娼案，以及曾经涉及红十字会的郭美美违法事件。这些公众人物道德滑坡，对年轻网民的世界观、人生观、价值观起到了警醒作用。

（5）港澳台舆情越来越多地被大陆网民广泛关注。如“台湾学生占领立法会事件”“香港占领中环事件”等，由于国内相关的舆论引导工作做得非常到位，都没有对内地局势产生负面影响。

总体上，从2014年国内舆情发展趋势看，网络信息总体发展态势良好。这主要表现在：一是互联网充满正能量，支持拥护政府的声音逐渐壮大；二是网络空间净化，大多违规现象逐步得以解决；三是主流媒体和民众舆论相互融入度越来越深；四是网民对待互联网观点越来越理性。出现形势大好局面的主要原因：一是政府新闻公关意识加强，政府部门加大信息公开力度，社会和谐程度得到大众认可，网络形势趋于良好；二是政府部门开始积极关注网络，自政府网上工程启动多年来成效明显，截止到2008 年，中央部委和省、市一级已经全部开通了官方网站，地级政府开通官方网站的比例达到 99%，县级政府开通官方网站的比例达到92%，政府部门对加大管理互联网络、保障互联网安全高度共识，网民参与度大幅提升。比如截至2014年底，人民网“地方领导留言板”共接收网友留言 40 多万条；三是政府高度重视应对网络信息，自2009年起，随着网络信息的重要性与日俱增，各级政府都建立健全了快速反应机制，主动回应民众关心的事情。比如2014年1月19日，有媒体报道，海南省陵水县大墩村花费680万元建奢华寺庙，并经陵水县委领导的同意和默许了该寺庙的建设。1月20日，陵水县委、县政府立即作出回应，该村历来都有到村庙祭海祈福的习俗，该村建庙是经本村村民代表会议议事通过的，系村民自治行为。陵水县及时应对舆论信息，让真相赶在传言前面，主动解疑释惑，确保事件最终平息；四是政府加大问责力度，网上举报渠道进一步拓宽。国家于2009年6月出台了《关于实行党政领导干部问责的暂行规定》，其中就规定了“对群体性、突发性事件处置失当，导致事态恶化，造成恶劣影响”的情形，要进行责任追究。比如，重庆高考加分作弊事件发生后，网络舆论影响很大，涉事人员都先后被问责。同时，网络举报通道进一步拓宽，中央纪委、监察部于2009年10月开通全国纪检监察举报网站，受理违反党纪政纪行为的检举控告。随后，中共中央组织部开通“12380”举报网站、最高人民法院开通法官违法违纪举报中心网站、最高人民检察院开通了“12309”举报网站。

诚然，从2014年国内热点舆情看到政府应对网络信息取得成绩的同时，由于一些地方政府仍然存在应对网络信息态度不积极、公关手段和应对经验欠缺以及网络信息应对机制不健全等方面的问题，导致当前社会仍然存在一些突出问题，比如在社会矛盾方面，官民关系紧张、贫富差距拉大、仇富心态、医患矛盾、权益纠纷增多等矛盾，仍是网络信息的焦点；在公共安全突发事件方面，工厂爆炸等安全事故以及暴恐、群体斗殴、持刀砍人、恶性撞人、闹市爆炸、公交纵火、灭门惨案等也是舆情危机的爆发点；关于社会道德方面，针对未成年人及弱势群体的伤害事件数量增多，“老人摔倒该扶不该扶”“见义勇为”成为舆论主要关键词，关于这一层面的舆论成为一个重要的社会舆情爆发点。

2.2 酒泉市政府应对网络信息的现状及主要成效

2.2.1 酒泉市应对网络信息的机构设置

经公安、电信等部门统计，酒泉市现有网民已超过50万，手机网民80万，微博用户40万，备案网站超过150个。全市网络信息主要涵盖经济发展、社会安定、民生改善、作风建设四个方面，主要包括中央、省、市、县各主流网络媒体关于本辖区、本部门工作的重点报道并连续转载，形成广泛社会影响的网络信息；网民对经济社会发展和民生改善等方面的建议、意见；群众反映的诉求及困难，群众关注的热点、焦点问题；网民对党政机关及干部违法乱纪、以权谋私、弄虚作假、损害群众利益，对重大决策和重要工作部署落实不力、执行不到位等失职渎职问题；当地发生的重大突发事件和紧急重要线索等方面。目前，越来越多的网民愿意通过网络来传递信息、表达观点、反映诉求，关注网民留言、倾听网民心声、落实网民建言已成为全市各级各部门全面践行党的群众路线教育实践活动的一项重要内容。网络信息正逐步得到各级各部门的广泛关注，网民的意见和建议也得到各级领导重视，网民反映的一些问题也能够得到解决。各级各部门对网民的意见建议和提出的问题从以前的回避、无视到现在的直面对待，反映出各级领导对网络信息的认知程度有了很大进步，丰富并优化了政府的执政艺术，从广度与深度两个方面拓展了人民反映社情民意的通路。

2.2.1.1 机构概况

2013 年 2 月，酒泉市成立了市互联网信息工作领导小组，由市委常委、市委秘书长任组长，市委常委宣传部部长、市政府副市长、市长助理兼市公安局局长任副组长，市委办公室、市政府办公室、市纪委、市发改委、市教育局、市工信委、市安全局、市财政局、市文广局、市卫生局、市工商局、酒泉电信、酒泉移动、酒泉联通等部门主要负责人为小组成员，负责统筹协调全市互联网信息管理与处置工作。

2.2.1.2 主要职责

酒泉市互联网信息工作领导小组是应对全市网络信息工作特设的统一协调机构，主要负责贯彻落实中央和省、市关于加强和改进互联网宣传管理工作的重要精神和工作部署；负责研究全市互联网信息内容宣传管理的有效方式和手段，研究解决互联网信息内容管理工作中的重大问题，建立互联网宣传管理的协调、沟通工作机制；负责指导并推动全市互联网信息内容平台建设，协调有关部门加强对互联网的监控和网上有害信息的过滤和拦截，形成统一协调、反应灵敏、高效畅通的互联网信息内容收集反馈机制；负责指导网络上热点敏感问题、重大突发事件的舆论引导；指导有关部门和主要网络媒体以正确、健康、积极向上的内容占领网上宣传阵地，协调全市重大活动、重要会议的网上宣传；负责推动全市互联网宣传管理队伍建设，指导网上评论队伍建设，指导市互联网从业人员的教育和培训工作。通过全市互联网信息工作领导小组这个机构的成立，“可以将舆情突发事件的处理从一种非流程化的决策过程，转变为一种程序化的决策过程，可以提高有关部门的响应时间，采取有计划的步骤，沉稳地面对突发事件，消除影响，减轻危害，保障网络的安全运行和信息安全，同时形成网上正面舆论的强势”[15]。

2.2.1.3 机构设置和部门职能

酒泉市互联网信息工作领导小组负责统筹协调全市互联网信息管理与处置工作。领导小组由市委办公室、市政府办公室、市委宣传部、市公安局四个专职部门和各县市区以及市纪委、发改委、教育局、工信、安全局、财政局、文广局、卫生局、工商局、电信、移动、联通等有关门组成。

市委办公室工作职责：负责涉酒网络信息的收集、分析研判、跟踪预警和协调处置工作，网上应对处置工作的统一指挥、统一部署，涉网管理部门间的统一协调、统一安排。

市政府办公室工作职责：负责电子政务系统和政府门户网站的网络信息安全，涉及政府职能网络信息的监控与处置，市长信箱、网络留言的收集、呈报、转办、催办和答复工作。

市委宣传部工作职责：负责新闻网站、论坛、博客、微信、新闻跟帖、手机报、即时通信群组中不良有害信息的监看、封堵和删除，网络上的正面宣传和舆论引导，传统媒体、各类网站间的协调沟通工作。

市公安局工作职责：负责打击网络违法犯罪，网上涉及国家安全和社会稳定不良有害信息的监看、封堵和删除，建立健全预防、警示、核查、惩处工作机制。

各市县区和有关部门工作职责：按照属地管理、分级负责、归口管办、守土有责的要求，看好自己的门，管好自己的事，严格遵循 24 小时监看搜索、准确分析研判、及时报告决策、积极稳妥处置的程序，做好辖区和业务范围内网络信息的监控和处置工作。

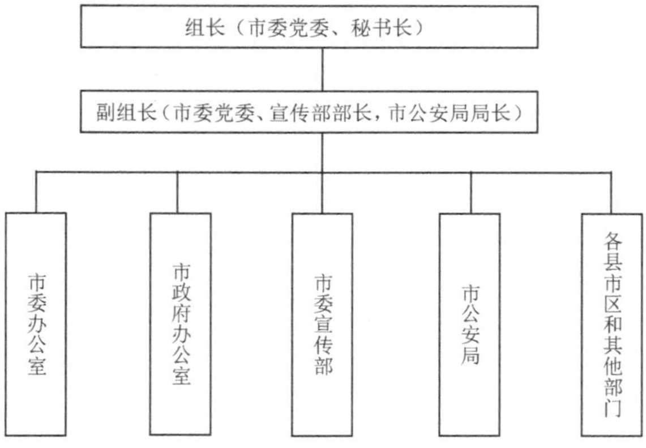

图 2-2 酒泉市互联网信息工作领导小组机构设置

2.2.2 酒泉市政府应对网络信息的主要成效

2.2.2.1 政府门户网站的重要性日益凸显

酒泉市政府门户网站即酒泉市政府公众信息网目前已开设了今日新闻、政务动态、政务公开、市长信箱、媒体看酒泉等 11 个主栏目、80 多个子栏目，及时对全市重要会议、重大活动、重点项目进展情况、市县区经济社会发展动态等进行公布。至 2014 年年底，该网站总访问量已接近 407 万人次，日均访问量在 1000 人次以上。全市各级政府和部门以及公共事业单位统一在“酒泉市政府信息公开网站”发布、更新本单位产生的信息。在加快推进全面公开政府信息的基础上，建立了政府信息申请公开系统，依照提出的申请，根据有关规定，实行一对一信息公开。2014 年，市政府本级通过“酒泉市政府公众信息网”和“酒泉市政府信息公开网”主动公开政府信息 3626 条，全市各级各部门通过“酒泉市政府信息公开网”主动公开信息 585 条。广大民众可以通过“酒泉市政府公众信息网”和“酒泉市政府信息公开网”了解到自己所需要的相关信息，政府门户网站作为推进政府信息公开的重要载体和展示政府形象的主要窗口，其社会影响力正在稳步提高，在对外宣传、政务公开、便民服务等方面发挥了举足轻重的作用。

2.2.2.2 电子政务应用系统得以深度推广

酒泉市政府充分发挥信息化技术优势，不断扩大网上服务事项范围，将电子政务平台应用到提升政务效能建设之中，有效地提高了政府行政效能和为民服务水平。2014 年年初，酒泉市纪委和酒泉市政府行政服务中心完成了市行政审批和电子监察系统。实现了信息查询、实时监控、预警纠错、统计分析、绩效评估、异常监测、投诉举报、廉政风险防控、自由裁量权控制、大项目绿色通道服务等 10 大功能，有效地提高了全市行政效能。目前，已完成了电子政务重大项目督察系统网络建设、机房改造和软件系统的部署，对全市重大项目实施电子监督、监察。电子政务督察系统的建立，为市政府掌控全市重大项目废改立、科学推进项目生成、保障重大项目顺利推进提供了动态的实时数据支撑。同时，积极配合市监察局、审计局完成民生资金监察审计网络接入，在人防指挥中心和政务大厅完成了政务网专线接入。

2.2.2.3 12345 市长热线和市长信箱作用得到充分发挥

酒泉市在现有市政府政务督察系统市长公开电话三级服务网络的基础上，

进一步建立健全了市长热线电话、市长信箱五级服务网络体系。通过电话受理、网上交办的形式，全天候24小时受理群众的咨询、投诉、举报、求助和意见建议。多年来，市政府始终坚持“一切为了群众，一切依靠群众”，不断建立和完善工作制度，强化服务功能，坚持“为民、便民、利民”的宗旨，畅通便民渠道，解决群众诉求，目前已累计受理群众来电2万余件，其中由受话人员即可答复的15000余件，交、转各县（市、区）政府和市属各有关职能部门办理的5000余件。市长热线和市长信箱反映内容涉及社会、经济和市民日常生活的方方面面，已成为群众反映诉求和政府倾听民声民意的重要通道，为及时有效地解决群众困难，促进经济发展、社会和谐和机关作风建设等方面起到了积极作用。

2.2.2.4 网民留言办理件件有落实

在网民留言实际办理工作中，酒泉市政府坚持做到“三个坚持”，一是坚持及时办理标准。认真做好调查、交办、转办和回复工作，要求各级各部门把网民留言办理工作与领导批示件办理工作摆在同等重要位置，对已办理完毕的留言定期进行再次检查，确保答复内容真正得到落实；二是坚持深入开展调研工作。要求做到掌握存在问题原因和过程，深入了解民众的利益诉求，贯彻落实好各项政策，把矛盾和问题解决在萌芽状态。同时，认真分析网民留言事项，完善各项政策措施，做好举一反三，杜绝类似事件再次发生；三是坚持实事求是答复。尽力还原事件真相，不遮掩、不躲闪，把民众反映的任何事情都力争予以解决。尤其是坚持以法律法规为准绳、以相关政策规定为依据，既着眼于解决问题，认真为网民排忧解难，又着眼于符合法律政策规定，坚决防止出现相互攀比和引发新的矛盾等问题。截至2014年8月，酒泉市委书记、市长和7个县市区书记“人民网——地方领导留言板”全部开通，截至2014年12月31日，共收到网民留言450条，其中涉及政策方面的96条、民生福利的285条、工作作风的62条、党风党纪的7条。回复368条，回复率达到80%以上，其中阿克塞县回复率达到100%。通过督察办理网民留言，确保了一批涉及居民出行、拖欠工资、拆迁补偿、冬季供暖等与群众密切相关的民生问题得到妥善解决。目前，网民留言办理工作已成为了解社情民意的重要途径，成为接受群众监督的重要渠道和解决群众反映问题的重要平台。

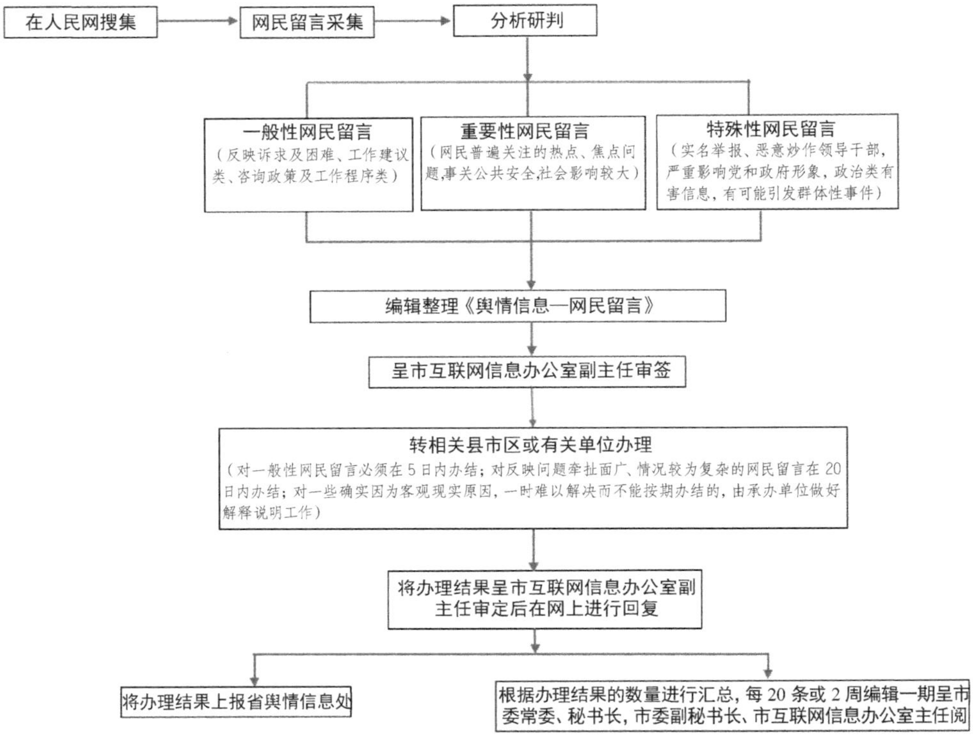

图 2-2《舆情信息——网民留言》办理工作流程图

2.2.2.5 互联网舆情监测硬件系统配备完善

由于互联网存在海量的信息量，仅仅依靠人工搜索的方式难以掌握到全面的舆情信息，为使市互联网信息办公室职能进一步发挥作用，酒泉市于2014年1月20日完成了互联网舆情监测系统的安装和调试。该硬件系统具备全网搜索、定向搜索、实时监测、情感分析、舆情追踪、专题关注、重点人监控、信息预警、网上交办等功能，首页版面布局分为快速通道、统计报表、敏感信息、领导信息、网民留言、地域信息、国内焦点、网络热议等板块，每个板块都有最新的舆情列表，能够概览当天搜索监测到的最新舆情。在此基础上，通过配置准确的关键词，依托服务器爬虫引擎，对互联网上7300多家网站、博客进行全天候搜索监测，同时，还将辖区内网民反映问题较为集中的“酒泉在线”“飞天论坛”“百度贴吧·酒泉吧”等8家网站也作为重要监测对象，确保网络上涉及酒泉的各类正负面信息都能够及时发现、提早预防。特别是将严重影响党的形象和政府公信力的网络信息、有关涉腐等敏感信息和不良帖文、涉及党政主要领导干部的负面信息作为监测重点，系统搜索到此类信息后第一时间发送至值班人员手机、邮箱进行预警，确保随时随地掌握情况，避免发生纰漏、贻误工作时机。自系统试运行以来，共搜索信息2000万条，其中疑似信息10万余条，共发送预警信息200多条。

2.2.2.6 网评员队伍日益壮大

按照甘肃省下发的《关于进一步加强互联网信息内容管理办法》关于建设全省“百千万”网评员队伍的要求，酒泉市结合本地实际，开展了全市“十百千”网评员队伍建设，即选聘20名左右的“意见领袖和特约撰稿人”、组建300名左右的“核心评论员”和1000名左右的“网络信息服务志愿者”，目前，该项工作已登记备案，初步形成了科学规范的互联网综合管理格局。2014年，广大网评员和志愿者在甘肃网评、甘肃论坛、酒泉在线等网站和贴吧及时跟帖，主动开展网上舆论引导，及时清理网络淫秽色情和低俗有害信息，使全市网上舆论生态得到了很大改善。同时，为提升全市互联网宣传管理队伍舆论引导和网络管控能力，2014年，举办了全市互联网宣传工作培训班，将7个县市区新闻发言人及其联系人、市直及驻酒泉各单位新闻发言人及联络员等300余人直接登记为酒泉市“十百千”网评员队伍，并邀请甘肃省外宣办专家和兰州大学教授分别对网络舆论场中如何做到敢说会说善说、新闻媒体环境下的舆论引导、政府危机公关和形象塑造、网络信息研判应对等方面做了专题辅导讲座，进一步提升了网评员队伍的能力和水平。

2.3 酒泉市政府应对网络信息存在的问题及原因分析

2.3.1 酒泉市政府应对网络信息存在的问题

现阶段，酒泉市无论是互联网信息管理，还是网络舆论引导，当前的工作水平还有很多短板和“软肋”，个别县市和部门、单位思想认识不到位、体制机制不健全、工作保障不得力、能力素质不适应等问题依然存在。特别是随着微博、微信、移动智能终端的广泛应用，信息传播呈现出更加快速、广泛、多元的趋势，以前信息传播速度是按天数，现在是以秒算，回过头来看看我们的反应速度，目前一些领导干部和工作人员仍停留在平常不上网关注舆情、一旦发现负面有害信息就四处求人帮忙封堵删帖的阶段，不要说主动设置话题来引导网上舆论，有时候连第一时间发现、上报舆情都做不到，从而使酒泉市网络舆论引导工作面临更加严峻的挑战。

2.3.1.1 重视不到位及监管缺位

目前，酒泉市开办的政府公众信息网及各机关事业单位门户网站涉及面仍然是以宣传地方、宣讲政策、公布成绩、交流经验做法为主，而对民众真正关心的诸如住房、医疗、就业等方面实质性问题关注度不高、涉及内容不全面，广大民众从政府门户网站中无法获取自己感兴趣或者与己相关的信息内容，政府主流媒体网站难以获得社会公众的关注和认可。由于政府主流媒体存在的这些问题，导致多数网民只能通过其他渠道来表达诉求，这时候，一些地方论坛势必成为网民青睐的主战场。比如“7·15 玉门市发生鼠疫事件”，2014 年 7 月 15 日 16 时，酒泉市境内玉门市老市区医院接诊患者王德玺，其症状为高烧发热，体温为 39℃，经了解，王德玺长期从事放牧工作，并在放牧期间有旱獭接触史，经医院初步诊断为疑似鼠疫病例。王德玺于 2014 年 7 月 16 日 5 时 57 分经医院抢救无效死亡。经省、市、县三级专家组检测，于 2014 年 7 月 17 日确诊为肺鼠疫。7 月 17 日下午，酒泉市共设置玉门市境内老市区、赤金镇、赤金镇西湖村、疫点牧场 4 个隔离区，共排查出与王德玺密切接触者并被隔离共计 151 人。7 月 24 日零时，经甘肃省政府批准，玉门市 4 个隔离区全部达到解除隔离条件，决定依法解除玉门市鼠疫疫区隔离。酒泉市政府于 7 月 17 日对该事件正式对外发布官方通报消息，随后，该官方消息立即被网易、新浪、凤凰网等多家知名网站纷纷报道，至此，该事件被公布于大众。该事件的问题症结：此次事件发生于 7 月 15 日，而政府发出官方通报时间为 7 月 17 日，整个事件被公布于众间隔近 48 小时。在 7 月 15 日晚间，酒泉境内一些论坛有部分网民发布消息，要求官方就有无此事作出应答，并称大众有知道真相的权利。随后，该帖文陆续被网友跟帖质疑为何得不到官方声音。虽然根据疫情有关发布权限规定，宣布发生疫情必须有当地疫情指挥部统一发布消息。但是，面对网民的一片质疑声，没有相关部门就该事件在官方网站或者地方论坛作出任何解释和说明。众所周知，在公共卫生疫情中，很多时候都存在局部利益和公共利益的博弈，如何取舍，确实考验政府的施政理念。在疫情面前，政府信息公开必须以公共利益为先，如果信息不透明，稍有风吹草动，就会谣言满天飞，从而引发网络信息危机。

如果政府能够对日常疫情进展情况和跟进的防疫措施予以密集通报，则会减少公众的恐慌，从而避免滋生谣言。

此外，酒泉市对网络信息还存在监管缺位的问题。比如，“酒泉在线”是酒泉市一家集话题论坛、商业广告、人才招聘于一体的私人创办经营性网站，创办于 2004 年 7 月，IP 地址为 101.226.241.216，经统计，该网站注册用户近 10 万人，日均新增注册账号 30 个。其中“酒泉在线—百姓话题”板块是酒泉市网民留言的主要载体，该板块日均发帖量 50 余个，跟帖 600 余次，浏览达到 2 万余次，该网站俨然成为现阶段酒泉网民发布信息的集散地。但是，由于网民个体差异性的存在，加之网站版主审核关不严等因素，该网站经常会出现反映问题不实、恶意攻击政府和他人、散布谣言的帖文，当此类舆情发生后，酒泉市有关部门采取的唯一措施是责令该网站将帖文进行删除。根据公安部《中华人民共和国计算机信息网络国际互联网安全保护管理办法》有关规定，网站自网络正式联通之日起 30 日内，必须在省级通信管理部门办理备案手续；同时，根据国务院《互联网信息服务管理办法》相关规定，营利性网站必须办理准许其在业务范围内经营的 ICP 证，如果没有办理该证，这个网站就属于非法经营；同时还规定，对没有 ICP 经营许可证或者进行备案手续的网站，相关部门可以依据权限给予处罚甚至可以关闭网站。经公安局、工商局、工信委等多部门查证核实，“酒泉在线”网站既没有在省级有关部门备案，同时也没有办理 ICP 经营许可证，属于非法网站。而就当前来讲，酒泉市并没有对该网站进行严格规范，导致其仍在继续经营，其知名度甚至高过市政府门户网站。

2.3.1.2 处置方式简单

近年来，随着网络信息的日益增多，由于酒泉市各级政府在应对网络信息事件中缺乏经验，表现出处置方式过于简单，特别是部分县市区政府处置公共突发事件应急能力欠缺，对舆情信息没有深入研判，导致舆情事件对政府影响较大，往往是当网络媒体开始关注后仍然反应迟缓，应对不力，结果造成工作的被动。比如“酒泉市城区暖气管道爆裂事件”，2014 年 12 月 10 日 14 时 40 分，酒泉城区解放路热电联供一级供热主管网突然发生泄漏，对酒泉城区 39 个供热站供暖造成影响。12 月 11 日 4 时，国网酒泉供电公司对供热主管网进行减压，对漏水点管道进行抢修作业，老城区近 600 万平方米供热面积暂停供暖。事件发生后，酒泉市政府立即启动应急预案，于 12 月 12 日 18 时 40 分系统已恢复正常运行，用户室温逐渐提高。12 月 11 日央视 13 套《朝闻天下》以《甘肃酒泉供热管网爆裂 15 万人停暖》为题予以报道。随后，该则新闻被凤凰网、腾讯、中国网络电视台、新浪视频等多家新闻媒体予以报道，经统计，相关新闻报道 373 篇，相关网页 720 万个。本次事件的问题症结：该事件发生后第一时间被央视新闻报道并被国内知名网站转载，一时间成为酒泉街头众议的热点新闻，尤其在本地网站论坛内，立刻引起了广大网民的热议，有不少网民对本次停暖事件持抱怨态度，也有部分群众对政府此次采取的应急措施给予了肯定，还有不少市民向政府提出了一些希望和建议类留言。但是，该事件从始至终都没有相关部门对事件发生的原因在政府公众平台或者本地论坛发声，作出合理性解释，存在相互推诿、扯皮的现象。很多实际案例能够证明，当地论坛往往是收集民众意见建议的最快捷径，政府在对互联网进行监测时，其中一个重要对象就是本地论坛，因为它以地域为链接纽带，将本地民众天然联系在一起，在本地论坛这个平台上，更容易形成共同的利益诉求，这就要求政府必须主动关切本地论坛。其实，当网络信息事件一开始发生阶段，政府就应该立刻去正面应对，以开阔的胸怀和理性的思维去接纳，科学地应对并加以处置，而不是一味地回避，这样才能取得良好的反响。就该事件，政府如果在开始阶段就能将相关情况及时通过有关媒体或者网络予以公布，并及时跟进报道事件进展情况，让网民在第一时间了解真相，并知道政府已采取的措施，这样就可以减少网民的猜忌，赢得网民的支持。如果不主动去回应网民的批评和质疑，还原事实真相，作出合理解释，最终会丧失群众对政府的信任。

2.3.1.3 处理时机滞后

当网络信息事件发生后，如果政府能够积极、正确地应对网络信息，会使事态处于掌控之中并使舆论趋于平和。政府如果不注重网络信息的时效性，在负面信息充斥网络之时，通过匆匆组建临时处理小组来应付已爆发的网络信息危机，没有第一时间发声并抢占舆论的引导权，往往会造成工作的被动局面。在 2014 年 6 月 17 日，一网民在百度贴吧发帖称“酒泉市第三中学发生集体食物中毒事件，人数约 80 人左右”，该舆情信息一经发布，立即引发酒泉网民的热议。而作为事发所在地的肃州区政府和监管方酒泉市食品药品监督管理局没有及时上报此次事件，随后本地论坛不少网民提出质疑，相关留言和跟帖呈上升态势，导致舆情发生。发现该舆情信息后，酒泉市政府立即责令卫生、教育、食药等相关部门展开调查。经查证，2014年6月15日上午6时，酒泉市第三中学有35名学生陆续出现呕吐、腹痛、腹泻等症状，经医院诊断为疑似食源性疾病，截至2014年6月16日35名学生已全部痊愈出院。在舆情事件中，“人数80人左右”的言论完全不实，这也充分暴露出，如果政府不能够及时对舆情作出回应，会导致舆情扩大，引起大众恐慌和对政府产生信任危机。比如“敦煌机场打车难事件”，2013年6月30日，中央人民广播电台中国之声《新闻晚高峰》报道：“甘肃敦煌机场由于实行特许经营，乘客只能乘坐机场指定车辆，而正规出租车进出机场必须要交停车费，由于缴纳停车费会导致运营成本增多，因此很多出租车司机对打车到飞机场的乘客经常予以拒载。”自2013年6月30日至2013年7月3日，中国网对该事件进展情况连续发表了7篇文章，同时，国内多家知名网站也进行了转载。该网络信息发生后，敦煌市政府从6月30日起，连续两次召开有关部门参加的专题会议，制定出台了新的实施办法，并决定从次日起对敦煌市境内的所有景点景区、机场、火车站停车场在国家法定节假日期间实行免收停车费政策。该舆情事件问题症结：据了解，在媒体未对该事件曝光之前，出租车在旅游景点、飞机场、火车站拉客都需要缴纳停车费，虽然媒体报道后，敦煌市政府迅速作出反应，妥善处理了矛盾。但是，这种现象已经持续了好几年，网民经常在当地论坛就此事呼吁有关部门予以解决。该事件充分暴露出当地政府的动作反应迟缓，直至媒体曝光后，由于舆论的影响过大，政府才被动地去解决相关问题，其实这种行为在一定程度上已经对政府的形象造成了严重损害。

近年来，随着互联网信息技术突飞猛进的发展，网络已然成为表达广大民众意愿的重要渠道。当前，随着改革开放步伐的日益加快，在改革中一系列涉及国计民生的问题不断显现，更多的网民喜好通过网络问政的形式向政府提出意见和建议，并对政府实施监督。政府必须高度重视网络信息，转变陈旧思想观念，积极主动走进网络，通过网络了解社情民意，并积极解决群众反映的问题和困难，这样才能赢得民心，从而进一步加强自身的执政能力建设。而就酒泉市来讲，在应对纷繁复杂的网络信息时，仍然存在重视不到位和监管力度不够、处置和预防措施缺乏、快速反应和引导机制不健全等方面的问题。

2.3.2 酒泉市政府应对网络信息存在问题的原因分析

本章主要以酒泉市应对网络信息存在的问题为基础，重点对产生问题的原因作了全面客观的分析，以便为下一章的对策研究提供丰富的依据和理论支持。

2.3.2.1 重视程度和监管力度不够

现阶段，互联网络已经发展成为舆情信息的发源地，网络信息对主流媒体的传播能力和党的执政能力建设有着深刻影响，正确认识网络信息的重要性，是摆在各级政府面前的重要任务。2008 年国家出台的《政府信息公开条例》，标志着国家以法律的形式规定政府利用传媒发布政府信息，引导舆论，树立政府形象，不仅是工作的重要内容，也是必须履行的职责。随着网络的快速发展，它的影响力也逐步扩大，从一般的事关民生民计的小问题到国家方针政策制定的大事件、从茶余饭后闲谈到世界格局变化每一个层面，我们不难看出，舆论阵地并不仅仅是被传统的媒体掌控，很大程度、很大范围内已被网络舆论所代替。当前，一方面由于酒泉市一度对网络信息重视程度不够，导致一些主流媒体作用不能够充分发挥。特别是酒泉市开办的一些主流媒体关注角度不接地气，很多主流媒体网站信息发布不及时，一些信息更是只重形式，给人的感觉是“假、大、空”，广大民众很难获得高质量的有效信息。主流媒体作用发挥缺失，势必会导致其他非主流网站论坛甚至非法网站乘虚而入。同时，另一方面，由于相关规章制度缺失，导致政府监管力度不够。自网络信息被日益重视以来，各级陆续出台和实施了一些关于加强网络信息管理的办法和意见，从甘肃省角度来讲，2010 年出台了《关于加强和改进互联网管理工作的实施意见》和《网民留言办理工作实施办法（试行）》、2012 年下发了《〈关于进一步加强互联网宣传管理工作的实施意见〉的通知》、2014 年下发了《关于进一步做好党政机关网站安全防护工作的通知》；从酒泉市角度来讲，2013 年分别出台了《网民留言办理工作实施办法（试行）》和《互联网信息管理暂行办法》。虽然如此，从国家层面来讲，由于出台相关网络信息监管方面的法律法规并不完备，这也就影响到酒泉市在制定出台相关制度规则时缺乏政策依据，没有高规格的法律法规支持，就无法制定具有法律依据的有关条文，而在互联网媒体被广泛应用的时代，政府若缺乏相应的规章制度，就会导致监管找不到抓手，对一些网站的监管没有约束力，特别是对一些非法网站的管理显得束手无策，从而缺乏对网络危机事件的控制。

2.3.2.2 缺乏处置和预防措施

从当前社会发展的趋势来看，互联网的广泛使用已成为当今社会的一个重要标志。客观现象决定主观意识的形成，在舆情信息充斥整个网络世界的时候，如果政府应对网络信息缺乏相关的处置和预防措施，势必会导致网络危机事件的发生和扩散。目前，酒泉市还没有系统化、制度化地应对网络信息的处置和预防措施，导致部分政府领导干部患上了网络“恐惧症”，控制信息流动、统一宣传口径，“搞定就是稳定，摆平就是水平，没事就是本事”的观念成为一些领导干部的思维定式，当网络信息危机发生时，生怕只要公开信息就会损害政府形象，影响社会稳定，经常是采取欺上瞒下、压住拖住的消极应对策略，处理方法简单无效，处理结果适得其反，这种处置方式不仅不能控制住舆情危机的蔓延，在更大程度上会使政府失去先机，丧失了舆论的主导权。在关注网络信息上，当网络信息发生后，不管网络信息的真伪，绝大多数单位和部门还存在长时间的不理不睬、不做回应；在应对网络信息中，处理方式重处置轻引导或不引导，事情发生后用一些模棱两可的话语或运用政策和制度的不完善来搪塞网民；在预防网络信息上，部分单位和部门采用“头疼医头，脚疼医脚”的简单思路，没有对网络信息进行深入研判，导致同一类别的舆情事件时有发生。由于缺乏处置和与预防措施，使得广大网民一旦在现实中无法发泄自己的不满，表达自己的意见，就会通过网络来表达，再加上引导和处置不利从而诱发了网络信息危机产生。

2.3.2.3 快速反应和引导机制不健全

当前，互联网给加强政府和社会建设带来了新的时代命题，如何建立快速反应机制和引导机制，有效应对和处置舆情危机成为各级政府加强社会管理的一个重要课题，政府必须进一步创新工作理念，改变工作方法，改进工作方式，以适应网络信息不断发展的需要。舆情危机指的是针对某一特殊刺激事项所产生的涉及民众利益较深的舆情[26]，网络信息危机会由于网络的自身特点而成不定向发展趋势，网络信息也会因为被一些别有用心的网民利用，给政府应对带来诸多不便，从而影响社会和谐稳定发展。因此，政府必须通过建立快速反应和引导机制，控制舆情发展方向和缩小扩散范围，确保第一时间处置并解决，将社会矛盾化解在萌芽状态。当前，酒泉市应对网络信息没有完全形成快速反应和引导机制主要受到以下因素影响：一是观念相对落后，不掌握不熟悉互联网的特点。基于网络媒体自身具有的特点，充分证明网络信息是控不住、压不住的散发性信息，部分政府部门采取掩耳盗铃式的应对模式只能造成被动局面；

二是专业技能匮乏，面对互联网的海量信息，多数部门单位没有专业搜索技能，在互联网上很难迅速发现涉及的负面舆情信息；三是专业人员欠缺，部分网络评论员和舆情信息员的互联网信息技术知识匮乏，有些甚至对 QQ 软件的基本操作技能、知名门户网站和网络社区等都了解不多，由于专业人员素质不高，导致舆情引导工作相对较为滞后。特别是部分乡镇的网评员和舆情信息员由于工作需要，经常是身兼数职，无法专心投入到网络信息工作中来，有时甚至很多天由于工作的原因顾不上上网，从而无法及时发现网络信息；四是应对环节烦冗，为了彻底调查事件真相或者统一对外发布口径，面对突发紧急网络信息时，错失最佳应对舆情的工作时机，从而进一步增加了工作的难度。

2.4 酒泉市政府应对网络信息的具体策略

加快推进互联网信息管理和舆论引导工作，不仅是做好正面宣传、打好主动仗的必然要求，也是加强执政能力建设、建设现代政府、提升政府公信力的重要途径，更是宣传政府重大决策、服务大局、凝心聚力的重要手段，对于维护社会和谐稳定具有十分重要的意义。

2.4.1 提高重视程度

习总书记对做好互联网意识形态工作，也多次提出明确要求，他强调指出：要依法加强网上舆论生态建设和管理，主动掌握运用新兴媒体引导舆论的技术和手段，深入了解网络时代人民群众对信息传播的新需求、新期盼，通过方便快捷、灵敏准确、新鲜活泼、内容丰富、品质优良、群众喜闻乐见的网络文化产品，有效占领网络文化传播的制高点。当前，由于互联网信息技术的迅猛发展，网络已成为政府部门了解社情民意、与广大群众交流互动的一个重要载体，这就要求政府部门必须认真做好网络信息工作，把网络作为拉近群众距离、听取群众意见建议的一种重要手段，切实做到问计于民、问需于民，保证广大网民反映的问题和困难得到妥善解决，排除矛盾纠纷，化解社会矛盾，促进社会和谐。同时，加强对网络信息的监管，也是政府履行社会管理职能的一项重要内容，“在法律规范缺失，道德触及不到的网络空间，建设有效的规范引导和管理监控机制是一个非常紧迫的现实课题，也是一个需要深入探讨的理论话题”[16]。政府通过出台相关权威、完整、系统的规章制度，使应对网络信息工作逐渐制度化、法制化，从而有效推动网络向健康有序方面发展。从具体的应对策略来讲，主要包括提高政府门户网站利用度、完善网络发言人制度、加强网络“意见领袖”和网络信息队伍的建设、规范商业网站行为等方面。

2.4.2 提高政府门户网站利用度

政府可以通过自己的门户网站发布信息、宣讲政策、收集民意，而广大民众通过政府门户网站对政府实行监督，政府门户网站成为政府实行舆情危机管理的新平台和舆论阵地[17]，它可以通过互联网站发布权威性信息，与民众进行互动交流，具有快速性、便捷性特征。因此，政府在应对突发网络信息危机时，必须建立快速反应机制，在第一时间发布权威信息，确保让广大民众了解情况，杜绝流言蜚语的散播，保证政府门户网站成为政府应对网络信息的重要阵地。在具体的应对过程中，政府门户网站应该遵循信息公开和快速反应的原则，要广泛听取网民意见，全方位征求网民的建议，并对舆情发展态势进行深入研判，通过运用加强正面引导和处置不良信息等手段相结合的方式，为政府门户网站健康发展提供保障，让政府门户网站真正成为“舆论监督，群众喉舌，政府镜鉴，改革尖兵”[18]。在提高政府门户网站利用度的同时，还要加强对本地网络论坛的规范和管理，人民网舆情监测室于2010年提出，“本地论坛是疏导民意的最短路径”，因为本地论坛里云集的大多数人都是当地民众，网民之间很容易达成利益共识，一旦发生突发重大事件，许多苗头性舆情信息会很快在本地论坛内出现。所以，政府应该高度重视本地网络论坛的规范管理，争取在本地范围内及时发现问题，及时解决问题，确保一旦发生网络信息危机能够在第一时间得到妥善处置。

2.4.2.1 建立政府网络发言人制度

政府网络发言人类似于政府新闻发言人，他是代表政府向外界发布信息的具体人员，网络发言人的话语代表政府的意图，是政府与民众沟通的有效桥梁。建立网络发言人制度有利于加快推进政府信息公开，有利于民众了解事件真相，也有利于民众加强对政府的监督。随着信息技术的迅猛发展，建立网络发言人制度越发显得势在必行，建立网络发言人制度，是落实党的群众路线的具体举措，网络发言人通过网络快速、及时、准确地发布官方权威信息，回复民众反映的各类诉求，能有效保障群众知情权、表达权，对建设服务型政府，维护和谐稳定的社会具有重要意义。因此，“政府网络发言人只有真诚面对网友，准确把握动态，在政府和民众间保持信息畅达，才能取信于民，赢得公信”。同时，要完善新闻发布制度，统一信息口径，及时有效的新闻发布对舆论引导至关重要。当重大突发事件发生后，政府部门应该及时召开新闻发布会，让真相在第一时间公布于众，并统一信息口径，杜绝谣言滋生，从而避免引发舆论危机。

2.4.2.2 加强网络“意见领袖”和网络信息队伍的建设

政府不仅要全面监测并及时发现网络信息，掌握产生问题的原因，又要做到能及时应对网络信息，在第一时间发出自己的声音，确保自己的权威信息得到公众的认可，就必须加强网络“意见领袖”和网络信息队伍建设。“意见领袖”对引导舆论走向具有重要作用，要培养政府的权威性“意见领袖”，让理性的声音引领网络舆论，要充分发挥“意见领袖”的作用，及时疏导网络媒体论坛中的情绪型言论，及时跟帖、主动导帖，善言规劝，与网友共同创建理性、文明、和谐的讨论环境。同时，建立一支专门的网络信息员队伍也相当，通过加强队伍建设，可以进一步加强和改进网络文化建设和管理，对网络信息实行全面动态监测，确保政府科学应对和处置网络信息。网络信息员承担的具体主要职责应该包括：一是管理和维护本部门的网站，及时更新发布信息，回复群众咨询的相关问题；二是及时监测舆情信息，及时收集、整理网民提出的有关意见和建议，认真整理并上报市互联网信息领导小组办公室；三是及时回复网民留言，对网民提出的问题、建议和意见及时进行回复，对于反映情况不属实的，应该及时予以澄清；四是主动引导舆论，围绕网民关心的热点、焦点话题，精心设置议题，主动发声，解疑释惑，用正面舆论疏导公众情绪。特别是在突发公共事件的舆论引导上，坚持网下处置和网上引导相结合，第一时间发布权威信息，讲事实、讲真相，提高时效性、增加透明度，用实际行动赢得民心，用改进工作凝聚民心。同时，要加强业务培训力度。市、县两级都要建立网络宣传管理人员培训机制，定期对骨干网络管理员、网络评论员、重点网站采编人员、政务微博微信相关人员进行专业培训，并将网络应对、网络安全等课程纳入市、县党校干部培训必修课程，不断提高各级党员领导干部和网络管理人员的自身素质。

2.4.2.3 规范商业网站行为

相对于政府官方网站而言，商业网站虽然与群众联系更为直接和密切，但商业网站由于其自身具有盈利性的特点，它所发布的部分消息、新闻是不具有真实性和权威性的，部分商业网站为扩大知名度和提高点击率，一些不经核实的假消息会在网站或论坛内被公布出来，虽然吸引了广大网民的注意力，但在一定程度上给政府管控网络信息带来麻烦，因此，加强对商业网站的管理，规范商业网站行为是地方政府有效应对网络信息的有效举措。在加强管理和规范商业网站的过程中，一是要坚持强化管理和正确引导的原则，允许商业网站在法律和道德的双重约束下依据权限范围进行运营，政府必须加强对商业网站的引导，在重大舆情事件发生后，要确保使官方网站和商业网站一致发声，遥相呼应，并配合官方网站对网民进行引导；二是要提高商业网站管理人员素质，即规范网络审核人员和网络编辑从业行为，引导他们掌握政府的方针政策，让这些人具备更多的社会责任感和使命感，能够配合政府宣传正能量，与政府门户网站在舆论导向上力争保持一致；三是规范网络空间，对论坛所发布的言论要进行严格审查，对一些蓄意煽动、造谣、破坏团结和谐的言论要坚决予以删除，并通过法律手段追究当事人的责任。

2.4.3 完善舆情处置和预防措施

2.4.3.1 强化处置措施

一是转变处置方式，彻底改变传统的“删”“堵”“压”方式和置之不理的态度，以正视、开明的态度接纳倾听网民意见，及时公布信息；二是认真解决问题，对网民反映的问题进行甄别区分，切实解决群众反映切身利益的困难和问题，从根本上解决网络信息的负面影响；三是坚持快速反应原则，发现舆情信息后，立即通过权威平台发布信息，在第一时间控制舆论的主导权，杜绝小道消息的蔓延。同时，对恶意煽动、带有攻击性的帖文要进行封堵和删除，并采取技术控制手段，追查信息来源，追究相关人员的责任。

2.4.3.2 完善预防措施

一是加强网络法规宣传，政府要做到在以法治网的同时，进一步加强对网民的教育，使法治观念深入人心，形成引导网络舆论的长期保障；二是主动设置网络热门话题，在民众关注度高的网站主动设置民众感兴趣的热门话题，引导民众之间加强信息交流，并积极与民众进行互动，把更多网民的注意力吸引到有关改革、民生、医疗、教育、就业、住房等重要话题上来，此举不仅凝聚人心、拉近民众与政府之间的距离，同时也减少了网络中出现的不和谐声音，为应对舆情工作减少阻力。当然，政府在主动设置网络热门话题时要避免过度敏感，不要过度设置敏感词，否则网络信息就失去了社会安全阀的作用，“自由也就变成了目田”[19]；三是规范网站行为，政府要提高门槛，严把网站准入规则，加强网络媒体行业自律和责任，提高网络从业人员的专业素质；从技术层面对网络舆论实行有效把关[20]。同时，政府要加强对网站的监管，提高网络舆论引导效率。

2.4.3.3 推进政府信息和政务公开

随着广大群众参政议政的积极性逐步高涨，群众要求信息公开的呼声也随之越来越高，因此，政府必须加快推进政府信息和政务公开，充分保障公民的知情权和监督权得到有效发挥。推进政府信息和政务公开，表明政府欢迎和接受群众监督的态度，愿意让群众参与到工作中来。各级各部门要成立明确实施政府信息和政务公开的责任，加强制度建设，制订具体工作方案和相关实施细则，明确公开的单位、内容、形式、监督措施等内容。同时，要加大力度拓宽公开渠道，严格按照规定公开工作程序，按照全面公开的原则进行公开，确保做到政务公

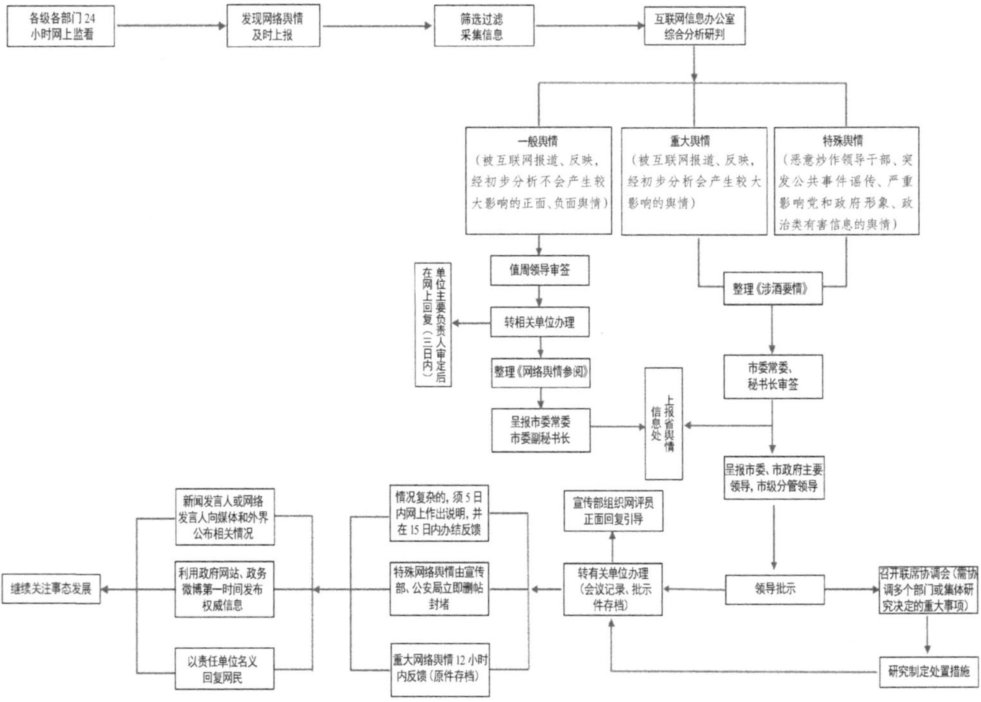

图 2-3 酒泉市互联网舆情信息处置流程图

开透明。一是要制定相关规定推进政府信息和政务公开，“从内容上看，《政府信息公开条例》仅仅只能是一个过渡或暂时之举，很多规定多没有严格的界定，不够细致具体，涉及信息公开的很多法规没有出台，可操作性不强”[21]，通过制定相关规定，全面推进政府信息和政务公开；二是要“优化配置政府信息资源，政府在保障社会公众合法权益的前提下，选择合理优化的分配方式，平衡利益冲突并促进社会凝聚力”[22]；三是要降低门槛，贴近群众，不断改善传播的工具与手段，深化互动，拉近与广大群众的距离。

2.4.3.4 完善民意表达机制

畅通民意表达机制是充分保障公民发言权的具体体现，对于构建和谐社会意义深远，通过畅通民意表达机制可以在第一时间掌握民众的看法和主张，可以让民众对政府行为充分表达自己的观点并提出改进措施，可以主动接受民众对政府工作的监督。通过完善民意表达机制，进一步增强政府工作的透明度，政府可以在决策过程中集思广益，保障决策的民主化和科学性，从而增进民众对政府决策的支持，提高政府的公信力，改善政府形象。

2.4.4 建立舆情快速反应机制和分析引导机制

2.4.4.1 提高对网络信息的快速反应能力

当网络信息危机爆发后，政府必须快速反应，在第一时间作出回应，才能降低舆情危机产生的影响。因此，要提高政府应对网络信息的快速反应能力，就必须在事前做好充分准备。于是，加强舆情监测和预警就显得十分重要。在加强舆情监测方面，要加强舆情监测软硬件技术系统建设，主动应用舆情分析系统软件，及时搜集热点焦点问题，全面掌握民众的意见建议和利益诉求。依托酒泉市互联网舆情监测系统，对重点网站实时监测，对重点热门话题主动跟踪，对敏感词语予以分门归类，坚持每天24小时不间断浏览、检索“百度贴吧”酒泉版块、“天涯城市社区”甘肃版块和新浪、搜狐等知名网站，搜索、筛选、整理涉及本地、本部门的重要网络信息，并利用百度等引擎搜索关键词、敏感词，随时掌握网络信息发展态势，及时分析整理舆情信息，坚持紧急网络信息即知即报、随报随办的工作方法，及时采取措施控制事态蔓延，严防诱发群体性网络舆论危机。在加强舆情预警方面，首先要确定网络信息危机等级，建立网络信息的预警等级非常关键。在综合考虑国际惯例、我国相关机构管理规定及网络信息发展趋势的前提下，网络信息的预警等级被划分为：轻警情（Ⅳ级，非常态）、中度警情（Ⅲ级，警示级）、重警情（Ⅱ级，危险级）和特重警情（Ⅰ级，极度危险级）四个等级，并依次采用蓝色、黄色、橙色和红色来加以表示。根据舆情预警的不同等级建立相应的应急处理预案。一是制定预警方案，根据舆情信息的轻重缓急和危害程度采取不同的措施予以应对；二是掌握舆情走向，对发现的舆情认真分析研判，认真把握舆情发生、舆情发展、舆情走向每个环节，保证对舆情的第一时间获知权；三是及时沟通信息，建立舆情信息沟通机制，与网络信息涉及的相关县市区和部门保持密切联系，形成处置舆情信息联动机制；四是及时公布结果，对舆情事件的处理结果及下一步采取的措施及时对外公布，确保大众了解真相。

2.4.4.2 加强对网络信息的分析与引导

政府的网络信息分析和引导能力，又是执政能力和执政艺术的重要组成部分，政府要“有效引导网络舆论”[23]，力争“成为信息传播者、信息引路人、信息规范者和监督人，促使正确舆论的形成”[24]。在网络信息应对过程中，由于政府的介入会在一定程度上影响网民的态度，网络信息也会发生相应的转向。因此，政府必须及时收集相关的网络信息，建立专门的网络信息研判机制，组织力量对网络信息进行分析，收集网民意见，研判网络信息的走向，把握动态、深层次的网络信息，与堵截有害信息、加强正面引导与处置手段相结合，从而为政府相关部门应对网络信息提供相应的信息支持和决策参考。在网络信息的引导过程中，政府特别是宣传部门要在第一时间把握先机，敢于承担“抢旗帜”的重任，充分发挥主战场优势，及时拿到话语权，利用主流媒体优势和特点，抢占舆论高地；发挥信息优势，学会有条不紊地发布系统化专业信息，利用政府与民间的信息不对称，有力地引导舆论。而公安部门则应该把工作重点放到维护稳定这一方面，打击网络违法犯罪，确保网络环境稳定。在回应网络信息事件时，要把握节奏、掌握力度，敢于正视事实，勇于承担责任，积极化解矛盾。首先，坚持时间效应原则。利用网络传播快捷的特点，争取第一时间发布权威信息。舆情引导工作要做到关键时刻不推辞不搪塞，满足社会大众对不同信息的需求，消除可能产生负面舆论热点的信息盲点。其次，坚持文明回复原则。要学会运用网络语言与网民积极沟通，坚决杜绝粗俗的攻击性言论，坚持客观公正和以理服人，不断提高言论的说服力。再次，坚持包容宽和的态度。对待网民要怀着一种尊重和感恩的心态，以包容的态度来应对网络信息事件，以公平理解的心态与网民进行沟通。最后，重视对议题的引导。在突发事件网络舆论引导中除注意把握传播过程、参与主体外，还要根据议题的特点，因势利导。对待突发舆情，要做到在处置和应对的同时应及时还原事件真相，及时公布进展情况，这样才能有效平息舆论，化解舆情危机。

2.4.5 提高政府和网民的综合素养

2.4.5.1 提高政府人员综合素养

有学者指出："政府官员要端正对网络舆论的态度，同时要学会运用各种方法对网络舆论进行分析。"[25] 一是要具备政治素养，讲政治、守规矩是我党历来坚持的一贯原则，政府工作人员在事关政治大局和社会稳定的大是大非面前，必须态度坚决、立场坚定，要树立强烈的群众观，本着全心全意为人民服务的宗旨，细心了解群众的要求，倾听群众的呼声，体察群众的情绪，调动群众的积极性。要坚持从群众中来、到群众中去的工作方法，坚持群众利益无小事，做到"民之所忧，我之所思；民之所思，我之所行"[26]。二是要具备道德素养，道德素养是政府官员必备的基本素质之一，要怀着真诚、感恩的心态与网民及时交流沟通，认真倾听网民心声，认真解决网民困难。三是要具备能力素养。要加强对网络信息的预见性判断，对可能发生的事件认真分析研判，从客观实际出发，满足群众的需求。要具备扎实的语言表达能力，不说官话、大话、套话，学会运用网络用语，把"官话"巧妙地转化为通俗易懂的大众语言，保证广大民众对"官话"能听懂、听得懂；要具备超强的分析引导能力，认真分析研判舆情信息，积极引导舆论发展方向，切实解决民众的困难和问题。四是要具备创新精神，要客观面对现实、总结分析群众的意见建议，对广大民众的网言网语做出客观判断，运用创造性的思维方法，不断发现新问题、新情况，不断探索新方法，解决新问题。

2.4.5.2 强化对网民的宣传教育工作

一是运用法律手段规范网民行为，法律是刚性约束，任何人都不能践踏法律的权威，政府要依据有关法律条文对互联网站和网民的行为加以规范，提倡广大民众以文明的方式和理性的思维上网，引导网民不相信谣言，不传播谣言、不造谣言，对网络上出现的黄色、暴力、反动舆情信息要坚决予以取缔，并追究相关网站和行为人的责任，切实净化网络环境。当然，在抵制不良有害信息的同时，政府还要充分保障网民的言论自由权，给网民一个宽松的交流空间，这样才能引导网民朝健康的方向发表评论[41]；二是运用道德力量来约束网民行为，道德是柔性约束，一般来讲，道德的约束力高于法律的约束力，违背道德不一定触犯法律。因此，从道德层面去约束网民行为，对政府提升应对网络信息能力提出了更高的要求，在网络社会，政府更需要通过道德力量来约束网民行为，在保障其充分享有表达权利的同时，更应该去维护网民的公共利益，净化网络空间，让网络释放更大的正能量。同时，榜样的力量是无穷的，政府应该通过互联网加强宣传道德模范、先进人物的典型事迹，让广大网民熟知他们、认可他们，并掀起向他们学习的热潮，在全社会大力营造知荣辱、树正气、促和谐的网络风尚，促进网络向文明、健康方向发展。

章末总结

应对网络信息是我国新时期加强法制型和服务型政府的有益尝试，如何对网络信息科学管理、积极应对，使网络公共空间高扬公共性，推崇理性批判的网络公共领域，成为考验着新时期政府的治理能力，关系到政府形象的好坏。本章通过对国内外网络信息研究的了解和学习，提出网络信息的基本概念、网络信息的特点、网络信息的传播载体、网络信息的发展路径及政府应对网络信息的重要意义，可供其他地方政府借鉴学习，共同提高。通过对酒泉市政府应对网络信息方面的调查研究，总结经验，查找不足，认为政府重视程度不够、处理方式简单、处理时机滞后是制约我们有效应对网络信息的重要因素。针对问题，结合实际，提出了酒泉市应对网络情的具体对策。

参考文献

[1] 张丽红．舆情研究概论 [M]. 天津：天津社会科学院出版社，2003：110.

[2] 刘京林．大众传播心理学 [M]. 北京：中国传媒大学出版社，2005.

[3] 王大明．网络舆论的场论分析 [J]. 青年记者，2010（5）：45-46.

[4] 王来华． 论网络信息与舆论的转换及其影响 [J]. 天津社会科学，2008（4）：66-69.

[5] 周如俊，王天琪．网络信息：现代思想政治教育的新领域 [J]. 思想理论教育，2005，12（11）：12-15.

[6] 刘毅 . 网络舆情与政府治理范式的转变 [J]. 前沿，2006（10）：140-143.
[7] 纪红，马小洁 . 论网络信息的搜集、分析和引导 [J]. 华中科技大学报：社会科学版，2007（6）：104-107.
[8] 张明军，袁峰 . 网络社会的政府与政治 [M]. 北京：北京大学出版社，2006.
[9] 李舒，季明 . 新媒体冲撞 [J]，瞭望新周刊，2009，23（7）：13-15.
[10] 爱瑟 • 戴森 . 2.0 版数字化时代的生活设计 [M]. 胡泳，范海燕，译 . 海口：海南出版社，1998：17，19.
[11] 吴焰 . 当总书记也成为网友 [N]. 人民日报，2008-06-23（10）.
[12] 塞缪尔 P 亨廷顿 . 变化社会中的政治秩序 [M]. 王冠华，等译 . 北京：生活•读书 • 新知三联书店，1989：46.
[13] 王元涛 . 于建嵘：冲突本是社会进步的动力 [N]. 经济观察报，2010-12-20.
[14] 中华人民共和国国务院新闻办公室 . 中国互联网状况 [N]. 人民日报，2010-06-09.
[15] 温书春 . 网络舆情对政府管理的影响及其应对机制探讨 [J]. 理论与现代化，2009（5）：103-107.
[16] 何超建，高深 . 从“躲猫猫”事件看政府如何应对网络信息 [J]. 科技传播，2009（3）：7.
[17] 朱丽峰 . 网络民意与政府回应问题研究 [M]. 北京：中国社会科学出版社，2013：188.
[18] 李金兆，等 . 政府门户网站在公共危机管理中的地位与作用 [J]. 电子政务，2009（6）：80-84.
[19] 朱镕基 . 赠《焦点访谈》编辑记者四句话 [EB/OL].[1998-10-7]. 人民网 . http：//www. people. com. cn/GB/historic/1007/4950. html.
[20] 王汉超，章炳捷 . 网络发言人如何“应考”[N]. 人民日报，2009-10-14.
[21] 李正华 . 网络舆论监督的临界问题及相关法律责任 [J]. 信息网络安全，2006（4）：31-33.
[22] 羽戈 . 从自由到目田：每一个汉语都在沦陷 [EB/OL]. [2010-10-4]. 作者博客 . http：//blog. tanya. en/blogger/blog-rnain. asP ？ BlogID=12360.
[23] 吴绍忠，李淑华 . 互联网网络舆情预警机制研究 [J]. 中国人民公安大学学报：自然科学版，2008（3）：38-42.

[24] 杨琳瑜 . 网络舆论引导机制创新的路径选择 [J]. 云南行政学院学报，2010，12（2）：48-50.

[25] 段尧青 . 政府信息公开：价值、公平与满意度 [M]. 北京：中国社会科学出版社，2013：95

[26] 谢金林 . 政府要有效引导网络舆论 [J]. 理论探索，2010（2）：118-120.

第 3 章　突发事件的信息管理研究及其应用

3.1 突发事件的信息管理概述

随着我国社会的不断改革和经济的快速发展，社会利益的分配格局调整加快，价值体系呈现多样化，由于经济的发展与生态环境保护出现很大矛盾，社会的安全形势异常严峻，社会矛盾也由隐性逐渐转向显性，因此而产生的突发事件也就不断增多。加上科技的进步，互联网得到普及，公众掌握了更多话语权。面对突发性危机事件，政府在迅速采取救援措施的同时，在现如今这个信息快速流动、公众权益、权利日益扩大的年代，怎样做好舆情的管理工作，是当前政府所必须面对的问题。“突发事件的信息管理”是由突发事件、舆情和管理三个词组成，拆开了每个词都有自己本身的含义，组成一个词语重点就变成了管理，是指特定事件所衍生事物的管理。具体是一个什么样的管理，与其他管理有什么不同，还得一步步来说。

3.1.1 突发事件

3.1.1.1 突发事件的概念

突发事件用英语来表达就是 The Unexpected Event，Unexpected 是没办法预知的、很难预料、突如其来的意思；Event 是指重要的，有重大影响的事件。两个词连在一起就是无法预知而又对社会有重大危害的事件。在 2006 年 1 月 8 日国务院发布的《国家突发公共事件总体应急预案》中规定，突发事件是指“突然发生，造成或者有可能造成严重社会危害，需要采取相应应急处置措施予以应对的自然灾害、灾难事故、公共卫生事件和社会安全事件”[1]。国外的研究更愿意从事件的严重性和破坏性角度来分析，相关专家学者更愿意称其为危机事件。危机到底是一种特征还是一种状态有很多种不同的说法，比如灾难说、挑战说、关口说等，各种流派的学说也是五花八门[2]。

从危机管理学角度来说，突发事件是指对社会正常秩序以及行为准则造成严重威胁，而且在很短时间内具有很多不确定因素，必须应对处理的一系列事件。突发事件早期所呈现的往往是破坏性、灾难性，极有可能演变为范围更大的严重突发事件或者社会的危机，影响社会稳定和全局的发展。从公共关系角度来说，突发事件被看成是企业、组织或者政府在面对危机事件时所遇到的信息沟通不畅和形象损害，从新闻传播角度来说，突发事件是指出其不意的突然性发生的一些比较重大的事件，它集中了新闻价值的很多特性，比如时效性、重要性、异常性和冲突性等几个特别重要的因素，凸显“新闻是事实的非常规变动”这一本质性特征，具有特别大的新闻报道价值和很高的社会价值，因此受到民众广泛的高度关注。

3.1.1.2 突发事件的分类

根据不同的标准，突发事件可以分为多种不同的类型。国务院按照突发事件的性质、造成破坏的严重程度以及影响范围的大小，在颁发的《国家突发公共事件总体应急预案》中，将突发事件分为四级：特别重大为Ⅰ级，重大为Ⅱ级，比较重大为Ⅲ级，一般为Ⅳ级[3]。又根据事件的性质以及产生机理将突发事件分为四大类：自然灾害、事故灾害、公共卫生事件以及社会安全性事件。这四类又可细分为 23 小类、46 种。本书按照突发事件发生的性质分成自然灾害和社会性突发事件两类来介绍。

1. 自然灾害

自然灾害指自然发生或是因为人类对环境破坏造成环境失衡引起的一系列突发事件。通常会带来人身伤亡、财产损失、自然破坏等严重后果。本书将其归纳为 3 大类：

（1）水旱灾害。水旱灾害不单指洪涝以及旱灾，还包括台风、冰雹、森林火灾、严重的低温冻伤灾害等。中国水利部部长陈雷 2008 年 11 月 10 日在第二届中瑞防洪减灾研讨会上作题为《中国的防洪抗旱与减灾》的主旨报告时指出，中国是一个水旱灾害频繁而严重的国家，水旱灾害被称为中华民族的心腹之患。据统计，水旱灾害直接经济损失占各类自然灾害直接经济总损失的 60% 左右。

（2）地质灾害。最具代表性的就是地震，还包括泥石流、山体滑坡、地质破坏、水土流失、沙漠化等。其中破坏性最强的地质灾害就是地震，不仅会造成大量人员伤亡、财产损失，还会对人们的心理构成严重的威胁。比如2013年菲律宾海啸，受灾人数超过445万；云南鲁甸地震波及11个县区，造成35个乡镇264个村民委员会4276个村民小组不同程度受灾。地震导致219户600多间房屋倒塌，98753间房屋受损不能居住；因形成危房不能上课的学校37所，教室1100间。有16座中小水库、10件人畜饮水工程、70公里沟渠受损。

（3）生物灾害。包括病、虫、鼠害、赤潮等。在自然界，人与各种动植物相互依存，组成一个完整的生物链，一旦某个环节遭到破坏，生物灾害就会接踵而来。如捕杀鸟类、青蛙，用高新科技杀虫，盲目引进外来生物品种等都会对生物环境带来不同环境的破坏。这里需要强调说明的是"非典""禽流感""埃博拉"等传染性疾病不属于自然灾害，它们都是突发性公共卫生事件，属于社会性突发事件范畴。我国国土面积巨大、地势地貌复杂、生物种类繁多，属于自然灾害多发的国家。加上近些年过于偏重工业生产创造的眼前利益，而忽略了对环境的保护，高耗水高污染工厂的兴建，过度放牧，过度砍伐，过度开采等盲目的开发利用造成地下水污染、枯竭，草原沙化，森林破坏，物种减少等诸多环境问题。协调好人与自然的关系，持续有效地利用资源是减少自然灾害的基础。

2. 社会性突发事件

社会性突发事件主要有两种产生原因：一是由于生产环境、设备或是生产过程中的监管、操作等不当等引起的事故；二是由宗教文化、政治分歧以及社会经济建设中所产生的一系列矛盾所引起的事件。社会性突发事件大致可以分为六类：

（1）生产领域中的突发事件。如，矿层冒顶、崩塌、瓦斯爆炸、进水；有毒气体泄漏、储油气罐爆炸和各种高压容器的爆炸；还有其他各种安全事故等。如今生产领域中的突发事件多是非法生产、私自经营造成的。一些人受到经济利益的驱使，从事盗挖偷采、非法生产、非法经营等缺少监管、存在诸多安全隐患的社会生产活动，是造成生产领域突发事件的主要原因。

（2）运输行业的突发事件。运输业是对人和货物输送，包括公路、铁路、航空、海运、管道等运输部门。运输业就像人体内的血管，它及时地给每个地方提供急需的物资，保证正常的社会运转。随着生产节奏的加快，运输业也在不断提速，安全隐患也在不断增加。交通运输部发布的公告显示2013年一次死亡3人以上的事故 280.5 起 / 件（水路运输领域运输船舶与非运输船舶碰撞事件记为 0.5 件），死亡失踪 1336 人。像“MH370 事件”“甬温线动车事件”等都是重大运输事故。

（3）金融行业的突发事件。指经济危机、股市崩盘、房产市场低迷等事件，最著名的就算是雷曼兄弟的破产。它是由于经济增长过程中产生的泡沫经济以及其他因素连锁反应所引起的。随着科技发展和全球一体化的深入，金融、证券行业突发事件的原因越来越复杂，发生频率越来越快，影响范围越来越广，造成危害也越来越严重，特别是 20 世纪 80 年代以后，各种经济危机，各种股灾纷至沓来，给社会稳定带来不少影响。

（4）政治方面的突发事件。一些怀有特殊目的的人利用民族间不同的信仰、生活习惯等恶意挑起民族矛盾，制造恐怖袭击，给人民的生命财产造成重大损失。[4]

（5）公共生活的突发事件。指人们日常生活中产生的恶性事件，如杀人、放火以及各种疫情的蔓延等。相信经历过“非典”的人，尤其当时被隔离过的人，想起那些日子估计还会心有余悸，面对突发的重大传染性疾病，如果没有有效的应急措施，对于全人类将是一场毁灭性的灾难。还有类似“女孩失联”事件，以及前几年发生的“幼儿园砍人”事件，对一些家庭造成严重伤害的同时让人们对社会安全产生顾虑。

（6）国际交往过程中的突发事件。指一些外交争端和纠纷，如领土问题、干涉内政、国际战争等事件[5]。按照事件的性质、影响大小可分为一般性事件和敏感事件两种，比如游客国外被骗等关注度较低的都属于一般事件，“MH370 事件”就属于敏感事件；按照对国家利益的影响可分为涉及国家安全事件和未涉及国家安全事件。

国外突发事件的类型划分和我国有所不同，不同国家或是不同的人从不同角度来分析研究突发事件，会产生很多种不同的分类方法。如，美国对灾难就有三种分法，其中最广泛的是 1999 年 Coombs 对组织危机的分法：自然灾害、大破坏、违法行为、信誉或谣言、恶意行为、技术崩溃、挑战等。

3.1.1.3 突发事件的特点

通常认为突发事件具有爆发性、破坏性、关联性以及多变性等众多特点。学术界也多从这些特点进行研究与描述。本书经过概括梳理将突发事件的特点分成三种来介绍：

（1）突发性。突发性是突发事件的显著特征，发生的地点、时间以及影响程度都不能确定，超出人们的意料，猝不及防、无以应对。因此事件的处理、相关部门的调动配合都是突发事件应对的难点，具有很强的突发性。[6] 比如“鲁甸地震”“7 • 9 福贡县泥石流”基本上都是一瞬间的事，根本就没有给人们反应时间。

（2）破坏性。破坏性也是突发事件的一个显著特点，大多数情况下所谓的“天灾人祸”就是指突发事件超强的破坏性。比如空难，基本上全机人员都没有了生还的可能，经济上的损失也非常大；比如车祸，造成人员伤亡也是常事，尤其是大型客运汽车事故，一瞬间就给很多家庭造成灾难性打击。这种破坏通常还带有延续性，如地震发生后，多起余震会伴随着连续出现；埃博拉等疫情也是在不断扩散，造成的破坏一直在持续，甚至会有更大的破坏。2003 年中国经历的“非典”从广东迅速蔓延到全国，虽然采取了很多措施来控制，但疫情还是持续了大半年，不仅造成人员的伤亡、社会正常秩序的破坏，还对人们的心理造成很大影响，其遗留问题到今天也给社会带来不小负担。看得见的、看不见的、有形的、无形的、直接的或间接的破坏都给社会带来很大损失。

（3）不确定性。突发事件的三大特征既相互影响又相互联系，从某种意义上讲不确定性是其三大特征之首，其他两个特征从属于不确定性。破坏源的不确定造成事件的发生、破坏、走向都不能预估，换句话说就是在事件维度以及空间维度上都很难把握。下面就三个方面的不确定进行具体的分析：

首先，事件时间、地点的不确定。突发事件往往在人们没有任何准备的情况下发生，具有很强的隐蔽性和偶然性，像自然灾害、交通事故，随时随地都可能发生，很难实时地进行预测，其走向和破坏程度也很难预知。还有一种是，突发事件发生之前会有一些征兆，但是由于人们受认识上的限制，不知道这些征兆背后隐藏的危机，疏于防范应对。一旦突发事件发生、蔓延，人们回过头看这些蛛丝马迹的信息会恍然悔悟，但为时已晚。其次事件的性质和规模不确定，人们对突发事件不能正确认识和把握造成性质和规模的不确定性。面对突发事件，人们常常会采用常规的方法进行处理，这是因为人们受惯性思维的影响。这种刻板、封闭、简单的无效处理方式，不但对事件的处置无益，相反还会带来很大的负面影响。由于不能对突发事件的性质、规模进行正确认识，造成相关部门对事件处理上的错误，和处理时机的延误以及事态的扩大。如禽流感、非典，最初也只是局部事件，但由于管理者对这些事件性质的错判，对其紧迫性、破坏性没能足够重视，管理模式没有进行相应调整，造成事件的进一步恶化，最后演变成为全球性的危机事件。最后事态的发展趋势不确定。突发事件本身受其他方面的影响较大，是一个相对开放的系统，有时候，一件小小的事情可能会使事件陡然发生变化，发展过程极具不确定性。

最有代表性的就是贵州瓮安事件，起初只是少数几个人的小范围冲突，后来关注的人越来越多，加上事件处理得不尽如人意，事件迅速扩大，形成重大群体性事件。突发事件的事态发展不确定性还表现在影响范围的不确定上，网络的普及使这一特点更加明显。比如2011年“7·23”甬温线交通事故中，事故发生的第一时间就有乘客用微博向社会传递相关信息，而网友的反应也异常强烈，关注度很高。期间铁道部的种种不善处理，引起公众一系列的质问和怀疑，关注度持续增加，舆情也越来越复杂，最后演变成一起集事故与舆情双重危机交错复合的恶性事件。受认识的限制、信息的掌握以及对政府的怀疑，面对突发事件，人们常常会丧失理性的一面，做出愚蠢的举动。2007年山西地震谣言，引发当地群众的大转移；日本地震核危机期间，人们开始疯狂抢购碘盐抵抗辐射；“7·23动车事件”引起车票的销售骤减，等等，这一系列行为的背后都是突发事件的不确定性带来的影响。

3.1.1.4 当前我国突发事件现状

前面本书将突发事件分为自然灾害和社会性突发事件两大类。下面就从这两个方面来介绍一下当前我国突发事件的现实情况。

1. 自然灾害

我国是自然灾害最为严重的少数几个国家之一，平均每年造成约2万人死亡，直接经济损失高达财政收入的1/4至1/6。随着人类活动能力的增强，自然灾害造成的损失呈增长趋势，严重影响了我国的可持续发展。

（1）地震多发。从2008年汶川地震开始，我国发生的5级以上地震就有260余起，其中玉树、雅安、鲁甸、台湾南投四地发生的重大地震，带来严重人员伤亡和经济损失。据统计雅安地震就造成200多万人受灾，196人遇难，21人失踪，13484人受伤，农村住房倒塌18.63万间，城镇住房倒塌6700多间。地震多发是因为我国地处多条地震带上，主要地震带统计如表3-1。所以加强监管，保证建筑物质量，制定一套切实有效的救助机制以及正确的灾后重建预案是减少地震灾害的最好办法。

表 3-1 中国主要地震带

台湾带	海原 - 松潘 - 雅安带	河西走廊带	炉霍 - 乾宁带	天山带
闽粤沿海带	山西带	马边 - 巧家 - 通海带	花石峡带	哀牢山带
东北深震带	渭河平原带	冕宁 - 西昌 - 鱼鲊带	拉萨 - 察隅带	兰州 - 天水带
营口 - 郯城 - 庐江带	银川带	腾冲澜沧带	西藏西部带	河北平原带

（2）环境破坏引起的自然灾害。洪涝灾害、旱灾、沙尘暴、山体滑坡、泥石流等灾害的发生大多跟人类对环境的严重破坏有关。[3] 舟曲原本有“甘肃小江南”的称号，据历史上的记载，境内过去一直是森林非常茂密，树木采伐从明清时期开始，真正造成严重破坏也就是近 50 年的事。根据相关统计，从 1952 年舟曲林业局成立到 1990 年，这 30 多年间，累计采伐森林 189.75 万亩，很多地方的树林开始残败，变成次生林。再加上当地的民用木材和乱砍滥伐，全县境内森林面积以每年 10 万立方米的速度骤减，树木被乱砍滥伐，生态环境也遭受超限度的破坏，直接造成近年来泥石流的频发。所以协调好与自然环境的关系，合理利用，科学开发，才是真正的发展。

2. 社会性突发事件

近些年，我国经济社会快速发展，经贸活动、人员流动频繁，处于社会矛盾凸显期，再加上个别腐败现象被放大，政府公信力受到损害，社会性突发事件发生概率增大，各类社会性突发事件呈现出爆发频率高、原因复杂、波及范围广、社会影响大等特点，给社会带来不良影响。随着互联网的普及，网络舆论以极强的延伸力、渗透力以及独特的互动性、流动性，加剧了局部问题全局化、简单问题复杂化、一般问题热点化、社会问题政治化、国内问题国际化的趋势，突发事件的及时应对和妥善处理就显得尤为重要，大量时间和问题的背后，往往是具体的社会民生问题和诉求。

（1）多发于东部和西南部。分析发现，在重大社会性突发事件中，高发地带集中在华东、华北、中部和西南。这些地方大多属于我国经济较为发达的地区，交通便利，生产技术先进，社会财富大量聚集。而大量社会财富的分配问题就成了引起社会性突发事件的主要原因。据统计，2013 年除全国性事件外，华东地区重大社会性突发事件总数最多，高达 23 件，远超其他地区。华中、西南、华北三个区域突发事件总数相当，均在 10 ～ 15 件之间。华北和东北地区突发事件数量相同，均为 8 件；除新疆外，西北地区突发事件数量较少。可以看出一个规律，越是经济发达地区，就越是重大社会性突发事件的多发区。[7]

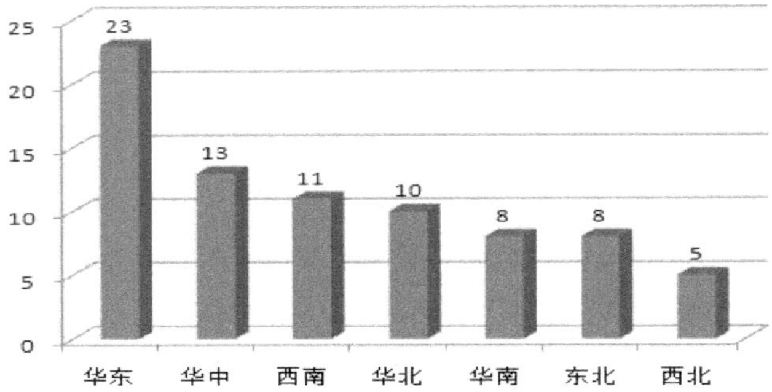

图 3-1 区域重大突发事件数量（单位：件）

（2）领域涉及频率最高。就职能领域来说，近三年时间内，较重大的突发事件多在公安、环保、交通、消防、气象、纪检监察、拆迁办、地震局、城管等职能部门管辖范围内。[22] 另外，司法、民政、外交、应急办、质检、安检、食品药监局、农业部、水利部、卫生部等职能部门也多有涉及。2013—2014 年上半年，涉及反腐、司法、公安等领域的突发事件接近半数。

对于在职能领域分布排第一位的公安部门来说，面对突发事件，既有发挥职能作用受到公众一致好评的正面事件，如“微博打拐”以及“广西来宾传销案”“南京客车被劫事件”等。同时，也有个别公务人员造成的负面事件，如“武汉徐武被精神病”“济南女狱警涉嫌打人引发群体聚集”等。此外，还有一部分公安部门并非事件主题、角色略有争议的事件，如对群体事件中的秩序维护等。

一些“暴力执法”和“干部腐败”事件对政府公信力造成严重损害，如“湖南临武城管与瓜农冲突事件”、地方强拆致人死亡引发群体聚集事件、“溧阳微博开房事件”等，曝光也反映了一些干部的执法方式或生活作风存在问题，媒体和民众日渐严格的监督，对提高干部素质、改善干部作风起到了一定作用。

（3）暴恐事件凸显。从 2009 年“新疆 7·5 事件”开始，新疆涉恐涉暴案件一度增多，维稳处突压力持续加大，带有“以及拉特”（意为“迁徙”）、“圣战”特征的暴力恐怖活动已经成为对新疆稳定影响最大、威胁最大、滋生最快的新威胁。据新疆维吾尔自治区公安厅统计，2009 年以来，新疆每年打掉的危及安全的现行组织团伙案件均在百起以上。

3.1.2 突发事件舆情

3.1.2.1 突发事件舆情

舆情就是舆论情况的简称，其核心是舆论。刘毅在《网络信息研究概论》一书中指出，舆情是由个人及各种社会群体构成的，公众在一定的历史阶段和社会空间内，对自己关心或与自身利益紧密相关的各种公共事务所持有的多种情绪、意愿、态度和意见交错的总和。[24] 在分析网络舆论形成原因方面，美国芝加哥大学法学院教授桑斯坦在《网络共和国：网络社会中的民主问题》一书中提出了群体极化这一概念。他指出团体成员开始即有某些偏向，在商议后，人们朝偏向的方向急剧移动，最后形成极端的观点。[25] 舆论是民意的综合反映，它表明一段时间内公众对政府能力以及相关社会事件的看法和意见。但舆情并不是民意的简单概括，而是一种规律，是民意和民意作用于执政者及其政治取向的规律。对这种规律的描述就是舆情。那么突发事件舆情就是对突发事件中的民意、突发事件中的民意作用于执政者以及突发事件民意的政治取向三者规律的描述。

突发事件舆情包含四层含义：一、突发事件舆情是事件中民意的集合，这其中包括赞同的声音、中立的表述，甚至对政府的批评。二、突发事件舆情并非指全部民意，而是对执政者决策行为产生影响的那部分；三、突发事件舆情是因为突发事件而产生，对舆情进行研究、分析必须首先要研究、分析突发事件；四、突发事件舆情包含民众对执政者在突发事件处理过程中的态度、做法是否认同、赞成，是民众对执政者的一种看法、意见和态度。

3.1.2.2 突发事件舆情的特点

舆情是一个空泛的概念，它是舆论情况的宏观表述，舆论就是舆情特点的具体的表现。突发事件中舆情的分析实际上是对舆论变化的分析。

首先要说的是舆论数量，突发事件中大众舆论的数量大得惊人，而数量直接影响的就是一致性程度。利益是人类意识与行为的根源，它推动公众发表意见、参与议论，是这些活动的根本动力，更是推动整个舆论过程演化发展的根本动力。突发事件关系到一些人的生命财产安全，而安全问题本身就是人民大众最大的切身利益。因而在重大突发公共性灾难和危机爆发时，很多人只是从自己个体或是局部的利益来考虑问题，这也是造成舆论分散、数量很多的重要原因。通常情况下，舆论分散是正常的，也是社会的精神面貌生态平衡所必需的。

一千个人眼中有一千个哈姆雷特，由于每个人的生活环境、学识、分辨能力不同，面对同一事件，处于不同社会阶层的人发出的声音也不同。在面对突发事件时，需要全社会齐心协力、同仇敌忾，共同面对、抵御突发事件。但是这时候，由于每个人牵扯到的利益不同，所处的角度不同，加上对自身利益以及眼前利益的盲目关心，就造成了社会舆论的离散以及舆情的纷繁复杂，这些都需要信息管理者进行必要的梳理整合。

其次要说的是舆论的质量。数量在一定程度上会对质量产生影响，一般情况下，数量上的增长会引起质量的下降。在突发事件中非理性的公众舆论会比平时要多很多，这其中有三个原因：首先公众舆论本身就存在很大的盲目性，它并非一种清晰、统一的社会意识，而是在个人意识支配下产生的非常模糊的社会意见。其次在突发事件当中，人们会降低自己的层次要求。研究表明，在突发事件中，人们会对自身的安全以及生存的需要特别在意，在生存的面前其他一切都会被放置在从属地位甚至被彻底舍弃，这是人的应激本能。而此时的社会舆论大多是围绕这一主题进行。最后一点是因为对灾难的惧怕，会让人心理上发生畸变，这种心理上的变化通常会降低人们的理性程度，进而降低舆情的总体质量。在突发事件当中，整个社会都好像是染上了强迫症，比如，“非典”时有些人不停地洗手，直到脱皮、流血；有人是家里没了东西吃，宁愿饿着也不敢上街；还有就是“非典”给社会心理留下的后遗症，一旦有风吹草动，马上会出现抢购热潮，这是因为人们对“非典”时期的物资短缺还心有余悸。这种恐惧比事件本身还要可怕百倍，它的传播更为迅速，爆发更为猛烈，瞬间整个社会都会疯狂起来。

再者要说的是舆论的主体，舆论主体的变化主要体现在两个方面：一是参与的人数会剧增，公众的主人翁意识越来越强，对一些具体社会事件会非常关注，这种关注不仅是对事件本身的关注，还包括对事件处理的一些看法和建议。二是影响范围变大。局部问题全球化是目前突发事件的显著特点。由于突发事件的一些显著特点，更能吸引公众的眼球。关注事件的群体不仅仅是本地群众，全世界的目光都会聚集过来。像美国飓风、非洲埃博拉疫情、乌克兰内战等重大事件，在我国也引起广泛讨论。牵一发而动全身，偌大的地球在现代化的通信与交通环境下俨然变成一个小小的村庄，广泛的卷入性使任何一件小小的事情都有可能在全球范围内引起轰动。

最后要说的是舆论的客体，我们所说的突发事件一般是指阻碍社会发展的破坏性事件，是社会发展当中的消极因素。这种消极不仅体现在对人们生活环境的破坏、社会生命财产带来的损失，更主要的是给人们心里上带来的冲击。现实中的损失经过几年的发展重建会得到弥补，但对人们心理带来的伤害很难去修复。一朝被蛇咬，十年怕井绳，说的就是这个道理。为什么不同年龄段的人之间会有代沟，为什么父母挣钱自己不舍得花，而子女不挣钱花钱却大手大脚。这都是因为每个人不同的社会经历带来的心理影响，这种影响可能会伴随人的一生。同样的道理，突发事件也会给整个社会的现实生活以及社会心理带来很多消极的影响。

3.1.3 突发事件信息管理

3.1.3.1 突发事件信息管理

突发事件信息管理就是政府在突发事件中对公众言论进行监测、梳理、分析、影响以及把控等活动，从而使公众舆论理性、有序，对突发事件的妥善处理产生正面影响。在这个过程中，政府是信息管理的发起点与掌控者，媒体是信息管理的主要介质，也是政府与民众沟通的渠道，公众是管理信息传送的目的地，也是舆情的源点。突发事件信息管理可分为前期预警、中期调控和后期善后三个阶段。前期预警是在社会出现危机征兆，尚未爆发时对舆论的调控，这一时期，通过新闻媒体提醒社会注意可能发生的危机，为人们敲起警钟，唤起社会舆论的警觉，以便及时采取措施；中期调控主要是突发事件发生后，控制舆情正向发展，及时处理舆论险情；后期善后是随着事件的解决、危机消除，对政府形象的修复以及正常社会秩序的建立。

3.1.3.2 突发事件信息管理的方法

突发事件信息管理是个大课题，利用的学科多，涉及的部门广，管理难度很大。如果对突发事件信息管理不当，在极其混乱的情况下会引起突发事件的二次发生，所以信息管理的方法策略就显得尤为重要。

（1）舆情调控。舆情调控包括舆情监测和舆论把关。其中对舆情的监测包括舆情信息的获取、舆情的判断以及舆情走势的预测。把这些信息及预判形成分析报告用于信息管理部门去正确客观地解读舆情信息，对舆情形势能够正确判断，对舆情能够充分把握，采取有效措施。舆论把关是指利用“把关人”对舆论信息进行筛选、过滤，剔除不利信息，保留有利言论。[9]“把关人”是一个虚拟的概念，政府是最大的把关人，需要媒体提供相关的信息舆论配合。对舆论把关要讲究时机和艺术性，不仅仅是对信息的挑选，还包括对信息必要的隐瞒，对信息适当的塑造等，对时机掌握的要求很高。把关是对社会舆情控制的必要措施。

（2）舆论引导。劝服是舆论引导的基本方法，劝服别人要带有主观的意图，它的目的是使受众的态度或行为发生改变，但是需要交互作用对别人的劝服才能成功。从某种意义上也可以说，劝服就是让受众内心获得新的平衡、解决矛盾冲突的过程。受众的态度主要由个人的认知和情感所构成，受众所有态度的形成都是以认知作为基础的，对事物的认识不足往往造成受众对事物持不相同的态度；同时，感情的力量也常能催生受众发生态度的改变。所以，动之以情，晓之以理，是劝服最主要也是最重要的内涵。

劝服从心理特征可分为两种，即明示和暗示；而从说服的逻辑来说，很有效的做法就是树立榜样。明示，即把劝服的意图直接明了地告诉要劝服的受众，这种方法的优点是或踩或赞，态度非常鲜明，容易引起受众的关注和重视。对于特别重大的事件或者是比较复杂的问题，对于必须有鲜明态度以及立场的问题，政府要取得广大受众的共识，就必须直接地、明了地表明自己的态度和意见，以确保正确的舆论导向。新闻评论是很重要的一种明示形式，对受众态度的形成或改变具有很大作用。暗示，即是用间接的、含蓄的方式对受众进行引导和劝服。其优点是隐蔽性好，受众不易产生类似警觉、防范等应急性反应，比较容易自觉不自觉地去接受劝服者的意见。进行暗示的前提是，暗示的信息需要具有非常严密的逻辑，虽引而不发，广大受众也能顺此自然而然得出所要传达的观点。扶植和借助“大 V”和意见领袖，是运用“暗示”这种隐蔽方式来引导舆论的最集中的体现形式。树立榜样也是常用的劝服方法，它是通过寻求、塑造模范典型，取得大家的认同，供大家参照和效仿。典型本身具有高度的概括性和暗示性，其核心模式就是“标准 - 衡量论证”。它利用的是人类认识事物的一个特点，人类是通过对个别事物的认识，通过感悟理解进而推广到对事物的普遍认识，通过对个别事物特质的了解形成对同类事物基本上一致的看法。

3.1.3.3 突发事件信息管理的意义

对突发事件舆情进行有效的干预和控制，可以化解社会公众淤积的不良情绪，达到维护社会稳定、人们生活安定的目的。具体来说有以下三方面重要意义：

（1）塑造可信高效的政府形象。“危险”与“机遇”是并存的，突发事件中如果政府能妥善处理化解危机，政府形象会大大提升，相反如果危机处理不当，政府形象将会一落千丈。[10] 突发事件往往给社会带来很大损失，给人们的心理造成很大创伤。社会秩序会产生不同程度的混乱，这时如果政府能够挺身而出，安抚人们慌乱的内心，及时控制舆情走向，妥善处置突发事件，政府形象会在民众心中陡然上升。

（2）促进事件的妥善解决。突发事件舆情特点表明，由于事件基本上是在一瞬间发生的，相对于人的接受能力来说太过突然。社会心理也会因为事件的突然性而产生畸变，畸变的心理会导致理性的丧失，舆论环境也会变得错综复杂。这种嘈杂的舆论环境，具有很强的张力，放任不管或者管理不当，都会对事件的处置产生很大影响。突发事件发生后，如果政府第一时间能将所掌握的信息通过各种途径，及时准确地传递给大众，满足公众对事情真相以及相关信息的迫切要求，可以消除隔阂、减少误会、稳定公众情绪、改善舆论环境。有助于统一认识、集结力量、推动事件迅速解决。

（3）信息时代给予我们的要求。最近几年来，大家普遍感觉我们的灾害事件和灾难性的事件比较密集。我们都有这样的感觉，有几天看不到突发事件的消息，会感觉很不正常、很不习惯。所谓灾害事件常态化，说的就是这个现象。究其原因，可以归结为以下三个方面：

首先这种现象可以说是社会变化的折射，经济的发展造成社会产生剧烈变化。在如今经济飞速发展的黄金时期，一些管理上的问题与经济的发展不相称，产生脱节。这种情况下，社会内部、人与人之间、人与自然以及人与社会之间的关系会有很多矛盾产生。这些矛盾促使了灾难的常态化。其次是社会的开放程度也在逐渐加大，人们有了更多的言论自由。特别是互联网的普及，大量信息的公开以及沟通程度的加深，使普通人在很大程度上能主导信息的传递，信息的即时性与多样性的特点得到充分体现。最后是社会的发展要求我们的政府要不断加强民主政治的建设，扩大民众的知情权，增加信息公开，也是造成突发事件信息繁多的原因。这也是社会经济发展、社会文明进步的一个必然趋势。

这样的背景下，当突发事件发生时，如何对舆情进行有效的调控管理就成为当前社会面临的一个重大问题。在突发事件产生后，如果不去深入了解舆情特点，循规蹈矩按普通事件去处理，或者不尊重科学规律，胡乱引导，随意管制，不仅不能化解矛盾，还会增加民众对政府的不信任甚至是仇视，很有可能造成更大规模、更深层次的突发事件；反之，如果对舆情调控合理，对舆论引导得当，能够适时满足民众的要求，稳定社会情绪，使公众积极调整心态，正确面对突发事件。不仅能化解舆情危机，还会对事件的解决增加力量。

3.2 突发事件信息管理存在的问题

当前我国突发事件的信息管理工作较前几年已经有很大进步，但依然有很多问题存在。比如联动问责机制的不完善，管理观念的滞后以及管理方法技巧的欠缺。这些问题亟待管理部门去解决，信息管理面临形势依然严峻。

3.2.1 信息管理观念存在的问题

3.2.1.1 对目前形势缺乏准确认识

突发事件的信息管理存在惯性思维。我国一些地方政府部门对于社会媒体的舆论观点一向非常重视思想意识上的高度统一。[11] 对于突发事件中信息的公开还有很多顾虑，害怕对政府形象造成损害，给社会稳定产生影响，很多应该公布的信息都没有传达给公众，造成很多不必要的误会。对目前公众掌握信息的多少以及对负面信息的接受能力估计不足，认为群众都是盲目的，让他们了解更多的情况对事件处置没有多大益处，只会添乱。对相关消息是能瞒则瞒、能捂则捂，反正我不说，普通民众不会知道。这些错误的观念在对某些重大突发事件上表现得尤为明显。比如江西省万载县黄茅镇烟花爆竹爆炸事件的处理，当地政府刻意隐瞒真相，在对伤亡人数进行公布时，刻意减少数量，想以此来降低事件的影响。最初公布的数字是死亡 9 人，伤 60 余人，这一数字遭到媒体及公众的广泛质疑。面对质疑当地政府采取对抗的态度，封锁消息、不接受采访，妄图以此来减少对政府形象的损害。殊不知，在这些事件的背后是上级管理部门、当地管理部门、普通民众以及各种媒体之间多方的博弈。由于相关信息不透明，导致权威新闻的缺失，引起民众的胡乱猜疑，各种流言蜚语肆意蔓延，负面报道比比皆是。在强大的社会舆论压力下，当地政府不得不公布了真实数据，死亡 14 人，伤 61 人。然而对于这一数据，并没有得到媒体与公众的认可，对政府的说法还是存在很大质疑。这种欲盖弥彰的做法不仅没有减小事件的影响，还造成政府公信力的严重丧失。

3.2.1.2 信息管理的目标不明确

突发事件出现后很短时间内，相关舆论就会以爆炸的形式产生，各大网站论坛、微博、微信以及人们的谈话中都或多或少涉及一些事件信息。这些舆论包含相关利益者实际的诉求，也有无关人员的盲目跟从；有经过深思熟虑的客观表达，也有借机发泄淤积情绪的无理取闹。信息管理应该有相应的战略性规划，什么时候管什么、怎么管，如何对舆情信息进行辨识，分门别类，针对不同舆论采取相应措施。但是遗憾的是目前宏观上的相应战略规划明显缺失。一旦有突发事件发生，相关管理者受时间上的压力，盲目调控，胡乱管理，头痛医头，脚痛医脚，缺乏整体的认识和全盘规划，有的甚至为了尽快平息事件，采取“特事特办”的措施，领导批条、增加赔偿、满足一切要求等方法全都出现了。这不仅违背了公平、科学的原则，还给民众造成一个错误认识，无形中为类似事件的再次发生埋下隐患，“甬温”动车事件就是一个很好的例子。

2011 年 7 月 23 日晚间，由北京南开往福州的 D301 次列车与杭州开往福州南德的 D3115 次列车，在运行至甬温线永嘉至温州南时追尾，造成 40 人当场死亡，近 200 人不同程度受伤。从事件发生起，“7 • 23”甬温线特别重大铁路交通事故就一直牵动着亿万网民的心，网友们纷纷通过微博等方式表达着对死难者的哀悼，以及对救援工作和善后处理的质疑。此后一个星期，舆论的狂潮冲击着铁道部的舆情应对和承受能力：全民微博拷问铁路举国体制。事件的具体经过是这样的，7 月 23 日 20 点 38 分，此时是事故发生后的第 4 分钟，车厢内有一位网名叫“袁小芫”的乘客向外界发出第一条消息:“D301 在温州出事了，突然紧急停车了，有很强烈的撞击。还撞了两次！全部停电了！！！我在最后一节车厢。保佑没事！！现在太恐怖了！！”网友“羊圈圈羊”在事故发生 13 分钟后，发出第一条求助微博，两小时后该网友获救，其微博被转发 10 万余次。新浪微博上开始发布献血号召，有上千名微博网友响应，前往血站献血，此时是事故发生后 2 小时。血站现场照片也由网友“yaoyaosz”在第一时间发布出来，转发量也达到 10 万余次。相关信息在媒体上发布出来以后，铁道部一些不适当的言论引发公众强烈的不满。迫于强大的舆论压力，一名上海铁路局的领导被撤职。舆论焦点又转移到这个被撤职领导本人身上，既然事故因为雷击而产生，属于自然灾害，为什么又要撤换一个“无辜”领导，增加了民众对事件的质疑。铁道部召开的新闻发布会上，发言人一句“反正我是信了”，知名度超过历届春晚所有的“名言金句”，成为夜市大妈的宣传口号，同时也造成整个舆论环境开始失控。接下来随着救援工作的开展，围绕救人、埋车头等一系列消息，网友对政府的态度由最开始的质疑变为不信任，最后完全变成不理智的谴责与谩骂。网络背景下的微博问政特色在这次事件中表现得淋漓尽致：网友现场微博发文比所有传统媒体早了 1 小时，增加了网友对网络的信任感和亲切感；全民微博对全部事件的过程、当事人和相关制度进行了全球大搜索，对海内外所有相关事件从铁路建设制度、客运设计、安全理念、经济效益、社会满意度、救助机制等各个方面进行了全方位优劣比较。在这次事件中，全民微博对国内外铁路相关知识、灾难救助知识及安全意识起到了很好的普及作用，也把对铁道部的不满和对高铁的恐慌深深地植入了公众的心中。全民微博让铁道部的每一个出场的人员、任何动作和回应都暴露在世人面前。

3.2.1.3 包容能力差

靠删帖子、关网站的管理方式，不但不能对舆论进行有效管理，还会对政府透明公开的形象有损害。今天的中国社会，正处在一个思想和文化多元、多样、开放的时代。这无疑是一个历史性变化。从一种声音到百花齐放，从千人一面到丰富多元，反映出思想的极大解放。对社会中发生的重大案情、突发事件、热点话题进行信息的定向追踪和快速识别，可以帮助政府建设积极向上的网络环境。[12] 有些信息完全是不负责任的攻击与污蔑，对社会或一些事情不满的宣泄，这些信息完全属于“个人出气”，没有社会普遍性，人们也不会去追捧它，也成不了热点。而那些具有社会普遍性、很容易引起公众“共鸣”的信息，则很有可能成为舆论的焦点，必须高度重视，制定信息管理和处置预案。面对突发事件，各级领导干部首先要树立新时代信息管理的新观念，简单来说就是从“不好的消息要尽量制止”转变为坏消息如果是客观事实，“该传递也得传递”；从“怕别人知道”转变为“怕别人不是从我这里知道”。突发事件发生后，最要紧的任务就是公布事件真相，任何企图隐瞒信息的做法都是徒劳无功的，相反还会带来反面作用。有网民总结得很好：在如今的网络时代，你瞒得了官员却瞒不了记者，瞒得了记者也瞒不住线人，就算瞒得了线人也瞒不住网民。当前，每个受众都是一个潜在的新闻线人，每一部手机都是一套采访器材，不仅可以录入和发送文字、照片、声音、影像，还可以进行随时连线和现场直播。你不说别人也许会说，政府不说百姓同样会说，媒体不说网民可能会说，国内不说境外没准会说。所以，与其让别人说不如自己说，与其被动去说不如主动先说，与其到时候再说不如第一时间说。及时说了，就可能赢得理解和信任；瞒着不说，不仅小道消息横行、流言满天，普通民众也会找政府讨说法、要真相。

3.2.2 信息管理机制存在的问题

3.2.2.1 舆情监测机制不健全

对突发事件的监测，尤其是有群体性突发事件发生时，对相关舆情的监测，有很大问题存在。突发事件的变化因素比较多，内部关系也比较复杂，发展的趋势很难判断，相关信息急剧增多、纷繁复杂，给管理部门的信息判断和相应决策增加了很大的难度。另外，突发事件中的矛盾双方基本上处于对立状态，原有信息沟通渠道受到影响阻碍，不能发挥正常功能，从而给了各种“小道消息”可乘之机，提供了去填补信息空白的机会。此类事件的突发性非常强、社会影响特别大、决策者能用来思考的时间很短，如若不能及时而准确地获得最新消息并且加以判断处理，那么产生的后果将会非常严重。在巨大的压力下，决策者很难从容地对全部信息进行收集、梳理和判断，某些有价值的消息极有可能被忽视或者遗漏，从而误导处理和决策。2008 年发生的“瓮安事件”就是一个很好的例子，在事件大规模爆发前 7 天时间里，各种谣言已经开始在县城到处传播，像“主人公是非正常死亡”“嫌疑人是某某领导亲戚”等。而真正激起民愤、造成事件扩大的正是这些流言。但遗憾的是由于舆情监测的机制不完善，没有能够及时收集分析相关信息，延误了对信息管理的时机，甚至还出现“全县人民都知道，县委书记却还不知道”的尴尬局面。对舆情的监测并不仅仅局限于舆情，必须要强化信息的共享，无论是互联网上的信息，还是坊间的传言，甚至是街头巷尾的各种闲聊，都应该处于被监测的范围内。如若不然也会造成舆情的管理工作的被动。像 2010 年湖北发生的“厅官夫人被打的事件”，直到事件发生后的第 27 天，网络上才有相关信息。[13] 而这 27 天时间内，由于不同部门之间的舆情信息没有完全共享，负责舆论引导的宣传部并未被告知此事，虽然也在省委大院内办公，网上并没有相关信息，对此事件却并不了解。而一旦受害者家属通过网络开始揭露此事，很短时间内就会形成影响重大的舆情危机。而此时宣传部想要对舆情进行调控，已是非常被动。因此，在突发事件发生时，完善的舆情监测机制对于全面掌握与突发事件密切相关的各种信息、争取信息管理的有利位置极其重要。积极化解舆论危机对维护社会稳定、促进国家持续健康发展也有重要的现实意义。[14]

3.2.2.2 舆情预警机制需要完善

舆情预警指的是从突发事件出现征兆到危机开始造成可感受到的损失这一段时间里，应对和对突发事件的化解所采取的必要及有效行动。舆情预警的重要意义在于，及早发现破坏事件的苗头，及早对有可能产生的突发事件的走向、规模进行预测判断，及早去通知相关职能部门做好共同应对突发事件的准备。突发事件预警能力主要体现在能否从每天大量的各种言论中，尤其是从网络中的海量言论中敏锐地发现潜在的危机，以及是否能够准确判断这种发觉与危机爆发之间的时间差。这个时间差越大，相关管理部门就越有充足的准备时间去应对突发事件。

在全球化与经济社会转型的背景下，在互联网以及移动通信的信息传递环境下，一件看上去很小很容易被人忽视的事件，就可能因“蝴蝶效应”而转变成影响全国乃至全世界的大事。互联网被称为继报纸、广播、电视之后的“第四媒体”，目前已发展成信息的重要集散地和重要社会舆论场所，其舆论影响力已经渗透到经济、政治、文化等各个方面。在民族聚集地区，互联网上的信息交流更呈现出民族间的特点以及多文种特点，这给本来就很难以把握的突发事件舆情增加了复杂性。“7•5 事件”前夕，一些敌对分子利用网络手段，在“清风网”等网页上发布极具煽动性和蛊惑性的反动言论，对事件的发生起到了很重要的推波助澜作用。[15] 其实，在“7 • 5 事件”之前很长一段时间，一些充满分裂意识的言论已经在“维吾尔在线”等网页上大肆泛滥，毒害着青少年的思想意识，一些分裂主义言论时不时地在网络上大行其道，破坏着国家的统一和民族团结。网络成为造谣生事、煽动仇恨的工具。“邓玉娇案件”发生后，过了很长一段时间，当地还有官员还搞不明白为什么这么一件普通案件，最后却能闹这么大。[16] 事后来看，这一事件就是因为预警机制不完善，当地政府没能根据事态发展，对舆情进行研判，从而丧失了舆论主动权，造成舆论环境的恶化。事实说明，过去我们对突发事件舆情的预警不足，采取的措施不力。在互联网迅速发展的今天，完善突发事件舆情预警机制，对舆情进行安全分析和技术研究，暴乱发生时当机立断采取切实有效的舆情控制措施，不但非常重要而且十分必要。因此，要及时评估突发事件舆情的风险，及早做出相应判断和准备，做到未雨绸缪、防患于未然。

3.2.2.3 舆情处理联动机制需要加强

信息管理与事件处理必须要同步进行。事件处置是信息管理的基础，信息管理能为事件解决创造一个好的舆论环境，二者相辅相成，相互促进。突发事件产生后，如果缺少对事件实质性的处置，而仅仅是对舆情进行单纯的调控管理，就会造成“空洞化”的管理，效果会适得其反。而如果没有信息管理的配合，各种负面舆论对事件的处理会造成很大影响。目前我国突发事件的信息管理与事件处理缺少联动机制，各自为战，口径不统一。出现信息管理部门对事件的处理进展不了解，不知道该如何去管理舆情，对舆情危机应对起来就十分被动；或是事件处理部门工作已经做到位，但没有传达给群众，造成群众不明真相，加深误会。像“不明真相的群众”引起的轩然大波以及鲁甸地震中对“泥水泡面”的报道，都是因为信息管理与事件处置缺少联动、没配合好。因此，加强事件处置与信息管理的联动，对事件妥善处置的同时要加强对相关信息的实时报道，及时澄清谣言，妥善应对舆情危机。同时还要加强议题的设置，加强与公众的互动，在控制舆情的同时还要调动公众的积极性，为事件的处置建言献策，实现信息管理与事件处置的良性互动。

3.2.2.4 问责机制有待改变

《中华人民共和国突发事件应对法》在 2007 年的 11 月 1 日已经发布实施。其中第三十九条规定：地方各级人民政府应当按照国家有关规定向上级人民政府报送突发事件信息。县级以上人民政府有关主管部门应向本级人民政府相关部门通报突发事件信息。专业机构、监测网点和信息报告员应当及时向所在地人民政府及其有关主管部门报告突发事件信息。有关单位和人员报送、报告突发事件信息，应当做到及时、客观、真实，不迟报、谎报、瞒报、漏报。但该法对一些影响信息收集和舆情应对的错误做法并没有具体处罚措施，这就给存在侥幸心理的相关管理人员带来可乘之机。

可能是受到传统观念和政绩考核的影响，现实生活中心存侥幸的肇事者以及相关管理人员还不少。“等等看或许有转机”“等事件搞定了再说”，这么一等一看往往是让事件扩大到无法控制，实在扛不住了才去汇报，错过事件处置以及信息管理的最佳时机。“瓮安事件”就是这样，事件发生后当地有关管理部门首先想到的是瞒，而且是每个层级之间都存在瞒报。等数千人聚集到公安局门口才不得不报给县委领导；县委领导继续瞒，等公安局燃起熊熊大火才将事件败露出来。在“石首事件”中，信息的报送也存在严重问题，管理部门没能及时向上级报告相关消息，延误了处置时机。事件过后虽然对相关人员进行依法处罚，但这种处罚并不是对瞒报、迟报这种不良行为的处罚，而只是针对事件造成的严重后果对相关责任人的处罚。与此相似的还有在湖北省委门口的“厅官夫人被打事件”，处罚的也只是警察出手打人的行为以及“说话不慎”的某领导，瞒报此事的责任人并没有为此受到处罚。因此，完善舆情问责机制、杜绝类似事件再次发生、提升信息管理能力势在必行。

3.2.3 信息管理方法存在的问题

3.2.3.1 与公众的沟通不够

突发事件中的沟通包括两方面，与媒体的沟通和与公众的沟通。首先说与媒体的沟通，个别领导主观认为媒体是站在政府的对立面，“防火、防盗、防记者”，面对媒体的采访首先想到的就是“避”“捂”“遮”，封堵消息，或者以势压人，以权堵口，面对突发事件导致的结果，一方面公务员群体中的典型人物、典型事迹没有得到传播，造成了政府形象资源的流失；另一方面，媒体没有得到客观、真实的信息资源，被迫捕风捉影，被谣言和猜测左右，个别案例被歪曲、炒作，有损政府形象。然后再说与公众的沟通，突发事件中的电话热线、政府微博等沟通工具大多只是摆设，流于形式。没有准确的信息获取渠道，公众只有转移到其他舆论阵地去表达自己的猜疑、疑虑，在强大的舆论环境下，一传十、十传百，谣言随即产生。“哈尔滨警察打死人”“禽流感疫情扩散”“雅安地震十大谣言”等，都是因为政府在突发事件中没有搞好与媒体或是与大众的沟通而造成的。

3.2.3.2 政府形象的修复有所欠缺

突发事件发生后，政府形象或多或少会受到一些影响，甚至产生政府形象危机。政府形象危机是指，“社会公众在长期同政府及其工作人员接触过程中，对政府部门持有满意度低、印象恶劣、缺乏信任感和认同感等负面评价，并把这种负面评价通过自身行为表现出来，从而拒绝或抵触政府的正常控制，使政府的政策法规得不到遵守，政府职能得不到发挥”[17]。换句话说，政府形象危机就是民众对政府产生了不信任等负面印象。危机会给政府的日常工作带来压力，影响政府的行为准则，使政府处在一个高度紧张的环境下。如果不能妥善处理，公众会产生抵触情绪，不再信任政府，对政府形象造成严重影响。比如

“郭美美事件”对红十字会造成的影响；经历“非典”后人们对政府控制禽流感疫情的顾虑;“三鹿事件”后开始购买国外奶粉等等，都是因为突发事件发生后，政府形象没有被完全修复造成的。

3.2.3.3 信息管理者的应对技巧不足

当负面报道和爆料出现后，信息管理者往往不能心平气和地去面对，想办法去化解矛盾，相反会产生愤怒以及责备之情，这样的责备无济于事，也不会让负面舆情变好。扯破嗓子与记者大吵大闹只会进一步激化矛盾，而不会改变政府形象。

强硬傲慢的态度也是信息管理者常见的问题。公众在不明事理的情况下，一般还是相信媒体、同情爆料者的。这时政府部门看似义正词严的强硬表态并不会让公众相信政府是无辜的，反而只会让公众觉得政府不负责，甚至认为政府的强硬和傲慢是特权使然，引起公众反感，结果把自己放到了舆论的对立面，激化矛盾。面对媒体报道失实、网上爆料虚假，管理者正确的做法应该是按照有关认定程序，通过合法合理的手段处置问题。

与媒体相处同样也有值得商榷之处。突发事件发生，部分管理人员面对媒体记者的监督报道，批评媒体、打击记者只会引起媒体更大的反抗，激起公众对媒体的同情。媒体不是敌人，只有加强与媒体建立合作关系，才能在遭遇负面舆情时，借助媒体的舆论影响力来引导舆论走向。

总之，一些管理者在应对负面舆情时，由于不能摆平心态，对媒体、对公众不能有一个合适的沟通态度、缺乏必要的沟通技巧，不仅不能化解舆情危机，反倒使媒体、公众产生厌烦心理，增强对政府的敌视态度。

3.2.4 “蓄意突发事件”信息管理问题

蓄意突发事件属于社会性突发事件的一种，但它又区别于其他事件，具有自身的典型特点。蓄意突发事件是指具有严密组织、在现实生活或舆论环境中制造混乱以达到某种目的的恶意破坏事件。暴恐事件、恶意炒作都属于蓄意突发事件范畴。近几年此类事件频发，破坏严重，很大程度上影响了社会的稳定。

3.2.4.1 蓄意突发事件的隐蔽性很强

恐怖组织隐蔽性越来越强，活动秘密化、伪装化，为了达到突然性，恐怖活动常常暗中进行，秘密筹划。有时以商业活动为幌子，进行非法的宣传，实施分裂主义和恐怖主义犯罪。比如发生在 2014 的 3 月 1 日昆明暴力恐怖袭击事件。网络推手同样具有隐蔽性，网络推手与网络上公开的广告不同，他们以隐蔽的方式推销某种产品或者某个人，等到大家都反应过来的时候，此产品或者被捧的人会被大众所认识。网络推手通常伪装成普通网民或者身披多个马甲账号，自己为自己炒作，自己唱双簧，用不同的方式将产品信息或者人物经历植入故事、图片或者文章中。制造爆炸案的暴徒更具有隐蔽性，躲在暗处，伺机而动，往往造成惨案后才被发现。事件往往是突然发生的，相关信息收集起来都很困难。像“昆明火车站砍人”事件，是 3 月 1 日晚上突然发生的，之前都是恐怖分子秘密组织的，没有任何迹象。等事件发生后，相关舆论陡然上升，关注度极高，公众的恐慌程度也可想而知。大家七嘴八舌说什么的都有，小道消息、传言满天飞，任何一个小的事情都能跟暴恐扯上关系，搞得人心惶惶，正常的社会秩序也受到很大影响。由于政府对相关信息掌握不够，面对惶恐的群众，面对流言，没有强有力的证据做出回应，击碎谣言，在力度上有所欠缺。同样面对公车爆炸案，公众同样会猜测：谁干的？为什么？是不是暴恐袭击？凶手有没有抓到？会不会有连锁反应？面对这样的疑虑，政府初期同样没办法回答。而幕后推手的炒作，同样是利用了网络的隐蔽性。由于网络的多元化，幕后推手利用网络监管上的漏洞，指使他人，或雇佣水军，通过论坛、微博等媒介传播谣言，诋毁某人或某事，达到赚取关注的目的。就拿“封杀王老吉”事件来说，此事件是网络推手的得意之作，被视为成功策划的标志性事件。汶川地震当中，王老吉为灾区捐款一亿元。随后网络论坛上有人号召网友，买光所有商店里的王老吉，以此来“封杀”它。事实证明，这是一起人为控制的炒作事件，很多赞美王老吉的帖子出自同一个 IP 地址。[18]

3.2.4.2 恐慌很难控制

与其他谣言事件相比，蓄意突发事件的谣言传播更迅速。比如“抢盐风波”等，都有一个谣言传播过程。但是成都等地发生的恐慌事件中，引发人群逃散的谣言没有太长的发酵时间，基本与逃散事件同时发生，而且是在小范围空间内骤然传开，波及范围虽小但传播速度极快，迅速导致场面混乱甚至人员受伤。新媒体时代，事件发生之后，公众就能即时从微博、微信中获取相关信息，对身边事件保持“无时差”了解。还拿成都“春熙路事件”来说，事件发生后仅几分钟，就有网友在微博上发布了相关内容，很快就通过“线上和线下”的交流，传播给了附近的人。但是因为不明真相，言语模糊，仅使用“出事了”等含混描述，再加上不同网友的各种猜测加剧了事态恶化，使恐慌情绪进一步蔓延。这种情况令双向交流成了一种恶性循环，促使负面情绪交叉感染，所以从某种程度上说新媒体工具反而成了放大社会不安全感的帮凶。在谣言的编造与传播当中同样有幕后推手的“功劳”，它利用的就是人们对热点事件的窥探心理以及猎奇心理，由于事件的高关注度，加上人们在新媒体时代习惯的“晒”和“转”，谣言的传播呈一发不可收拾之态。这种伤口撒盐、火上添油的举动比之暴恐事件的可恨程度有过之而无不及。

3.2.4.3 事后影响很难消除

新疆暴恐事件中疆独分子利用宗教绑架无知人群，发动恐怖袭击，蓄意挑起民族矛盾，制造舆论混乱，以此达到分裂国家的目的；网络推手是利用人们的猎奇心理，恶意编造一些谣言混淆公众视听，或是恶意炒作一些违背人伦道德、行为纲常的人或事件，以此增加知名度，获取巨额经济利益。制造公交惨案、砍杀幼儿的暴徒是在生活或工作中受挫，产生仇视情绪，以此来报复社会发泄不满。事件造成公众的恐慌心理甚至大于事件本身的影响。发生暴恐事件很长一段事件里，人人都成了“惊弓之鸟”，听不得一点风吹草动，风声鹤唳、草木皆兵。从恐慌事件发生的地域特点来看，呈现集中式分布。成都发生过两起，广州发生了三起。其实昆明暴恐事件之后，各种谣言在全国各地都有不同程度的流传，但并未引发公众当街四散。恐慌事件为何会在某些城市中频频发生？这些城市是否具有特殊因素？比如，成都曾连续遭受“汶川地震”“雅安地震”等自然灾害，而广州也曾长期深受“飞车党”等街头犯罪的治安困扰，这是否表明，经历过更多突发性事件的地区，民众的内心情绪会更脆弱，一旦有类似谣言传播，民众反应也会更为激烈？这值得当地官方警惕和深思，突发性事件发生后，在基础设施恢复重建的同时，也应关注民众的心理疗伤。正如多家媒体评论所言，2014年的昆明“3·01”暴恐事件、长沙“3·14”砍人事件等是在公众内心埋下不安种子的直接原因，也间接塑造了公众恐慌的集体记忆。此外，3月份以来，“持刀伤人”事件频发，这四个字几乎成为“敏感”词汇，这也加剧了公众负面情绪。即使这一系列事件之间并没有联系，也容易使公众产生非理性联想，在内心深处认为公共场所不安全，甚至导致一些名称的“污名化”，如“刀具”“砍人”“新疆人”等。一旦有“导火索”事件发生，借助公众集体无意识的投射，使得认知和情绪形成连锁反应，造成恐慌情绪瞬间因过度联想而爆发。这其实表明公众对公共安全存在信任危机，放大了公共安全风险。同样，网络推手毁三观的恶意炒作，也给公众的行为意识产生很大影响。像对于张海迪，污蔑她是假装瘫痪；对于桑兰，编造各种负面新闻，将桑兰丑化成刁蛮的泼妇；甚至都对雷锋下手，说雷锋本身生活极度奢华，跟我们所熟悉的形象相距甚远，完全是艺术加工出来的一个公众楷模。这些为博人眼球的恶意诋毁，完全颠覆了人们一贯的认知，使人们从思想上产生对榜样的怀疑、对社会的怀疑、对世间万物的怀疑，这些怀疑直接影响了人们的日常行为。比如因为“郭美美事件”而产生了对红十字会的怀疑，虽然最终辟谣，但去捐款的人大大减少了，对我国整个慈善事业造成致命打击。

3.3 加强突发事件信息管理的对策

当前我国突发事件的信息管理工作中存在的问题远不止以上所提到的这些，受于水平所限，只认识到其中的一小部分，下面就这些问题，按照我们的想法，给出一些具体解决建议。

3.3.1 完善信息管理机制

3.3.1.1 完善舆情的监测机制

完善舆情的监测机制，及时收集突发事件舆情信息，为相关管理部门防范可能产生的舆情危机创造条件，及时对社会舆论进行回应。完善突发事件的舆情监测机制，应该从以下三个方面着手：

第一是建立人机互动的监测机制。最近几年，网络技术不断发展，相应的舆情监测智能软件也在不断创新与发展，利用网络技术进行突发事件舆情监测已经被广泛应用，但是相关软件受到很多限制，不能达到100%舆情信息收集，存在信息监测死角和盲区。因此，加强人工监测，实现人机互动，以此来弥补软件监测的不足就非常必要。人工监测可以发挥人的主观能动性，在事前对可能引发舆情、产生危机的案件进行风险预估，从而预判出信息的重要程度和主要包含的信息元素，并在舆情刚刚出现时及时汇总上报。如果将计算机智能软件监测与人工监测有效融合起来，就能够更好地实现突发事件舆情信息早发现、早报告、早准备、早处理、早解决。

第二是建立起动静结合的监测机制。所谓静态监测指的是舆情监测系统或舆情监测人员在规定的时间点上所搜集到和整理出来的相关网络舆论情况。而动态监测是指对某一特定的舆情的观点、走向实行不定时跟踪监测。传播学上讲，突发事件舆情本身具有一定的生命周期，它们都有一个从萌发到壮大再到消亡的过程，其演变进化过程存在一定的传播规律。这就要求我们必须实行动态监测与静态监测相互结合，增加舆情监测的频率，为舆情的判断和应对提供全面翔实的数据。

第三要建立多元联动监测机制。信息的复杂多样决定了仅仅依靠舆情监测部门单方面的力量，很难做到对突发事件舆情的全方位监测。相关部门可以探索建立多元联动监测机制，扩大监测范围，使舆情信息的监测更全面、充分。比如，聘任一些兼职评论员，负责搜集整理与突发事件有关的舆情信息，及时向相关管理部门报告情况。增加与比较有影响力的网站以及网站管理人员的联系，对于网上出现的舆情危机能及时了解、妥善控制。加强与其他部门的沟通交流，建立信息共享互通机制，随时关注可能引发突发事件舆情的信息情况等。

3.3.1.2 完善舆情的预警机制

我国的舆情监测与预警能力由于开展时间较短，与社会主义和谐社会的构建要求还有不小的距离，所以亟待各级政府及相关管理部门提高对信息时代的舆情特点的认识，联起手来完善舆情预警机制，为党和政府的正确决策提供帮助。如今，健全我国的舆情预警机制有以下工作需要重点加强：第一，要加强舆情搜集汇总的制度化建设。各级政府部门一定要把舆情的搜集汇总纳入整个决策程序中，充分认识舆情调查收集在决策过程中的重要作用，并以完善相关法律法规的形式固定下来。凡做出重大决策前，必须进行深入切实的舆情调查。决策后要还要继续跟踪调研，根据实施效果的好坏、反馈和情况的变化对决策进一步完善和调整。第二，拓宽健全政府的舆情汇集渠道，实现多元化、社会化的舆情汇集主体。政府应充分重视非行政性、学术性以及民间组织的舆情研究成果。主体的多元化、社会化的舆情汇集形式，很大程度上会减轻政府工作，政府主要负责社会经济的统计和研究就可以，其他具体的社会生活各个方面的舆情调研交给社会组织负责，政府可以与民间团体合作，也可以出资购买民间机构的研究成果。第三，重视舆情汇集方法的现代化技术建设，搭建起多个层次的舆情反映网络。将传统的收集方法和拥有现代化技术的收集方法相结合，发挥各自功能上的优势。在研究方法上，要把定性研究和定量研究结合起来，综合运用各学科的相关知识，利用好现代化的计算机技术辅助数据统计。第四，设置有序的舆情上报机制，完善舆情失真追责制度。目前我国的舆情信息传递是“垂直纵向模式”，信息传递要经过很多层级、信息传递链条太过冗长，造成各级政府之间的信息传递出现“逐层递减”和“信息失真”。针对这种情况，可以根据实际情况适当减少舆情上报层级，减少舆情信息失真。在舆情汇集系统建立舆情直接报告点，同时要合理处理必然会出现的一些舆情失真现象，追究舆情失真的责任。第五，加强网络、手机微信等新型媒体的作用。信息时代，网络、手机等媒体已经成为人们生活不可缺少的部分，也成为舆情聚集的主要通道。网络信息是一个能够及时快速反映社会动态、公众热点、网民内心和表达公众呼声的地方，相对真实地显现出普通民众对现实的态度及看法。互联网已经成为普通民众发表言论、表达舆情的重要途径，也是信息管理者汇集舆情的重要渠道。

3.3.1.3 完善舆论处置的联动机制

完善整体联动机制，提高应急指挥能力。通过设立综合性决策协调机构和常设的办事机构，加强政府部门间的协调以提高应对重大突发事件能力，是许多发达国家的共同做法。各部门参加的舆情监管机构在平时负责舆情的监测工作，当突发事件到来时，迅速转成舆情突发事件指挥中心。这样，可以将突发事件舆情的处理从一种非流程化的决策过程，转变为一种程序化的决策过程，可以提高有关部门的响应效率，采取有计划的步骤，沉稳地面对事件，消除影响，减轻危害，保障信息安全，同时形成正面舆论的强大影响。

健全舆情常态下的预警机制。对于突发事件的苗头要及时反馈，做好充分的预警防范。首先要建立信息报送工作制，设立专门的舆情信息监察与报送小组，重点安排专职工作人员负责当天舆情信息收集以及报送工作。其次，健全信息管理事后处理机制。第一要对热点舆论产生、传播和处理情况进行梳理、总结，分析典型案例，总结经验教训，形成书面形式的报告和建议，给领导的决策提供参考。第二要对舆情中发现的问题，不隐瞒、不掩饰、不回避，深入分析原因，建立章程制度，填补漏洞，从根源上缩减舆情危机的发生。第三要对舆情引导控制失误、产生重大舆情事故、造成工作的被动、严重损害党和政府形象的单位和个人进行严肃处理。

尊重信息管理的基本规律。首先，要遵守“弱效果理论”规律。该规律核心思想是，宣传可以进一步强化公众原来的偏好，但是并无法而且也不能够改变它们。因此，进一步改善硬性管理方法，同时更多地使用柔性手段来管理媒体，研究运用专业的新闻语言，遵循媒体客观规律，在潜移默化中影响媒体，达到宣传目的。特别是党和政府管理的主流媒体，要切实尊重传媒规律，改变话语符号系统，调整表达方式，提高新闻媒体的业务水平，多提供高品质的分析性新闻，这样才能提升主流媒体的竞争力，真正承担起主流媒体本就应该肩负的引导舆论、感化民众、服务人民的重任。其次，一定要遵守“第一时间效应”规律。正面的声音如果不能及时跟上，负面消息就会乘虚而入。在突发事件产生时，党和政府的主要媒体要利用网络传播的快捷性特点，主动及时地与相关部门沟通，第一时间发布权威信息，要关键时候不“失语”。同时，针对民众最关心或是质疑最多的问题，请相关专家学者解答，或请有关部门直接与公众对话。总之，媒体要通过及时、准确、客观、全面的报道，满足各种群体不同层次的信息需求，消除可能产生虚假、负面舆论热点的信息盲点。

重视“沉默的螺旋”理论。一些人会不加思考地盲目附和多数人的观点，而不会提出不同的意见和看法，这就是从众心理。勒庞指出，在集体心理中，个人的才智被削弱了，从而他的个性也被消削弱了。[19] 即便有一小部分人表达出的不同于他人的观点，也可能会受到其他人的群起反对与攻击，于是“沉默的螺旋”中比较强势的声音逐渐变成主流意见，最终导致“群体极化”，从而使舆论发展走向极端。网络虚拟性使网民敢于利用网络大胆地发表自己的意见和言论。[20] 为了避免这种情况的出现，政府可以通过培养“意见领袖”和建设“舆情评论员”队伍来达到进行舆论引导。网络公信力是网络作为一种信息媒介被公众尊重和认可的程度。[21]“意见领袖”和“舆情评论员”以自己有深度的思想、独到的见解和个性化的笔锋而成为舆论中的强势话语者，具有很强的影响力和号召力。尤其是当普通民众面对大量很难分辨真伪的信息和一些偏激的极端言论时，就更加需要“意见领袖”来解开众人的疑惑，强化主流舆论，争取中性舆论，消灭不良言论，从而避免公众盲目跟从他人意见，被别有用心者利用。最后，要强化“把关人”的作用。舆论信息突然性的爆炸式增长很容易导致信息失控，产生大量虚假的或是非理性信息，不仅影响舆论导向，而且对社会及其文化的发展带来了负面效果。因而，“把关人”在选择信息和引导舆论方面就至关重要。把关人特别要讲究把关的方式：变“把关”为“引导”，变“堵截”为“疏通”，实现“堵塞、疏导、监督”三结合。[22] 信息管理人员应该借助于自己所要表达意见本身具有的说服力，以及运用说服技巧来把握和引导舆论的方向。与此同时，还要运用理性力量和情感因素来进行信息管理，通过实时报道和理性评论来引导公众思考，以条理的剖析和睿智的表达，来指导公众走出暂时的“视觉盲区”和“认识误区”，以理服人，以情动人，使之产生认同感与共鸣。

3.3.1.4 健全信息管理的问责机制

只有健全信息管理的问责机制，才能保证突发事件的信息管理正常、有序地开展。通过健全的制度来量化行为标准，把握准确的尺度进行责任追究是完善信息管理问责机制的有效途径。[23] 首先有几项基本原则需要坚决遵守：公正客观、实事求是的原则；主管领导负责的原则；思想教育与依法惩处相结合的原则；违纪必究原则,而且要一查到底,绝不姑息。其次是要明确信息管理问责的具体范围。信息管理问责是要追究相关领导由于监督不到位、胡乱监督，甚至拿手中权力要挟被监督客体，谋取私利，或在其管辖范围内出现重大问题，造成严重后果的相关责任。尤其要对不能落实任务、舆论监督工作不认真负责的失职行为以及有重大问题出现的单位领导和相关责任人追责。最后是明确信息管理问责的种类。错误有大有小，相应的责任也有轻有重。对事件产生的影响以及造成后果的严重程度，相应惩罚由轻到重可以分为：思想上的教育批评，责令做出认真的书面检查；取消单位或个人当年的评优资格，扣发奖金；停职查看或降职任用；劝退、辞退或免职；给予党政纪律处分或追究相关刑事责任，移交司法机关处理等。

3.3.2 转变信息管理观念

3.3.2.1 提高对舆论环境认识

在现代信息爆炸的时代，人们对信息的需求量越来越大，尤其在突发性事件发生之后，来自政府的那些影响公民行为选择的决策更是关注的热点，客观上就需要政府向公众提供真实、全面的信息。应强化政府对公民知情权的尊重意识，认清突发事件信息发布的法律关系基础——公民享有知情权、政府方负有使公民知情权得到满足的义务。对突发事件相关信息不能不向公众和媒体公布，也不能等到定性时才一次性发布，而要采取“滚动发布”的原则，随时将事态的发展变化告知公众，并做到尽可能准确，不要有太大的出入。待有了进一步的信息之后，即使事态的发展与当初的估计相差很大，政府也应该在后期的信息公开中予以纠正和说明，而不能以维护社会稳定为借口逃避公开信息的责任。

3.3.2.2 明确信息管理的目的

在如今社会当中，政府作为国家的管理者，其所拥有的管理社会、维护国家稳定的职能是众所周知的。特别是在应对突发事件时，这种责任要求更为迫切。对突发事件的舆情进行管理调控的最终目的是促进事件的顺利解决，要求管理者有一个明确的管理目的和准确的自身定位。这里对于政府的自身定位认识主要包括两个方面：首先，政府应当是管理突发事件中舆论的主导者。对于突发事件来说，政府除了要做好事件的处置工作，尽可能地减少损失，同时，对那些存在于事件中无时无刻不在变化着的媒体舆论、公众舆论，同样具有主导性质的意义。在突发事件所形成的舆论场中，政府应积极调整姿态，站在宏观的角度上对事件舆情能有一个整体性认识，同时在舆情的管理方面要做到先发制人，采取主动的行为，引导舆论走向有利的方向。

其次，政府在对突发事件的舆情进行管理时，除了要有主观能动意识，最重要的还要做好协调媒体和公众的任务，它是实现三者舆论走向正确方向的平衡者与调和剂。在实际的舆论调控中，政府不仅要明确自身职责，还应当要与媒体和公众时刻保持密切联系，做到全面、及时地掌握舆论走向，从而管理舆情最终朝向正向的趋势发展。应急管理是指在突发事件的处理过程中，为了减少突发事件的危害，达到正确决策的目的，基于对突发事件产生的原因、过程及影响进行分析，有效调动社会各方面的相关力量，对突发事件进行有效预警、控制和妥善处理的过程。对突发事件舆情的管理归根结底是为突发事件的处理服务，充分发挥民众的主观能动性与积极性，协调好社会关系，充分调动以及科学合理地利用社会资源，对突发事件的处置能起到积极的作用。

3.3.2.3 正确对待不同声音

当今中国社会，正处在一个思想和文化多元、多样、多变的时代。这无疑是一个历史性变化。从一种声音到百花齐放，从千人一面到丰富多元，反映出思想的极大解放。随着开放扩大和全球化深入，传统与现代、国外与本土，不同价值观念也必然产生碰撞交锋。突发事件中不同利益的人群，自然有不同诉求的表达。对于各种表达，我们固然欣赏与主流思想合拍的言论，但也不能一棒子打死不同意见。对于一些善意的批评建言，应该慎重考虑，有则改之、无则加勉。思想观念的价值，在比较中才能彰显，在实践中才能检验。对于突发事件，可以不同意个别意见，但是不应一味阻止他的表达，这是管理者应有的胸怀。“不同即敌对”的思维模式，本质上都是狭隘虚弱的表现，无助于舆情的管理、事件的解决。在这个意义上，以包容心对待不同声音，在对话中协调立场，在交流中化解矛盾，才能最大限度地达成共识，达成思想上的一致。包容心是以人为本的需要，化解矛盾的需要。意见或许有对有错，甚至不乏各种偏激声音，但只要出于善意，没有违反法律法规，没有损害公序良俗，就应该以包容的心态对待，而不能主观地归之为“对着干”。换一种做法就能发现，突发事件的信息管理中，尊重不同的声音和意见，既是尊重公民的表达权，也是缓解民众焦虑、疏导矛盾冲突的必然要求。其实，不同声音乃至反对的意见，可以帮助管理者对舆情做出更为正确的判断。所谓“听不到不同意见不决策”，只有允许不同声音存在，才能了解掌握各方面情况，做出理性判断和正确决策。毛泽东同志说过“让人说话，天不会塌下来”，邓小平同志曾经说过“不怕七嘴八舌，可怕的是鸦雀无声”。正确对待突发事件中不同的声音，可以更加完善对舆情的调控、管理。

3.3.3 改善信息管理方法

3.3.3.1 加强与媒体及公众的沟通

首先是要提高与媒体的沟通能力。政府和新闻媒体可以说是一对“欢喜冤家”，彼此之间的关系既是相互合作、相互依赖，但有时又会产生矛盾，互不理解、互有埋怨。政府工作需要通过媒体来争取群众的支持和理解，媒体也对政府部门丰富的新闻资源更欢迎。事件发生后，媒体记者马上会蜂拥而至。作为事件处置当事人，树立服务媒体的意识十分重要。如果记者们没着没落，无人过问，报道自然五花八门、危机四伏。假如所到之处，信息服务及时，精诚所至，金石为开，情况就会大不一样。还有一种情况就是，即便在规范而细致的服务下，仍有部分媒体会有“负面”“不友好”报道，但只要能让其报道做到客观，也是成功的。因此，在突发事件发生的当口，需要做到如下几点：一、第一时间设立记者接待处和信息中心，汇总事件相关信息，快速发布和提供给媒体。二、安排专人负责接待各类媒体，尽可能为记者提供工作和生活的便利，如交通、通信、上网和其他办公室用品以及食宿等。三、多集中召开新闻发布会、情况通报会或搞一些小范围甚至单独座谈会，多提供条件让记者了解所采用的积极措施和面对的实际困难，行云流水似的让媒体形成相对统一的导向。四、在舆论监测和研判的基础上，有意图性地引导一些媒体针对一些不良言论进行报道。从另一种角度来看，媒体还是社会舆论的重要监督力量，有对政府部门实施监督的义务。面对媒体有失客观的负面报道时，有些政府部门无疑会感到愤怒和委屈。其实，政府部门和媒体之间的关系并非对立，只要从大局出发，把握住了相互需求，相互体谅，努力实现双赢，很多方面会取得一致。

再者是与公众的沟通。在突发事件中，公众的参与具有客观的必要性。首先，它是日益严峻的突发事件形势对信息管理提出的必然要求；其次，公众参与是弥补政府突发事件应对能力的客观需要；再次，公众参与是达到突发事件的信息管理中秩序与自由统一的根本途径。与公众的沟通要做好以下三点：一、以人为本，要心怀人民，充分考虑公众的切身利益。二、尊重公众的知情权、话语权，及时准确传达相关信息，认真对待公众的反馈意见，妥善解答公众所提的问题。三、打通与公众的沟通渠道，切实落实好突发事件中政府与公众的沟通。突发事件中，政府与公众的沟通历来是关注的焦点。社会公众是突发事件直接威胁的对象，他们需要也有迫切愿望帮助政府应对突发事件，参与的形式需要合法、科学、节制、有秩序。而这一切都需要政府与公众之间有着良好的沟通。

3.3.3.2 提高管理者的应对技巧

领导干部在应对敏感问题时要注意几个问题：首先，自己是在代表政府立场、反映政府意志、表达政府观点、说明政府行为、维护政府形象。自己不是个人，不能跳出制度框架发表个人意见；不是演员，不能过于作个人魅力展示；不是上级，不对媒体与民众指手画脚、居高临下；不是学者，不追求百家争鸣，应保持信息统一。其次，不要替别人回答问题，只讲自己职责范围内的事情。最后，应按既定口径表态。对于舆论的责难，要冷静沉着应对，不污辱、指责、蔑视诘问者，不要使舆情衍生出负面分支。

领导干部在回应负面报道时的一些技巧：首先，是对片面不实的信息，要快速回应，提供全面的真实的信息。可借用媒体与意见领袖的力量，进行正面澄清。其次，对攻击污蔑的信息，可视受关注度的大小来应对，如果受到普遍关注，就要及时广泛地予以澄清驳斥；如果仅是在一定范围内受关注，就在这个特定范围内进行回应，不扩大，以防止跟进炒作；如果只是受个别媒体关注，可一对一地做其工作。再次，对于客观监督的信息，经查核实后，确实属于工作中存在的问题，那么就要采取闻过则喜、有过则改的正确态度，自觉接受舆论监督，做到以舆论为镜，及时去调查处理，及时向公众通报调查处理的进展情况，形成舆论监督与自身工作的同向效应。

3.3.3.3 做好事后政府形象修复

突发事件过后如何进行政府形象修复和改善工作？对于这个问题，美国危机研究专家班尼特提出了专门的形象修复策略。形象修复策略是指在突发事件发生之后的补救措施，它有两个重要前提：第一，政府被认为应对突发事件的发生承担责任；第二，社会公众对政府责任的看法比突发事件本身更重要。也就是说，公众的态度以及他们对政府责任的认定，是影响政府形象的关键因素。为了对公众的态度产生适当的影响，使他们不要产生认为政府在突发事件中“理所当然”负有责任的思维惯式，可以采取以下策略：一是否认，包括传统意义上的简单否认和转移公众视线两种。如，“那不是我做的”，“别人做的，与我没关系”。二是躲避责任，包括申明无力为之或没办法改变、纯属意外或者是无心之过、出发点是好的。三是减小危机冲击性，包括拿出证据以显示其好的一方面，轻描淡写事态，进行比较、寻找一些差异——“比其他相类似事件好多了”，超脱以表明“有更需要考虑的地方和价值”，回击对手用来降低指控者的信用，补偿牺牲利益者。四是修正本身行为，制定和实施解决方案以及措施，改善自身行动，避免类似事件再次发生。五是表达歉意，真诚表达歉意，获取原谅。

3.3.4 对“蓄意突发事件”的信息管理

3.3.4.1 加强对“蓄意”舆情的监管

以网络为代表的新兴媒体给人们生活带来方便，同时也给别有用心的人带来可乘之机。想做好“蓄意突发事件”的信息管理，首先要做好监管工作。

第一，要完善相关法律法规保障体系。首先是完善舆论监督法规。支持和保护舆论监督的法律法规机制也不够完善。在专门的法律法规出台之前，可由各地先制定一些保障舆论监督的相关制度和规定，积极地探索出一些从党纪条规的角度来完善对舆论监督权利的保障体系，加强舆论监督保障体系建设。其次是制定信息公开法。目前我国急需政府对信息公开进行立法以确定信息的密级。这样才能在保障国家信息安全的前提下进一步保障普通民众的知情权。信息管理以及立法机构应该在广泛调查、仔细研究、充分考虑各方利益的基础上，尽快出台相关法律法规。在信息公开法没有制定完成的情况下，党政机关应该扩大政务公开的广度与深度，进一步完善政务公开制度，发挥更深层次的职能作用，用制度措施来保证准确、及时、全面的信息公开。

第二，要正确把握舆论监督导向，提高公众舆论监督的参与水平。迅速适应政治、经济体制改革带来社会结构的变化，加强对传统文化的改造。调动起全社会各方面积极的力量，推进舆论监督工作，促使舆论监督走向正确轨道。实现民主化、法制化和科学化，使舆论监督真正起到作用，监管公共权力合理使用。

第三，要营造良好的舆论监督环境。营造良好舆论监督环境首先要畅通社会舆论的反映机制。及时组织力量对社会舆论反映出的问题进行查处，责令相关单位或责任人限期进行整改，并将处理结果及时反馈给相关管理部门。与此同时，要对那些滥用监督权力的管理者追究相关责任，尤其是拿舆论监督权恐吓、要挟被监督对象，对其造成严重伤害的舆论监督者。其次是健全舆论监督的保护机制。党政机关要给予舆论监督主体以必要的保护，密切关注舆论监督权利使用过程中出现的矛盾。对产生干扰适时进行排除，并在合理运用有关党纪法规的基础上，提供必要的精神支持和物质激励，让舆论监督主体有更大的积极性来参与舆论监督。

最后是健全舆论监督的协调配合机制。党内监督等权力型监督机构应当及时介入，给非权力型的舆论监督提供保护，保障舆论监督的有效性，并与其形成合力、相互配合，以此来提高监督的效率。

3.3.4.2 揭露“蓄意事件”的目的

面对“蓄意突发事件”重点不是强调和渲染其破坏程度，而是要通过事件表象对其本质作深刻的分析和揭露。“蓄意突发事件”的目的可分为三类：一是牟利牟名博人眼球，代表人物“立二拆四”等。二是利益集团聘请公关、推手等重塑自己形象，代表事件“蒙牛、伊利互黑”事件。三是暴恐分子利用网络组织恐怖袭击，新疆、西藏等地分裂分子制造的一系列暴恐事件都属此类问题。

同样是面对突发事件，“9 • 11”事件当中，虽然大量的相关报道大大提高了本 • 拉登的知名度，但美国媒体通过合理的议程设置及正确的舆论引导，成功地将本 • 拉登塑造成了一个“恐怖主义头子”形象。其恐怖活动不仅是针对美国，而是针对全世界，是全球人民的公敌。成功地化解了舆论危机，让全世界人民都站在了美国这一面，营造出一个完全对美国有利的世界舆论场。在新疆暴恐事件的处理上，这一点很值得我国来借鉴。

3.3.4.3 惩处典型以正视听

“蓄意突发事件”中生事者有两种，一种是制造事端的人，另一种是在事后起哄的人，这两种人有一定重叠，有交集。

（1）对于制造事端的人。对制造暴恐事件伤及无辜群众的犯罪分子我们定要给予猛烈的回击、严惩不贷。事实看来，反对暴恐袭击将是一场持久战，这个过程艰巨而复杂，我们要有充分的心理准备。另外一点是，要更加注重源头上的治理，依法从重、从严惩处暴力恐怖分子，始终保持对“三股势力”即宗教极端势力、民族分裂势力、国际恐怖势力的严打高压态势。还有就是要与各族人民群众保持密切联系，团结一切可以团结的力量，切断恐怖分子的后路，让其无处藏身，打赢这场反暴恐的人民战争。

（2）对于恶意造谣的人。在突发事件处理当中就某些敏感问题，编造谎言、混淆视听、制造混乱的人，也应该加大处理力度、杀一儆百。这里奉劝一句，喜欢造谣生事的人，尽快收手，因为法网恢恢，疏而不漏；喜欢转帖以及“翻墙”了解“真相”的人，要多动动脑子，别成为别人的工具；最后希望所有的舆论受众能传播一些积极的信息，弘扬正能量，为我们的舆论环境建设添砖加瓦。

3.3.4.4 做好社会心理修复

突发事件的终结对于社会心理修复来讲，也仅仅是刚刚开始。由于蓄意突发事件的特殊性，再次发生的可能性还是很大的，人们对此产生的担心也在情理之中。事件处理过程中的各种传言，以及所谓的真相，在人们内心深处很长时间难以磨灭。一旦听到些风声，心情立刻会再次紧张起来，这源于人的应激性。前一段时间有媒体报道，“山东招远邪教徒杀人案”受害者家属因为害怕与邪教结仇，准备全家搬离招远。死者家属产生害怕“同邪教结仇”的心理，来自以往社会上发生过的相类似的真实事件。在 2014 年 5 月份，广东黑社会头目胡伟星被判刑 20 年，他就曾经找人以泼硫酸的方式报复法官；另外还有 2014 年 6 月份，由于达州市业主举报烧烤摊扰民而遭到多名黑社会人员持刀上门报复等等。乡土难舍，没有人愿意离开自己从小生长的家乡，但是死者家属因怕“同邪教结仇”而考虑搬离家乡。完全可以想象他们的社会安全心理底线已经到了最低。同样，暴恐袭击以及个别暴徒的极端行为，威胁的是全社会，在事件结束后，整个社会心理也会像受害家属一样惶惶不可终日。这背后是社会成员对社会依赖感和信任度的缺失。

做好社会心理修复工作首先要拿出实际行动，做公众看得见的举措。比如说对地铁、商场、车站等人群聚集的地方增加监控，提高对可疑人员的排查力度；对于红十字会等网络炒作受害群体，要给予各种质疑正面、强有力的回复，用事实来说话，拿出充分证据，增加民众的认同感。这其中还包括对社会上特殊人、特殊事件的特别关注，没有谁不想踏实地过日子，只有碰见解决不了的事情，或受了莫大的委屈，才会产生心理的畸变，做出极端行为。关爱他人，消除不公，是社会的责任也是每个社会成员的责任。其次是加强心理疏导，提高社会成员自身的心理修复能力。这一点可以参考羌族人的灾后心理修复，汶川地震后，羌族人之所以能很快振作起来，重建家园，主要是源于羌族人保持了传统文化，有强大的精神信仰。所以应该让公众首先从心理上强大起来，激发出自身的意识潜能。从根本上认识蓄意突发事件的本质，提高分辨能力、承受能力，增加正义感，从精神上不再畏惧暴恐分子，不再听受幕后推手的挑拨，相反还能增加对这些人的仇恨，加入到与敌对分子的斗争中去。

章末总结

当前社会生存环境不断地复杂化，频频发生的突发公共事件冲击着人们的神经。政府作为社会的直接管理者，要责无旁贷地担负起妥善处理突发公共事件的重任。本章准确分析了目前舆论形势，结合突发事件特点，提出了化解矛盾最好的办法就是理解，理解的最直接方式就是沟通；并建立了一套完整的舆情危机应对方法，明确了政府在面对舆情危机时最基本的做法是公开与落实。

通过研究，笔者发现主要有以下三方面问题存在：首先管理人员能力、水平有限，主要体现在思想意识与具体做法上。其次，民众遇到问题时过于盲目且存在偏激行为。再次，对媒体媒介的约束、利用不够，所产生的积极作用较少。产生这些问题的主要原因有两方面原因：第一，社会变革本身产生了很多矛盾，没能及时解决。第二，一些地区思想意识的发展远远落后于科学技术的进步，传统观念根深蒂固，处理问题的方式方法有待提高。根据以上情况，本章给出三个方面的解决办法：第一，完善信息管理机制，加强惩戒制度，提高对管理者、受众以及媒体的约束。第二，管理者首先要转变观念，作为信息管理的主导者，要更多地考虑民众的切身利益，讲究管理的方式方法，提高管理水平。第三，对典型的突发事件要深入认识，思想上更加重视，解决办法上要有针对性。

科技在不断发展，社会矛盾也会产生相应的变化，所以对突发事件的管理也不是一成不变的，需要不断地变化、调整才能与客观情况相适应，达到化解矛盾的目的。受本人能力限制，对一些问题的研究还不够深入，权作引玉之砖，为日后的研究提供参考。

参考文献

[1] 李俊岭，刘庆顺，闫建超 . 应急动态决策的行为过程与模式研究 [J]. 河北学刊，2008（5）：146-150.
[2] 邓静 . 突发事件在网络论坛中的传播研究 [D]. 武汉：华中师范大学，2012：5.
[3] 朱广弘 . 电网施工企业电网抢修应急组织管理研究 [D]. 北京：华北电力大学（北京），2010：12.
[4] 周传奇 . 武警机动部队西藏维稳中群众工作研究 [D]. 长沙：国防科学技术大学，2010：10.
[5] 陈远章 . 转型期中国突发事件社会风险管理研究 [D]. 长沙：中南大学，2009：5.
[6] 黄烜 . 论突发事件报道中的信息公开和舆论控制 [D]. 重庆：西南政法大学，2009：4.
[7] 史培军 . 三论灾害研究的理论与实践 [J]. 自然灾害学报，1996（4）：6-17.
[8] 朱力，李德营 . 现阶段我国环境矛盾的类型、特征、趋势及对策 [J]. 南京社会科学，2014（10）：44-50.
[9] 刘建中，朱力 . 新形势下如何做好政府系统统计干部教育培训工作 [J]. 统计与管理，2014（3）：26-27.
[10] 张宽明 . 完善反恐立法 重拳打击暴恐犯罪 [N]. 人民法院报，2014-03-06.
[11] 刘毅 . 网络信息研究概论 [M]. 天津：天津人民出版社，2007：26.
[12] 凯斯 • 桑斯坦 . 网络共和国——网络社会中的民主问题 [M]. 黄维明，译 . 上海：上海人民出版社，2003：47.
[13] 周丽明 . 网络舆论的演变及效应分析 [D]. 济南：山东大学，2010：5.
[14] 杜琳 . 网络传播中把关人的角色与地位探微 [J]. 才智，2013（8）：234.

[15] 程世寿 . 公共舆论学 [M]. 武汉 ：华中科技大学出版社，2003：165.
[16] 胡宁生 . 中国政府形象战略 [M]. 北京 ：中共中央党校出版社，1998：201.
[17] 黄豁，季明，李舒 . 基层干部执“网”能力多面观 [J]. 党政论坛（干部文摘），2011（12）：32.
[18] 全会，方彦蘅 . 微博谣言现象的成因及对策 [J]. 青年记者，2012（12）：58-59.
[19] 彭劭莉 . 突发事件网络信息引导失当及应对策略研究 [D]. 湘潭 ：湘潭大学，2013：4.
[20] 赵振宇 . 适度有效地搞好社会活动及报道策划 [J]. 新闻与写作，2010（11）：77-79.
[21] 卿立新 . 论加强和创新网络虚拟社会管理 [J]. 求索，2011（5）：82-83.
[22] 陶然 .“乌坎事件”媒介呈现的差异化研究 [D]. 杭州 ：浙江大学，2013：5.
[23] 沈延杰 . 邓玉娇案研究 [D]. 哈尔滨 ：黑龙江大学，2013：9.

第4章　突发公共事件信息管理及其应用

当前我国正处于经济转轨与社会转型的关键期，各种突发事件频频发生，因此，切实提高突发公共事件的处置能力，已经成为当前各级政府和职能部门所面临的重要课题。通过多年的实践和摸索，河北省在应对突发公共事件过程中，已经探索出一条自己的道路，建立了一套初见成效的处置模式，尤其是在突发公共事件信息管理上，形成了自己的一套“组合拳”。然而，随着全省经济的高速发展，各种社会矛盾不断凸显，由此引发的公共事件不仅在数量上急剧增加，在类型上也不断增多，这就要求河北省对于突发公共事件信息管理予以高度重视，不断完善。

本章通过整理近年来河北省发生的各类突发公共事件典型案例，结合行政学、传播学、新闻学和信息管理等相关理论知识，系统、全面地分析了河北省突发公共事件信息管理体系中存在的不足以及造成不足的原因，并在此基础上，有针对性地提出了完善河北省现行突发公共事件信息管理机制的对策，如不断完善信息情报系统、加强培养专业信息管理人才、进一步完善信息公开机制、建立更加科学的信息应用机制和充分发挥新媒体引导舆论的作用等措施，旨在推动河北省建立一个更加完善的政府、媒体、公众良性互动的突发公共事件信息管理机制，最大限度地降低突发公共事件所带来的损失，进一步提高河北省政府行政效能，维护政府权威、媒体公信力和公众知情权，使河北省经济和社会发展抵御风险的能力更强。

4.1 突发公共事件信息管理的理论概述

4.1.1 突发公共事件信息管理的理论基础

4.1.1.1 突发公共事件及相关信息的概念

2005年12月，河北省政府颁布《河北省人民政府突发公共事件总体应急预案》，沿用了同年 1 月国务院颁布的《应急预案》（简称）中的“突发公共事件”的概念、分类和级别，并对四类突发公共事件进行了细化：自然灾害，主要包括“水旱、气象、地震、生物等灾害和森林、草原火灾等”。事故灾难，主要包括“工业、建筑等企业以及机关、事业单位和其他组织发生的各类安全事故，民航等交通运输事故，公共设施和设备事故，核辐射事故等环境污染和生态破坏事件”。公共卫生事件，主要包括“传染病疫情，群体性不明原因疾病，食品安全和职业危害，动物疫情以及其他严重影响公众健康和生命安全的事件”。社会安全事件，主要包括“恐怖袭击、民族宗教、经济安全事件，涉外突发事件，群体性事件和重大刑事案件等”。[1]

通过分析国务院及省发布的《应急预案》中给出的突发公共事件的概念、分类和级别，本书认为突发公共事件除包括偶然发生，造成或者可能造成重大社会损害，需要采取应急处置措施予以应对的社会或自然事件，还包括如河北沧州“红豆水”事件等网络高度关注事件，这些事件如果处置不到位会在一定时期内给社会造成不良反应，也属于公共事件。而对信息的定义，到目前可查的已经超过了 200 个，什么是信息，《辞海》对信息的解释：音讯、消息；是通信系统传输和处理的对象，泛指消息和信号的具体内容和意义。结合目前已存在的各种信息的定义，本书认为信息可以看作是世界上一切事物状态及它的关系、特征的表征或标志。其本身不代表事物或事物的属性、关系，而是事物及其属性、关系的标记。

综合突发公共事件以及信息的概念，本书认为突发公共事件信息是反映突发公共事件萌发、潜伏、发展、突变、爆发、缓解等各阶段的性质和特征，以及应对和处置突发公共事件各方的态度、意见、决策取向等相关内容的信息总称。这一概念对于我们进行突发公共事件信息管理的意义在于，政府可以通过信息的收集、处理、沟通减少不确定性，以进行各种有效处置突发公共事件的管理活动。

4.1.1.2 突发公共事件信息的特征

突发公共事件相关信息是政府系统信息工作的重要内容，它既是一般意义上的信息，又与普通信息有着很多不同的特点，它具有信息的共性，比如可传递性、可复制性、可利用、可共享，也具有政务信息的基本特征，比如保密性、指导性等，但更具有自身独有的特征。

一是突发性。突发公共事件相关信息不是常规信息，从突发公共事件酝酿期开始，其产生、存在和发展均具有突变性，在一定的环境和诱因下，突发事件会突然形成、突然变化、突然爆发，与之相应的信息也具有突发性。

二是紧迫性。尽可能减小突发公共事件的破坏性，防止突发公共事件形成、发展、爆发是极其紧迫的工作，一旦发现苗头，相关部门应该迅速采取积极有效的行动。《突发公共事件应对法》提出：监测与预警是应对突发事件工作的第一道防线，必须遵循“早发现、早报告、早处置”的原则，完善突发公共事件监测与预警机制，防患于未然。突发公共事件相关信息发现越早、传递越快就越有利于突发公共事件的处置，突发公共事件的信息的搜集、传递都具有紧迫性。[2] 一旦突发公共事件有了新的变化，已收集的信息便失去了价值，就不能作为管理者、指挥者正确判断形势、科学决策的依据。突发公共事件一旦爆发就会迅速蔓延，过时的信息会诱导决策者、管理者错误地判断形势，不利于迅速控制和处置突发公共事件。所以，突发公共事件信息的紧迫性特征是很明显的。

三是机密性。突发公共事件信息是专门围绕突发公共事件的萌发、潜伏、爆发、处置、善后等过程搜集的信息，其服务对象是且只能是突发公共事件处置工作的决策者和管理者，由此决定此类信息的传递通道有明确的指向性，除特定服务群体外，突发公共事件相关信息不能向外界透露。由于此类信息一旦传播其所造成的社会影响巨大且具有不可控性，所以信息的搜集、传递都应该遵循保密规定。

四是长期性。《突发公共事件应对法》中明确要求，“充分发挥专家队伍和专业人员的应用，加强公共安全科学研究和技术开发，且采用先进的监测、预测、预警、预防和应急处置技术设备，不断提高应对突发公共事件的科技水平和指挥能力，避免造成更大的损失”[3]。这里最重要的就是要充分调动信息工作人员的积极性，在突发公共事件没有形成、没有发展、没有爆发前采取有效措施将其控制在一定程度和范围内，避免造成和扩大危害。预防、预警和应对突发公共事件是一项长期的工作，所以突发公共事件信息的搜集、整理和处置工作具有长期性。

4.1.1.3 突发公共事件信息的流向

虽然政府、媒体和公众三个主体承担的社会职能不同，掌握信息的质和量也存在不同，但是突发公共事件发生后，关于事件的信息会通过各种渠道向三个主体传播。概括来讲突发公共事件信息会从三个方面传播：

一是上行信息，指为处置突发公共事件人员提供信息。此类信息其中包括突发公共事件预防预警类信息、情况反映类信息、民情舆情信息和反映突发事件的基本情况、处置进展情况的信息。上行信息供突发公共事件的决策者和管理者根据实际情况随时调用，而且这类信息必须经过认真、反复甄别和分析，在确保信息内容真实、准确后才能呈报。上行信息是管理层作出正确决策、指挥指导突发公共事件处置工作的基础和依据。

二是下行信息，指由突发公共事件处置的决策者、管理者、专家根据突发公共事件的发生和发展的具体情况，随时做出的指示或提出的意见。下行信息需要通过信息系统不折不扣地传递给突发事件处置的执行者和一线工作人员，保证领导的指示和专家意见不折不扣地得到落实。下行信息是按计划正确和妥善处置突发公共事件的保证。

三是对外发布信息，指由政府决策机构根据信息公开原则统一发布的预警信息、动员信息、突发公共事件处置进展情况等。对外发布应急信息是我国各级政府的一项重要工作，在突发公共事件发生后，及时、准确发布相应信息，提高事件处置的透明度，有利于凝聚人心，赢得广大人民群众的支持，消除传言造成的负面影响。

4.1.2 政府信息工作应对突发公共事件的依据

责任政府理论的出现是社会民主发展的必然结果，西方政治家和学者最先研究和概括责任政府机制，并总结出责任政府理论。[4] 其中“责任政府的建立需要政府作为整体对议会和选民负责，还需要政府对公务人员行政行为负责，进而使公务人员对行政管理相对人负责”[5]。西方有的学者指出，在任何情况下，我们都必须有一支受过充分训练的官员以良好的态度为我们服务。他的研究也促成了人们对政府公务人员“责任”和“忠诚”的研究。[6] 在当代，美国著名行政伦理学专家特里 L. 库珀把责任政府中的公务员职责分为客观责任和主观责任。其中客观责任包括公共行政人员对上级负责、公共行政人员对民选官员负责、公共行政人员对公民负责；而主观责任则是基于对忠诚、良知、认同的信仰，而不是上级或法律的要求。一个政府只有在其能够维护社会公众利益、促进实现公共意志所提出的目的、真正履行其义务时，才是合理合法的负责任的政府。[7]

现代责任政府的理论强调：一个负责任的政府核心功能应该是在政治方面不管是广义还是狭义的理解，政治责任都作为一个负责任的政府方面的重要责任，都必须采取积极行动，迅速和有效地回应社会和公众的基本要求。在履行职责的过程中，一些指令发出之前，都有义务给公众做出解释。如果政府行为错误或对公众带来损失，应该承担应有的政治责任，做到罚当其责。[8]

从公共政治责任的角度看，政府是处置突发公共事件的主体。政府不仅应该向公众提供公共服务和产品，更应该促进公共利益的增加和合理的利益分配机制的形成，而突发公共事件的发生，在某种程度上讲是对公众利益和社会公共利益的一种损害。责任政府理念使政府成为应急管理最主要的承担者，政府所拥有的公共权力、社会资源，为政府进行应急管理提供了充分条件。[9]

4.2 河北省突发公共事件信息管理现状

4.2.1 河北省突发公共事件典型案例

河北省地处华北平原、渤海之滨，是北京、天津两大城市的门户；全省土地面积 187693 平方公里，人口 7287.51 万，人口数量在全国排名第 6 位。是我国各类突发公共事件频发的省份之一。有关资料显示：2012 年，河北省大部分地区自然灾害频发。全省因灾造成农作物累计受灾面积 1989.93 千公顷，受灾人口 1994.15 万人次，因灾造成直接经济损失 447.36 亿元。

同时，河北省目前正处于经济社会快速发展期，长期积累的人民内部矛盾，加之个别地方政府不合适的做法，导致了社会性群体事件时有发生，也造成了巨大的经济损失和恶劣的社会影响。下面，就近年来河北省发生的典型突发公共事件进行分析总结（见下表 4-1）。

表 4-1 河北省发生的典型突发公共事件

序号	时间	地点	案例	类型
1	2012 年 7 月	河北省大部分地区	2012 年 7 月 21 日至 22 日，河北迎来强降雨过程，由于该省多年没有发生洪水，部分地区人们的防洪避险意识淡薄，加之防洪工程体系尚不完善，而发大水期间通信、交通、电力极易中断，信息传递不及时，都导致了防汛救灾形势更加复杂。截至 26 日，已致河北共 266.92 万人受灾，直接经济损失达 122.87 亿元。	灾害灾难型

（续表）

序号	时间	地点	案例	类型
2	2013 年 8 月	秦皇岛市	金舍德园业主因开发商未能按时交房却不作任何解释，集体到市政府门前上访，造成交通瘫痪，造成社会不稳，影响恶劣，容易引发次生灾害。	利益冲突型（维权型、信访型）
3	2013 年春节前	河北省遵化市	2013 年春节前，四川省农民工为讨薪在遵化市政府门口下跪，引发媒体关注，导致事件在短短 10 天内发酵成舆论的焦点。	维权型
4	2008 年 6 月	石家庄市	2008 年三鹿奶粉事件，导致全国 29 万余名婴幼儿出现泌尿系统异常，其中 6 人死亡。	公共安全型
5	2005 年 6 月	保定定州市	2009 年 9 月河北省展开“霹雳 2 号”打黑除恶行动，打掉涉黑涉恶团伙 95 个，抓获 452 人。	违法犯罪型
6	2013 年 4 月	河北沧州	2013 年 4 月，中央电视台曝光：河北沧县张官屯乡小朱庄抽上来的水散发异味，呈现铁红色。导致附近养殖场的近 700 只鸡死亡，30 多人死于各种癌症。村民怀疑是建新化工厂污染了水源，但向上反映多年无果。而面对媒体质疑，沧县环保局局长未作任何调查，无依据的回答质疑，引起专家、媒体和网民的持续质疑，极大地败坏了政府的形象，降低了政府的公信力。	媒体关注型

4.2.2 河北省突发公共事件信息管理存在的问题

近年来，河北省几个地级市政府在不断应对各类突发公共事件中，逐步建立起一整套应对突发公共事件的处理体系，也形成了一套行之有效的突发公共事件信息管理方法。不管是从自然灾害防治还是到事故灾难救援，不管是从公共卫生事件处置还是到社会安全事件应对，河北省各级政府的应急处置能力取得了长足进步，并且成功处置了不少突发公共事件，形成了一些成熟的做法，积累了宝贵的经验，也为进一步健全完善突发公共事件的管理机制奠定了坚实基础，但是我们还要十分清醒地意识到工作中还存在诸多的不足和短板。主要表现在以下几个方面：

4.2.2.1 信息管理时效性差

信息工作是科学有效地处理突发公共事件的关键之举、成功之钥，但是我们很遗憾地看到信息问题是最常见、最容易出现的问题。通过全面梳理和深刻分析近年来发生的有较大社会影响力的突发公共事件，信息被忽视或者被忽略的现象频频出现，具体表现在：下级政府在处置工作前期故意或者有意向上级政府隐瞒具体实情，或者是有选择地向上传递经处理过的信息，导致了信息传递受阻，没有使信息在第一时间得到披露，也没有使信息尽快进入政府的视野，从而延误了决策部门在第一时间作出及时科学研判的最佳时机。因此，为迅速处理突发公共事件、最大限度减少损失，必须解决信息在第一时间的传播问题。

例如，在 2013 年 5 月 25 日，一位网友在秦皇岛贴吧发布一则“某业主于 2009 年购买的金舍德园的住宅，原定于 2010 年 7 月交房，但直到目前房地产开发商都未能交房”的消息，随后便引发了大量网民的转载和跟帖，并在贴吧、论坛等网络社区大肆传播和议论开来，众说纷纭，莫衷一是，随后相关的舆论也开始由网络转移到现实生活中，也就为以后的部分业主围堵市政府的群体性上访事件埋下了隐患，并最终产生了极坏的社会影响。

纵观整个事件过程，我们不难发现一些地方政府在处理公共事件前期的信息工作搜集获取方面存在着迟滞、迟钝。当有关信息在网络传播开来并引发现实舆论议论时，我们的有关政府部门以及工作人员对该则信息没有引起足够的重视甚至采取了忽视、漠视、放任的态度，直接反映了政府部门和工作人员信息工作意识不强，责任感不强，缺乏信息工作敏感性，对信息内容的真实性、准确性没有及时进行深入的收集调查和科学研判，没有及时向上级传递信息，由此造成了上级部门一段时期内的信息缺失，没能提早对事件进行有效干预，进而导致了金舍德园业主到市政府门前集体上访阻断交通，严重影响了社会的和谐稳定，极大地损害了政府形象，并造成了政府公信力的下降。

4.2.2.2 缺乏专业信息预警人才

政府在应对突发公共事件过程中，预警信息应该充分发挥第一时间告知、警示公众提早做好有关预防的作用。这也对政府信息工作人员提出很高要求：在极短时间里，对信息要准确收集、整理、传递、决策。但是由于河北省各级政府都实行决策由上级部门负责，下级部门只负责具体工作和向上汇报，严格按照规章办事，缺乏干工作的主动性和积极性。另一方面信息工作人员专业知识缺乏，信息应急、应变能力差。

例如，2012 年“7·21”暴雨和 10 号强台风相互叠加突袭河北省，城市区内涝严重、交通瘫痪、部分老旧小区被淹等等，给全市人民生产生活造成了重大损失。在河北省气象部门发出暴雨预警信息和启动应急预案之后，预警信息没能第一时间告知给广大市民，未能及时向社会通报可能出现的严重后果及相应预防措施，包括通过短信告知、电视新闻等方式通知或提醒市民尽量不要出行等；暴雨降临时，城区内容易积水的路段和桥梁、涵洞等“脆弱”部位首当其冲，形成“汪洋”之势，面对严峻的灾害形势，相关部门有些招架不住，应急准备明显不足，包括抢运物资设备、技术人员等，相应措施也不到位，比如交通管制、交通疏导、禁止车辆人员通行等。

在本次应急处置过程中河北省政府相关职能部门虽然就暴雨事件组织了相关联席会议，由于预警信息能力明显不足，预警信息传播网络还不健全，传播渠道还不畅通，导致预警信息没能发挥应有的预警作用，没有为应急处置工作提供高效支撑。因此，高效重组、有机整合传统媒体与新媒体资源，逐步形成全方位、多层次、广视角的预警信息传播网络，最大限度地挖掘和发挥预警信息应有作用成为当前工作的重中之重。

4.2.2.3 公众知情权缺乏保障

学者张博树在《SARS挑战中国的新闻制度》一文中提出：“公民权利包括公民对重大社会事物的知情权、参与权和对政府的监督权。”[10] 在西方发达国家，信息公开是政府信息工作的基本原则，也是在处理突发公共事件时必须遵循的原则之一，实现政府信息公开，对于建立服务型政府、提高政府行政效能是十分有益的。然而，受传统观念及固有体制机制的影响，目前，河北省各级政府信息公开工作还显得苍白无力，保障公民知情权依旧落后于时代，也给突发事件的处置带来不利影响。

近期的很多公共事件中，政府和有关工作人员在面对媒体质疑时所表现出的态度和行为引发了公众的极大议论，所指责的大都指向政府和部分官员背离了信息公开的原则，罔顾事实，封锁消息，从而引发了社会舆论的极大不满和严厉批评。[11]

例如，2013年3月河北沧州面对媒体质疑时，在一些事件情况未经核实的情况下，当地环保局局长不是采取负责、坦诚的态度积极面对，而是无视质疑，反而欲盖弥彰，引起网民的反感和声讨。刚被网络关注的危机本来是能很好化解的，但由于部门负责人故意隐瞒真实信息、扭曲信息、缺乏坦诚的态度从而使事件愈发严重。如果开始面对媒体质疑时，相关部门就高度重视，本着实事求是的态度，迅速进行重新调查，并责成相关企业进行真诚的道歉并立即整改，也许就可以得到公众的谅解和宽恕，迅速平息网络高度关注的事件，但部分领导却是一味对舆论质疑进行辩驳，使事件日益复杂。

随着经济社会的不断发展，公众越来越重视维护自己的信息权。同时政府与社会公众的信息良性互动的前提条件是逐步扩大信息公开范围。因此，河北省各级政府要进一步转变观念，牢固树立服务理念，确立信息公开原则；也要进一步拓宽信息公开渠道，促使公众的信息请求权、知情权和参与权得到保障，以满足公众对于信息的渴求。

4.2.2.4 社会应急意识淡薄

在面对突发公共事件时，公众的应急信息意识淡薄，安全意识和常识缺乏，应急避灾意识淡薄等也给处置工作的有效开展带来了不利影响，也使群众的生命财产安全受到了严重损失。

例如，2013 年盛夏，超强暴雨突降秦皇岛致使山区多条河流水位暴涨，气象部门紧急发布了自然灾害预警信息，提醒群众和有关部门做好防灾减灾准备，但还是发生了悲剧。7 月 3 日下午，卢龙县燕河营镇良仁庄小学 6 名学生放学回家，途经水漫桥时被冲入激流，造成了一人死亡一人失踪的后果，与之相类似的还有 2014 年北京遭遇的强降雨，所带来的灾难更为沉重，遇难数十人。在气象部门发布暴雨橙色警报后暴雨来袭时，人们依旧按计划出行，足球比赛、演唱会等大型活动照常举办，各项旅游活动依旧冒雨照常举行，机场高速车辆排起了长龙，雨水淹没了半个轮胎，收费站仍然忙着收费而非免费放行等等。

从此次事件中可以看出，面对预警信息，很多民众缺乏警惕意识，没有意识到灾害来临，更没有提早做一些防范准备，同时也能看出有关部门对应急信息未能高度重视，导致相应的应急准备也没有完全到位，人员、设备、物资等未完全落实，所以当突发灾害来袭的时候，手忙脚乱，叠加效应的结果就是惨痛教训的发生。因此，社会公众的应急信息意识亟须强化。

4.2.2.5 网络信息应对不力

随着信息社会和互联网技术的飞速发展，新媒体载体和形式愈加多元和丰富，在此新背景下，也产生了类似微信、贴吧、社区等新交流互动平台，随之网络舆论也逐渐形成、成熟和壮大。[12] 这种情况，也给当下河北省各级政府如何应对网络舆论带来了挑战。

2013 年春节，某省农民工为讨薪在遵化市政府门口下跪，该政府相关人员未及时采取应对措施。这一事件被“四川在线”、腾讯新闻和央视《东方时空》

等媒体曝光，导致这一事件在短短 10 天内发酵成舆论的焦点。所以从这点上看，微博、贴吧等互动平台的快速推广和应用，新媒体传播偏向所带来的舆论压力，使政府在突发事件处置中信息管理更加复杂和不确定，政府所面对的舆论压力和现实压力也越来越大。同样，该事件也引发了河北省各级政府应对群体性事件的思考，同以往的群体事件相比，网络舆论是无组织行为，每个公众都是舆论的策划者，也就是所谓的意见领袖，这就导致河北省各级政府在处理这种突发公共事件时，缺乏主动性，很难找到对话的有效受众，导致有效沟通不畅，使突发公共事件处置工作陷入更加复杂和被动的局面。

上面分析过的案例中也提到，沧州环保局局长的解释遭到网民关注甚至炮轰后，县委常委会为迅速平息网络的质疑声，没有经过任何深入的调查，也没有向公众具体说明任何根据和理由，就对相关人员处罚，做出免职决定。公众也会因为相关信息不透明、不公开对官方不依法、不理性处置的原因进行联想，这就会导致网络舆论的非理性和“群体暴政”现象更加严重，不利于事件的平息和处置。

4.3 河北省突发公共事件信息管理问题原因分析

政府在面对突发公共事件时信息管理工作表现出的种种问题，深刻反映了目前我国政府信息管理工作中存在的体制性矛盾、工作短板等内部深层次问题，也揭示了新形势、新背景下信息工作面临的新特点、新挑战。本章将结合行政学、传播学、新闻学和信息管理等相关理论知识，对河北省突发公共事件信息管理的不足进行深刻剖析。

4.3.1 政府职能部门沟通不畅

目前，我国政府组织结构存在着层级过多、“条块分割”的问题，导致政府内部信息沟通不畅通、不便捷，往往会出现以下现象：下级政府或地方政府出于地方利益与官本位思想等自利性考虑，往往在向上级传递危机信息时，只报喜不报忧，邀功讳过，一旦发生突发公共事件，首先从自身利益出发，从保住“乌纱帽”出发，或有意隐瞒信息，或拖延报告时间，造成突发公共事件信息经传递后残缺、迟缓、失真，或将重灾报成轻灾，大难报成小难，使上级政府或中央政府无法及时、迅速、准确地获得信息，无法了解到突发公共事件的真相及其严重性，造成上级政府难以正确、及时、有效地做出决策，难以及时启动应急预案和采取应急措施，使危机势态未得到有效控制，导致损失和影响进一步扩大。

同时，信息具有很强的隐蔽性、时效性、多变性，稍不注意就可能把握不住信息的发展态势和走向，这就要求信息工作人员要有较强的信息工作意识，但在实际工作中往往差强人意，基层信息人员很难及时发现事件深层次矛盾，对有重大隐患的群体性事件苗头缺少洞察力和判断力，对一些所谓的“小道消息”缺乏敏感性，表现为有的信息工作人员未能足够重视一些群体性事件开始不起眼的“小事”，或认为没有达到上报要求，或认为不影响大局，从而没有纳入上报信息的工作范围，进而就没有及时报告领导知晓，同时，一部分领导干部不够重视报送引发突发事件的萌芽性信息，错误地认为是“平常事”“偶然事”“常见事”，没有正确地估计到可能引发的后果，最终导致事态升级，这些问题都是信息工作意识严重缺乏的表现。

4.3.2 信息预警人员能力不强

信息工作具有较强的专业性，要求工作人员具有较强的素质和专业技术能力，但是现实和要求有很大的差距，表现在：信息工作人员的信息综合分析能力不强，不能准确把握突发事件发生的规律和特点，甚至对预警信息分析不透；一些情报信息工作人员分析研判预警信息的工作水平不够，有的仅仅注重和满足预警信息的积累，或者只强调和重视个案信息的报送，忽视对预警信息的分析和研判，缺乏信息的科学应用方法，更多地依靠经验、直觉进行分析判断，没有对突发事件本身进行深入分析，也没有对每个阶段情报信息进行综合分析，而是从大量情报信息中找出规律性、普遍性、倾向性的问题，向领导提供可行的预警性、前瞻性信息，最终使小事情酿成了大事件。总之专业人员力量配置的不足，导致了信息管理水平不高、效率不高。

4.3.3 信息公开程度不高

在传统媒体环境下，政府拥有较大的信息权力，是社会信息的最大占有者，政府与公众享有的信息不对称，使政府可以轻易地将对自己有利的信息加以放大，然后将对自己不利的信息予以封杀，从而在有效信息稀缺的情况下，让舆论倾斜于有利于政府的立场。而随着网络、手机等新媒体时代的到来，各种信息更加丰富，公众获取信息选择权越来越大，可以更自由享有知情权。“网络媒体独特的超级链接功能可以将一条新闻与事件的背景、相关信息以及网络评论连接起来，形成事件全貌，随着时间推移，相关信息越来越多，网络信息具有无限的扩展性和丰富性。”[13] 海量的信息为人们政治活动提供多样信息需求的同时，也推动政府决策等行为要在阳光下运行。

突发公共事件发生后，面对网民的不依不饶和媒体的层层追问，有些官员很不适应，仅仅是消极应对、虚与委蛇，导致地方政府公信力严重受损。主要表现在：一是有些地方政府比较担心社会稳定问题，一旦有突发公共事件发生，首先想到消息走漏后会有损政府形象、造成社会不稳定，所以为了避免这种情况的发生，河北省部分政府职能部门往往采取拖延战术，对事件信息不报道或者是采取非常手段进行封锁。二是政府职能部门往往以内部信息涉密为由拒绝公开，即使公开也是些无关的信息，所以公众很难获得完整信息。三是政府掌握信息公开的主动权，导致政府公开信息很随意，使公众获得的信息多少只能听凭政府的决定。四是信息在政府内部环节多、时效慢，信息可能失去价值或最终时间不允许公众充分享有知情权。

4.3.4 预警信息重视程度不够

信息的利用水平直接影响着突发事件处置的效率效果。面对突发公共事件的挑战，“危机预警是危机管理的第一步，也是危机管理的关键所在”[14]。同时，通过对危机预警信息分析，以便做好事先应对，同时也为事后“减少生命和财产损失，保护环境，促进多组织的协调奠定基础”[15]。但在这方面河北省的各级政府或者是活动组织方重视得很不到位，很多大型活动的预警信息、应急预案往往都是作为一种可有可无应付检查的“文件”而存在，未能充分利用预警信息的作用并为这些预案提供充足的物资保证和人力保证，也正因如此，一旦发生突发性事件，由于没有根据预警信息做出合理的制度安排和操作措施，有关职能部门就会陷入很大的被动，只能眼睁睁地看着灾情扩大，最后只能大呼“出乎意料”[16]。

4.3.5 网络舆论引导不力

在突发事件爆发后，公众对事件的发生情况关注度比较高，对信息真实度也有更高的要求。由于新媒体（微博、微信）使用人群范围大、实时传播等特点，这就使公众更加依赖微博、微信等新媒体。与此同时，公众通过新媒体获取新闻后，不假思索、断章取义再次把信息传播出去。使谣言夹杂在真相中一起传播，而且由于谣言自身善于伪装和非理性等特点，即使在紧急情况下的首次公开公众也宁愿相信谣言，不相信真理。同时，在一些突发公共事件应对中，一些具有一定社会知名度的名人为了追求社会关注度，对一些未经核实的情况大肆传播，由于名人知名度高的原因，会使整个信息的传播更加偏离正常轨道，造成社会不良反应。另外，某些居心叵测的不法人员利用部分新媒体虚拟性和私密性，对他人或者政府进行胡编乱造、虚张声势，甚至造谣诽谤，干扰普通民众的判断，对政府公信力造成损害，对正常经济社会秩序造成干扰。

在当下突发公共事件处置中，及早掌握舆论的主动权、占据舆论的制高点是至关重要的。[17] 但是有些地方政府的作为也有背道而驰的表现，如：对于某些已经被媒体和公众高度关注的事件，有的地方政府采取只处理事件，而并不对事件处理结果进行报道或者是等事件处理完才报道事件相关情况，更有甚者，为了避免事态的复杂化，试图简单采取封锁消息、对当事人采取非常规手段等，造成矛盾升级甚至激化，使政府在应对突发公共事件过程中陷入被动局面。[18] 同时，随着互联网普及速度的加快，网络公关行为制造各种社会舆论热点，让网民和信息管理者真假难辨，使社会舆论被泛滥的谣言、谎言所充斥。[19] 如果我们的政府只是简单采取对涉事官员免职来避免事态扩散，这无形中增加了社会的风险和网络信息管理的难度，更会加重网络舆论的“群体暴政”和非理性现象，因此政府亟须转变突发事件信息管理工作的理念。

4.4 提升河北省应对突发公共事件信息管理的对策

我国越来越多的政府部门开始认清和重视突发公共事件信息管理在公共危机管理中所发挥的核心作用，同样的，对于河北省来说，处置突发公共事件、维护社会稳定的重中之重也是不断完善突发公共事件信息管理系统。针对目前河北省应对突发公共事件信息管理的现状，为进一步提升突发公共事件信息管理，增强各级政府应对突发公共事件的能力，本章提出了如下几点对策：

4.4.1 不断完善信息情报系统

完善信息管理，首先就要整合政府信息资源，把政府机构内有关应急管理的大量信息，特别是执法部门的数据库有机地整合起来，建立公共事件管理信息系统和资源共享平台，使信息不受限制地在政府相关部门间流动共享，有助于对突发公共事件做出快速高效反应。同时要进一步改善公共安全应急通信系统，创建涵盖各级、各层面的突发公共事件快速反应和信息交流的专网，使相关信息得以最快速度汇集，形成固定而健全的信息汇总和调查机制，以便及时、准确地对突发公共事件做出早期预警和报告，帮助决策部门能够全面了解情况、及时采取有力对策。所以，我国要抓紧制定出台信息共享与整合的法律、法规，将其作为政府有关部门应对突发公共事件信息管理的一项重要工作。同时河北省各级政府要在相邻区域政府或同级相关部门间建立信息通报和会商制度，改变不同部门之间互相封闭、互不了解的状态，促进突发公共事件信息在跨区域跨部门之间自由流动，便于突发公共事件快速处置并得以解决。

同时，更要完善应急信息报告制度，一要切实加强公共安全教育，实现信息报告的全社会共同参与，努力塑造一种人人关心、人人参与公共安全的文化氛围，积极推动应急管理“进农村、进学校、进工厂、进社区”，使公共安全教育成为从小学到大学的一门必备课程，让每个公民都有突发公共事件信息收集意识，使各种社会力量都成为突发公共事件信息的报告者。二要根据《突发公共事件应对法》对政府、企事业单位、公民等信息工作者的责任进行原则性的规定，明确信息工作者的责任，同时加大责任追究力度，增加违反各种行政法规、规章和应急预案等对信息报告详细规定的惩罚力度，一经发现，坚决予以严处。三要严格落实敏感信息随时随地上报制度，规定敏感性突发公共事件，事发地所在县级人民政府可以视事态严重情况，不受突发事件分级标准限制，向省人民政府报告，避免危机信息因层层上报而迟报、失真。

4.4.2 加强培养专业信息管理人才

应急信息里有很多都是高度专业的数据，如果没有经过专业人员处理和分析，它就没有多少价值，就算有再健全和完善的信息收集和沟通渠道，没有相应的专业人员对信息进行处理其实也就起不到任何作用。这就要求河北省各级政府要进一步培养与各类突发公共事件相对应的专业的应急信息分析人员，然而对本身就缺少人才的河北省来说，首先要培养突发事件管理人员的良好、科学思考方式，通过培训促使管理人员不断学习，能够对身边的环境进行敏锐的观察，形成自觉的信息收集处理意识，能够运用先进的技术手段对各种即时信息进行思考、分析，并有能力与相关职能部门进行信息传递和沟通。其次要学会相关技能，如信息采集、处理与传递等技能。能够在突发公共事件的环境下，根据采集到的危机信息，作出准确判断，并及时向上级领导和政府职能部门汇报相关情况；要具有较强的协调能力与表达能力，能够顺畅与上级、下级、同级部门的同事，或者通过媒体与广大社会公众进行信息传递。与此同时，还应重视学者、专家的作用，河北省各级职能部门要积极推荐应急管理专家，遴选各个领域的学者建立正式的应急管理专家组，并制定专家组工作规则、明确专家组的工作重点，发挥专家在突发公共事件防范、处置过程中的技术分析和评价以及决策咨询的作用，不断重视应急信息管理的重大理论和技术研究工作。

4.4.3 进一步完善信息公开机制

河北省各级政府要建立适应新媒体环境的现代信息公开机制，在做好官方传统媒体信息公开时，要尝试建立网络发言人制度，这样就能进一步拉近政府与公众之间的距离，有效提高政府部门信息传播的效率，有利于政府职能发挥作用，促进良好的政府形象形成。具体来说，对突发事件的预警，要让每一个公民都知晓警示信息，以便能及时应对。所以河北省各级政府在信息发布中，要采取规范化的组织管理方式，制定政府网络平台建设标准，实现政府各部门信息的共享和整合，不断规范政府危机信息的传播渠道，通过政府网络平台，将大众传播、人际传播和组织传播结合起来，形成点对点、点对面、面对面的多管理系统；还要建立更加科学的问责机制。近年来，地方政府应对重大突发事件的一个普遍做法是问责，通过对相关责任人做出免职处理来回应媒体的质疑。但事后相关责任人会以其他形式复出，导致社会公众对此类官员复出现象作出负面评价，对突发事件处置的有效性与坚决性也不认可。所以河北省各级政府要建立被问责官员复出的回应机制，及时公开复出任职的事由、依据、程序。同时要加强公众对问责官员复出的监督力度，在结果公示时，可以通过召开听证会、收集社会各方的反应和主流意见等方式充分听取公众意见，且在得到认可的基础上才能复出。此外还要加大用人失察追究力度，并用相关制度进行规范和确定。同时加强源头治理，进一步健全干部选拔任用机制，避免舆论的“群体暴政”和非理性现象发生。

4.4.4 建立更加科学的信息应用机制

在信息利用方面，西方发达国家在这方面已经形成比较完善的制度，值得河北省各级政府借鉴。例如：法国和英国等西方国家的庆典和节日很多，重点区域的群众集会、游行、演出等，一年到头不胜枚举。法国政府相关部门定期对各种社会灾害的预警信息进行技术分析，然后依据分析结果适时调整政府社会政策，实施有针对性的社会预防手段，及时缓解和处置危机。而英国有关政府或者活动主办者更是对这些活动的安全措施做得严密，有章可循，大大降低了发生突发事件的概率，同时也重视对社会运行状态进行预测，从不因暂时的太平而麻痹。活动主办者在组织活动伊始，就必须向市政当局申请许可证，并提交一份风险评估报告，阐述活动举办过程中可能存在的各种险情，如：液化气、明火或其他热源及烟火的使用；哪些地点有使人滑倒或绊倒的危险等等。所以河北省各级政府首先要对各地区、各行业、各领域存在的可能导致突发公共事件的发生因素进行摸排，并将相关内容编制成数据库，根据可能产生隐患的性质和危机程度分类分级实行动态管理。建立数据库的目的在于做到心中有数，虽然有些隐患没有形成，有些发现了也不能轻易消除，但对其进行长期的关注和跟踪，可以在其发生突变或可能被某种诱因触发前发出预警，为控制突发公共事件赢得时间。其次，我们必须对隐患进行动态评估，即在某些可能对内部隐患产生影响的因素出现变化后，对内部隐患的发展和突变的可能性进行评估，根据实际情况及时发布预警性信息并提出相应的建议。例如在广大山区，森林火灾是长期存在的隐患，但在雨水充沛的季节火险并不容易发生。如果遇有连续干旱，那么森林火险发生概率加大，则应该适时发布预警。另外，当某地、某行业发生突发公共事件后，其他行业、地区也应该对内部隐患进行评估，对其中可能因外部环境影响而出现突变或爆发的隐患做出判断，并发布预警信息，避免突发公共事件发生。

4.4.5 充分发挥新媒体引导舆论的作用

随着新媒体的出现，传统媒体在突发公共事件信息传递中的作用日渐削弱，所以地方政府要进一步转变观念，不断提高对新媒体的重视程度，摒弃新媒体“非主流舆论”的观念，积极了解新媒体，把握它的规律性，对可能出现的舆论走势作出分析、预测和把握其规律性，及时发现网络等新媒体的关注焦点，正确引导社会舆论，努力掌握网络舆论话语权。为此，在新媒体环境下，河北省各级政府要从以下几个方面建立网络舆论管理机制。首先，做好常态以及新媒体信息收集及分析工作，及时了解社情民意。这就要求河北省各级政府要建立一个专门的收集分析系统，多元化全方位地收集信息，把收集到的危情信息及时传递给相关部门，然后经过专业人员分析这些信息，发现我们日常工作中存在的不足。再次，建立由社情站、社情监测点、社情信息员三个层次构成新媒体的舆情监测网络，通过先进的技术手段对网络信息作整体分析，及时了解有关舆情态势，及早着手处置突发事件；建立政府部门与新媒体间的预警机制，使政府部门与新媒体间形成危机预警联动和信息共享，便于政府与公众进行沟通。[20]

同时，新时期政府信息工作要求善于与媒体打交道、善于利用媒体和管理媒体。而我们所说的应对媒体，并非指搪塞媒体，而是要顺畅地与媒体进行沟通。河北省领导干部要具备的素质有：首先，要敢于面对媒体。有的政府官员视媒体为洪水猛兽，躲之唯恐不及。他们对媒体一怕、二躲、三捂，气势上先输掉三分。但是作为政府官员不仅要勇于面对媒体，还要将媒体变为宣传自己、争取公众理解的有效渠道。越是矛盾尖锐的时候，也就越能体现我们的执政水平。其次要善于面对媒体，一是要求我们主动地向媒体发布相关的重要信息。满足媒体新闻报道的需求，尊重社会公众的知情权，占领信息高地，不给小道消息留有任何传播的空间。二是要求我们严谨地发布相关消息。政府官员在发布信息时，应该措辞严谨、字斟句酌，避免漏洞百出、授人以柄。三是要求我们熟悉新媒体。新媒体继四大传统媒体之后被形象地称为第五大媒体，其最大特点就是互动性，在传播过程中，每个参与者既是信息的出版者也是传播者还是消费者，对内容都拥有控制权，所以政府官员要敢用、善用，将其作为收集、引导舆情的得力工具。

章末总结

当今世界正处于百年未有之大变局。世界政治环境不稳定，致使各种纠纷不断，以及由于人类生产活动导致的各类自然灾害发生频率加大，使影响整个人类社会的突发公共事件频发，在一定程度上增加了预防和处置危机事件的难度。作为处置突发公共事件的主体——政府，认真做好突发公共危机事件信息管理工作，进一步提升应急管理水平，成为世界各国的普遍共识。在这样的背景下，河北省作为突发公共事件多发省份之一，进一步加强突发事件信息管理研究是所有工作中的重中之重。

本章整理了近年来河北省发生的各类突发公共事件典型案例，系统、全面地分析了河北省突发公共事件信息管理体系存在的不足以及造成不足的原因，并在此基础上，针对如何进一步完善河北省现行突发公共事件信息管理体制提出了对策。随着新媒体的出现，各级政府要进一步转变观念，提高对新媒体的重视程度，摒弃新媒体“非主流舆论”的观念，真正做到善待媒体、善用媒体、善管媒体。对可能出现的舆论走势作出分析、预测和把握其规律性，及时发现网络等新媒体的关注焦点，正确引导社会舆论，努力掌握网络舆论话语权。

参考文献

[1] 突发事件分哪几类 [EB/OL]. www. xinhuanet. com/chinanews/2006-04/2006-04-23.

[2] 中华人民共和国突发事件应对法释义 [EB/OL].[2011-10-09]. www. fszwgk. gov. cn/i.

[3] 山西省突发事件总体应急预案 [EB/OL]. [2008-11-28].www. jqzf. changzhi. gov. vn/info/1100/9.

[4] 郭静 . 我国行政问责制研究 [D]. 郑州：郑州大学，2012：16.

[5] 张晓忠，宋香丽 . 责任政府制度与中国责任政府建设 [J]. 广东行政学院学报，2010（1）：41.

[6] 威尔逊 . 行政学研究 [M]. 北京：外文出版社，2005：127.

[7] 胡荣荣 . 责任政府理论及其中国实践 [J]. 学术界，2009（2）：98-103.

[8] 黄英 . 责任政府研究 [D]. 重庆：西南政法大学，2004：98.

[9] 刘渊 . 转型期中国面临的公共危机及政府对策 [D]. 成都：四川大学，2006：12.

[10] 张博树 .SARS 挑战中国的新闻制度 [J]. 北京之春，2003，123（8）：67.

[11] 邹建华 . 突发事件舆论引导策略：政府媒体危机公关案例回放与点评 [M]. 北京：中共中央党校出版社，2012：137-138.

[12] 王宏伟 . 舆情信息工作策略与方法 [M]. 北京：中国人事出版社，2011：96-98.

[13] 凌一，娄悦 . 政治传播生态中新媒体的优势 [J]. 当代传播，2009（2）：38-40.

[14] 吴建华 . 基于信息管理的公共危机预警研究 [J]. 档案学通讯，2009（3）：56-60.

[15] Waugh W L，Tierney J K.Emergency management：Principles and practice for local government[M]. ICMA Press，2007：72-78.

[16] 龙力莉 . 突发公共事件中媒体运用和舆论应对案例与启示 [M]. 北京：人民出版社，2010：14-15.

[17] 叶皓等 . 正确应对网络事件 [M]. 南京：江苏人民出版社，2009：196-197.

[18] 胡百精 . 危机传播管理 [M] . 北京：中国传媒大学出版社，2005：64-69.

[19] 林爱珺，孙娇娇 . 新媒体环境下的政府危机管理与舆论引导 [J]. 中国应急管理，2011（5）：22-25.

[20] 王有河 . 加强信息研判提升信息质量 [J]. 秘书工作，2012（10）：25-26.

第 5 章　互联网涉警舆情应对及其应用

目前，我国正处于经济转型、社会转型的特殊时期，民众的情绪极易在生活中积聚，而互联网则给人们提供了一个表达诉求的途径，在当前形势下，网络信息危机事件频繁爆发，凸显其常态性，对现实社会影响深刻。网络信息已经成为反映我国现实社会现状的一个重要窗口。研究网络信息的传播机制以及如何妥善应对网络信息已成为摆在政府和学界面前的一道非常急迫的重要课题。因此，良好的网络公安舆情治理是人民群众、党和政府对公安机关的要求，更是公安机关责无旁贷的责任。当前网络信息形式对公安机关参与网络信息工作提出了更高的要求。在网络信息治理中，公安机关应当承担监察网络信息的行政工作。目前，我们面对大量的交叉性和不确定性，并缺乏先进的科学技术和有效的应对方式，这使得互联网用户不满情绪上升，导致公安机关公信力以及话语权丧失和社会秩序管理难度增大等。如何建立一个有效的、系统的涉警网络信息工作机制成为一个亟待解决的现实问题。

5.1 涉警网络信息应对处置概述

5.1.1 相关概念的内涵

5.1.1.1 舆情

我国对舆情一词的定义，最早来源于天津社会科学院舆情研究所王来华先生的研究文献。王来华认为，所谓舆情，就是指在某个社会空间范围内，围绕某个社会事件的发生、解决经过与结果，作为社会主体的民众对作为社会客体的国家管理者给予的社会态度和政治态度 [1]。魏永忠和王柏杨则在王来华给定的舆情定义的基础上进一步说明了主客体。他们提出，舆情是在某个历史阶段和某个一定的社会空间内，公众对与自身利益相关的公共事件产生的情绪、意见等的总和 [2]。

在我国日益强调优化公共管理的形势下，本书认为王来华提供的舆情概念更符合实际情况。当前，我国所强调的“舆情”，更偏向于关注社会政治动态。舆情的出现，在一定程度上会对国家的经济、社会产生影响，即“舆情”会影响社会主体——民众的政治社会态度[3]。本书重点阐述的舆情，即是选自于王来华的定义。

5.1.1.2 网络信息

来自浙江工业大学的研究学者楼玲娣和周小斌曾对网络信息一词给予了这样的解释：网络信息是一种具体的舆情表现方式。它是民众在网络探讨中产生的情绪、态度的总和。其来源也相对较广泛，网络论坛、舆情空间等都是舆情产生的重要影响要素，且不同要素有着不同的特点。

5.1.1.3 涉警网络信息

我国公安部门专门负责国内安全保卫的刘正强在阐述涉警网络信息一词时明确提出，涉警网络信息所指的就是公安舆情。具体而言，涉警网络信息指的是在某个社会空间范围内，围绕某个社会事件的发生、解决经过与结果，作为社会主体的民众对作为社会客体的国家管理者给予的社会态度或政治态度。换言之，涉警网络信息的本质是民众对公安机关处理对立利益关系的行为产生的心理活动。公安机关作为国家政府部门，其建立的主要目的是为人民的利益服务。为此，民众对公安机关采取何种政治社会态度直接影响了公安机关履职的程度。

就涉警网络信息的定义来看，社会民众以网络的形式，对公安部门处理社会事项提供个人意见，表达个人情绪或对处理结果给予赞同、反对或中立的社会政治态度等，均可视为涉警网络信息。该舆情的出现，有利于公安部门重视维护民众的利益，使公安机关不断改进自己的办案行为[4]。

5.1.1.4 舆情应对处置

从舆情应对与处置的广泛定义来看，生活在社会中的每一个人、机构或组织都是舆情应对与处置的主体。但若具体到实际的公共管理来看，舆情应对与处置却以政府为主体。其主要目的是全面实现政府预期的行政目标[5]。换言之，舆情应对与处置是为满足政府行政目的而做的公众信息管理活动。其主要有传播、控制与沟通等手段[6]。

5.1.1.5 网络信息应对处置

网络信息应对处置主要指政府为满足自身的行政目的而做的公众信息管理

活动。其主要有传播、控制与沟通等手段。

5.1.1.6 涉警网络信息应对处置

网络信息应对处置是政府通过关注、研判网络信息，结合舆情输出输入与调控等措施，全面应对与处置舆情的做法。实现网络信息的应对与处置，可有效干预、调控、引导网络涉警舆情的发展。当前，在政府部门与主流媒体应对与处置议程设置的情势下，公安部门可将网络信息主动引向积极发展。

5.1.2 舆情应对处置模式比较分析

5.1.2.1 传统舆情的应对模式

经过 30 年的经济快速发展，中国社会已经从传统社会走向现代社会，以此带来的社会各阶层利益分化加剧进而产生了多元的权利诉求。原有的以政府控制为目的的管理模式已经无法适应社会的发展，有时甚至会损害到公民的利益。在变化发展的过程中，公民意识也逐渐觉醒，为了维护自身的利益，他们开始要求更多地参与公共事务决策，例如参与政策和法律的制定过程，以及监督政府的行为[7]。

5.1.2.2 网络信息的应对模式

新媒体时代下，任何突发事件都能够在最短时间内以最快速度在社会广泛传播，进而成为全面关注的焦点。舆情干预与管理控制手段是公安机关治理舆情的重要环节。但近年来因网络传播的裂变性增强，舆情传播渠道逐渐增多，这些手段的作用已逐渐减弱[8]。此外，随着我国手机行业不断创新，智能手机、移动宽度不断普及，手机用户数量不断增加，加之网络用户逐渐偏向年轻化，使用微博、自媒体表达个人意见与建议的人群增加，我国意识领域空间活跃，由此也为我国网络信息的兴起与发展奠定了坚实的基础。这也要求，相关部门必须要紧跟新的信息管理理念，创新舆情干预手段引导舆情往积极的方向发展。舆情引导并不等同于舆情的强制管理。在新媒体不断创新的当下，必须要不断优化传统舆情监管手段，使之更具可操作性[9]。

5.1.2.3 涉警网络信息应对的模式

公安机关管理、控制和引导涉警网络信息的发展，主要从两方面入手：第一，传播公安机关的正面信息与其他符合民心的言论，高举正义的大旗，使网络舆论逐步往积极方向发展甚至成为网络发展的主旋律。第二，管理、控制和引导与公安机关有关的负面信息，适当管制负面言论，遏制负面效应，并利用强制管理手段引导涉警网络信息往积极方向发展，消除负面舆论带来的危机[10]。

5.1.3 公安机关涉警网络信息应对处置实践

5.1.3.1 应对网络信息的现状

公安部门是政府部门的重要组成，公安部门承担着社会秩序安全和民众权利的保障等任务，目前我国正经历着从传统到现代的社会变迁，各种矛盾层出不穷[11]。部分城市里长期存在着各种非法行业和黑社会，黄赌毒屡禁不绝，社会治安令人担忧；重大刑事案件屡屡频发，作案手段趋向技术化，使得刑事破案难度加大；少数民警存在着执法粗暴、执法不公、贪污腐败问题，严重影响了警察的形象。公安形象成为网民关注的主要问题。

目前我国的涉警网络信息大多数属于负面信息，原因是多方面的，一是由于警察行业的特殊性，执法不当、暴力执法的现象影响着民众对警察队伍的评价，甚至“偏见”；二是在社会转型期，各种矛盾层出不穷，民众积累了很多不满，而公安机关最直接与民众接触，成为民众“泄愤”对象；三是网络空间使得民众得以隐藏起来，畅所欲言。

5.1.3.2 应对网络涉警舆情的特点

从管理权归属来看，长期以来，我国主要运用双规统一分级管理机制来应对与处置网络信息，即以党政部门参与为核心，网信办中宣部、国务院新闻办公室、公安部、国安部、工信部等许多部门多管齐下，形成了齐抓共管、多头负责的局面。从另一个角度看，这种格局往往容易产生推诿扯皮现象。

无论是从宏观的网络监管层面制定法律法规，还是针对网络谣言出台司法解释，这些都是政府治理的一部分。在过去，我国政府部门及其工作人员并未真正重视网络信息的影响。直至网络在我国得到普及与发展，致使我国出现越来越多的涉警网络信息，网络信息也越来越引起政府的重视。面对突发事件，我们的政府治理存在以下特点：

（1）整体重视不够，重“堵”轻“疏”

近年来，虽然各级政府部门开始重视网络信息，面对微博时代，却多数只是停留在开设官方微博账户、偶尔发布信息的阶段，面对网络参政议政、合理处理网民诉求、妥善解决网络维权等方面仍缺乏主动性，忽视了涉警网络信息处置对于政府公信力的影响。大部分情况下，面对涉警网络信息，特别是涉及官员腐败、社会公平正义、政府人员执法不公等涉警网络信息频频爆发的背景下，管理者往往采取回避或堵塞的处理方式，最后不但无法厘清事实真相，反而引起负面效应[12]。

（2）缺乏快速反应机制

面对涉警网络信息，绝大多数政府及相关部门往往缺乏一个统一的快速反应机制，不同部门各自为战，缺乏信息共享。在我国，从事涉警网络信息监测和管理的部门包括宣传、公安、各级政府办公室等，在大多数地区的政府内部，这些部门并没有建立起有效的协同机制，一旦发生重大的舆情危机，往往无法实现高效的快速应对[13]。

5.1.3.3 应对网络涉警舆情的实践

涉警网络信息政府治理的发展历程，是与我国互联网的发展史同步进行的，可以根据年代分为以下三个阶段：

（1）放任期

大约是20世纪90年代中期到1999年。这个时期，互联网刚刚进入中国，普及率还很低。国内的网站也很少，除了几个商业门户网站外，多数政府机关、企业、传统媒体等都还没有搭建官方网站，有网站的也只是简单的页面，缺乏交互性的功能。部分论坛类网站开始出现，但用户数量较少，小圈子范围内的聚集讨论较多[14]。这个时候的网络信息基本还处于萌芽阶段，大部分政府部门对网络也不够重视，有的部门基本不接触网络，更谈不上治理。

（2）规范期

2000—2008年。这个时期是我国全面推进网络发展的关键阶段。网络宽带进入普通家庭，网民的数量不断增加，各种类型的网站层出不穷，聊天室、QQ、论坛、博客等具有交互性的网站和应用成为网民最常使用的工具[15]。尤其是论坛和QQ群，成为网民聚集的重要平台。这个时期也发生了一些较有影响力的、标志性的网络事件，例如2003年，广州大学生孙志刚被收容致死案在网上掀起了巨大的波澜，部分媒体和网民几乎一面倒地对此案提出质疑，最后，国务院废除了旧的收容遣送办法；2007年的厦门PX事件，数千市民走上街头“散步”抗议，其中许多网民都是通过QQ群联络，并在论坛发布相关帖文，最终引发全国网民关注，厦门市政府最后将项目迁移到漳州。

在这个时期，政府对于网络已经越发重视，大部分的政府部门都建立了自己的官方网站，并推行信息公开制度，定期在网站上发布政府公开信息、政策宣传等；多数的传统媒体都增设了电子版，并与门户网站合作，让其转载媒体的报道。这个时期，政府的宣传部门已经开始成立与网络有关的机构，一方面对网络信息进行监测，另一方面与门户网站、传统媒体建立沟通合作（对体系内的直接监管）关系，占据网络高地；而公安部门也开始加强对网吧、属地网站的管理等。

（3）完善期

从2008年开始，微博网站的出现再次颠覆了整个网络世界。在微博上，人人都可以成为“自媒体”，各类意见领袖、“大V”也抢占了主流媒体的网络话语权。2013年开始，国信办、公安部等多部门联手整治网络谣言，并出台相关司法解释，逮捕了许多利用网络传播谣言、触犯法律高压线的所谓“意见领袖”。而后，微博的影响力开始衰弱，手机平台上的微信开始成为新的热点，这也是移动互联网的发展所致。在这一时期，我国政府对网络的重视可以说是前所未有的。2014年2月，由习近平总书记担任组长的中央网络安全和信息化领导小组成立，其中一项重要任务就是要推动国家网络安全和信息化法治建设。2013—2014年，除了打击网络谣言专项行动，有关部门还开展了对网络淫秽信息的大清理行动以及对微信的专项治理行动等。可以说，这个时期我国对于涉警网络信息的治理已经开始走向法制化、完善化。

截至2018年12月，我国网民规模为8.29亿，全年新增网民5653万人，互联网普及率达59.6%，较2017年年底提升了3.8%，如图5-1所示。

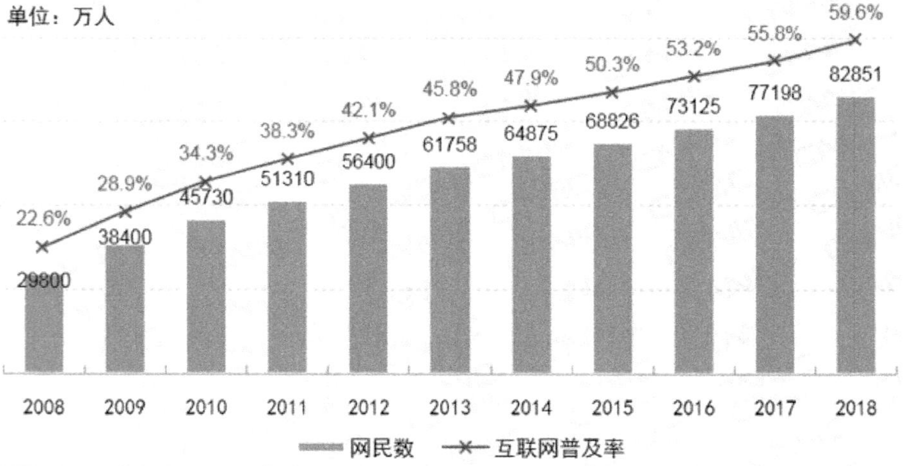

图5-1 截至2018年12月中国互联网网民规模（单位：万人）

5.2 酒泉市涉警网络信息处置现状分析

5.2.1 酒泉市涉警网络信息的现状

5.2.1.1 酒泉市网络涉警信息

酒泉市在2011年之前并未重视涉警网络信息对公安部门执法的影响，因此也未建立针对性的网络信息监管部门。直至2011年中期，公安部门开始收集涉警网络信息，并将信息搜集的范围扩大到新闻媒体、网络贴吧、公众社区等场所。而后，在舆情信息收集的基础上，酒泉市公安部门又开始监测涉警网络信息内容。在这四项涉警网络信息内容中，前三者主要以新闻报道的方式披露为主，且百度、天涯等新闻频道披露的涉警网络信息内容多为负面性信息[16]。如表5-1所示，在2011年年末，甘肃省公安厅从各大网站、媒体频道收集了与酒泉市公安机关有关的涉警网络信息共1430条。其中，案件报道信息占据比重约为36%，酒泉市的治安动态占据比重约为26%，负面性的涉警信息占据比重最小，仅为3%左右。而在2012年，甘肃省公安厅收集了与酒泉市公安机关有关的涉警网络信息共1290条，其中负面性的涉警信息占据比重增加到了4.81%；2013年，甘肃省公安厅通过监测手段收集了与酒泉市公安机关有关的涉警网络信息1687条，其中负面性的涉警信息占据比重增加到了10.49%。而后，微博等即时传播工具出现，负面性的涉警信息传播速度加快[17]。2014年，为了适应新媒体发展，酒泉公安部门也开设了专属微博，并于微博上全面监测与酒泉市公安机关有关的涉警网络信息。监测数据统计显示，2014年负面性的涉警信息占据比重迅速增加到了11.54%，仅微博用户提供的涉警网络信息就有62条。但与此同时，百度等网站涉警信息数量明显减少。

表5-1 酒泉市网络涉警信息负面信息所占比例（%）

年份 类别	2011年		2012年		2013年		2014年	
	数量	比例	数量	比例	数量	比例	数量	比例
合计	45	3.15	62	4.81	177	10.49	193	11.54

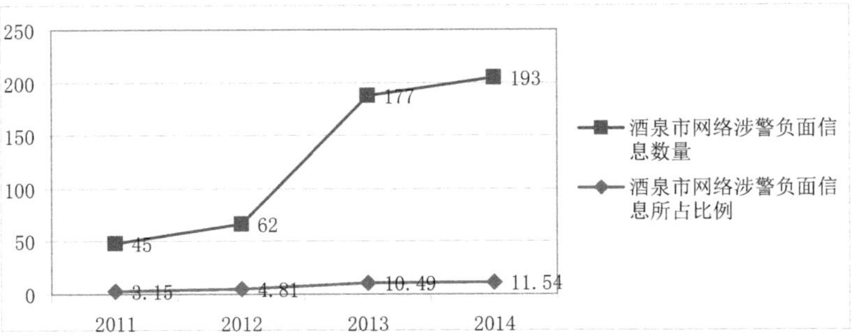

图 5-2 酒泉市网络负面涉警信息趋势

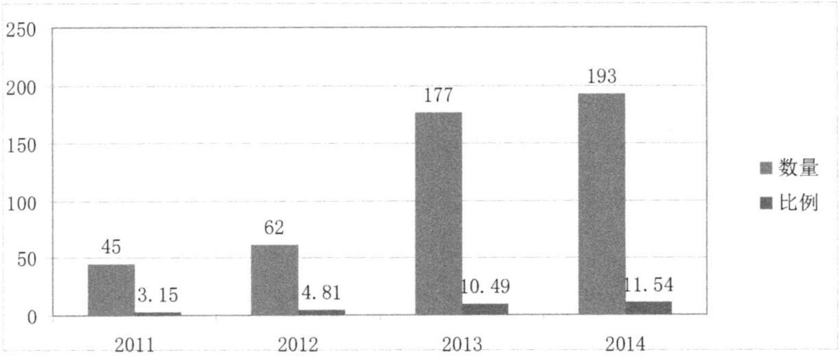

图 5-3 酒泉市网络涉警信息及负面信息趋势

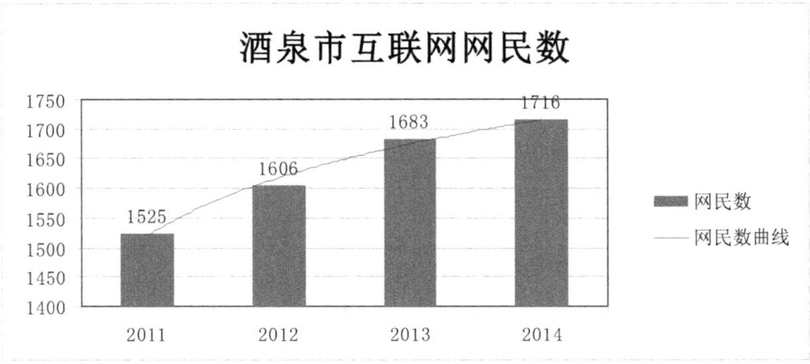

图 5-4 截至 2014 年酒泉市互联网网民数（单位：万人）

从表 5-1，图 5-2、图 5-3、图 5-4 不难发现，随着网络在酒泉市的广泛普及，年轻网络用户数量不断增加，与酒泉市公安机关有关的涉警网络信息量也呈现出了每年递增的趋势。

近几年来，涉警网络信息量不断增加，已引起了酒泉市公安机关的重视。

但因存在具体事项多而研究少，综合统计数据不完善等缺陷，实际的舆情处置效率较低。为了提高论文阐述的正确性，本书作者利用空闲时间实地走访了酒泉市公安机关的宣传部门，查看了最近几年酒泉市公安机关妥善引导涉警网络信息的整体情况报告，特别是最近一年的舆情引导报告与舆情监测数据。但因部分文件具有机密性，真正获取的有效信息少。而为了进一步分析最近几年酒泉市公安机关妥善处理涉警网络信息的情况，本书又在调研中运用了抽样调查方法，以百度搜索引擎提供的信息为主，全面收集“酒泉公安徇私枉法”“酒泉公安包庇”“酒泉公安腐败”三个关键词对应的信息量。同时，在收集这三个关键词对应信息量的基础上，笔者又收集了“酒泉公安”关键词的搜索信息量，以全面分析酒泉市公安机关在2012—2014年两年内妥善引导涉警网络信息的情况。为满足个案分析需要，本书还特地从已收集的关键词信息量中随机抽取了一个网络样本做基本数据统计，并获得以下结果：

第一，在百度搜索引擎内嵌入短语“酒泉公安徇私枉法”获取结果如下：

2012年、2013年和2014年，百度分别查找到约2310000条、约4310000条、约6430000条相关信息。

第二，在百度搜索引擎内嵌入短语“酒泉公安包庇”获取结果如下：

2012年、2013年和2014年，百度分别查找到约1180000条、约2160000条、约4210000条相关信息。

第三，在百度搜索引擎内嵌入短语“酒泉公安腐败”获取结果如下：

2012年、2013年和2014年，百度分别查找到约3350000条、约5300000条、约7650000条相关信息。

第四，在百度搜索引擎内嵌入短语“酒泉公安”获取结果如下：

2012年、2013年和2014年，百度分别查找到约6840000条、约11770000条、约18290000条相关信息。

第五，具体分析：一，在百万条负面涉警舆情爆发的情况下，酒泉市涉警网络信息危机愈加严重。二，各年度中，负面舆情占据的比重达到了70%～80%。三，负面信息大多与警察腐败、粗暴执法有关，负面涉警舆情信息量始终呈现递增趋势。四，大多数网民反馈的负面舆情，主要强调警队腐败行为，徇私舞弊现象严重，而关于粗暴执法等负面舆情则较少。

（1）从新闻网站或论坛等平台收集到的涉警舆情信息统计结果来看，新闻报道仅有 5 条，但投诉类却有 10 条。

（2）将每类涉警舆情分开统计，其中反映民警不按照规定执法的舆情信息有 5 条，反映民警大队腐败行为的信息有 10 条。而在抽样调查中，没有与警察粗暴执法有关的信息。由此分析结果可见，社会公众非常重视警察大队的办案效率，对贪污腐败与徇私舞弊行为也较为关注，值得酒泉市公安机关高度重视。此外，虽然警察粗暴执法的舆情信息少，但不代表没有。

（3）从涉警舆情信息的网络收集渠道来看，主要有新闻媒体网站、博客、论坛和博客等渠道。从以上投诉情况来看，社会公众在表达时往往会采用更多的文字，且信息会摆在更显要的位置，因此，新闻媒体网站和论坛成为其首要选择。博客发文与微博则少之又少。就抽查样本而言，微博的负面涉警舆情量为 0 条。

（4）与涉警舆情有关公安行政部门较多。在所有负面涉警舆情信息中，与省级、市级、县区级公安机关有关的涉警舆情分别有 2 条、3 条、10 条。之所以会出现这种信息量差距，主要是因为公安行政部门的工作以指导为主，不与社会公众直接接触，公众对其关注度不高；县区级公安行政部门作为直接的案情处理部门，时常与社会公众直接接触，因而更受社会公众关注。

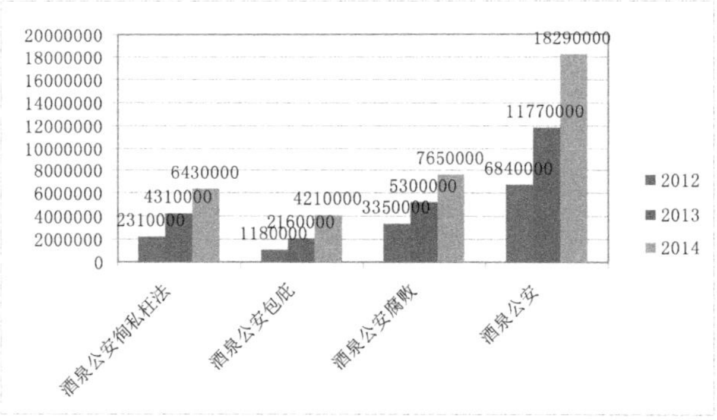

图 5-5 2012—2014 年酒泉涉警网络信息样本数据

（5）网民在涉警舆情方面多呈现负面情绪。本书通过个例抽样调查发现，大部分社会公众在评论涉警舆情时，更多给予的是负面评论。而在收集到的前 50 条网民跟帖中，以中立态度客观评论的帖子仅有 1 条，可见社会公众对酒泉市公安机关的执法并不满意。与此同时，舆情信息统计结果显示，各级公安部门虽然已重视舆情的重要性，但并未真正落实舆情引导机制。

5.2.1.2 酒泉市网络涉警舆情应对处置

按照酒泉公安机关舆情应对与处置的发展情况，可将整个舆情应对处置历程分为三个阶段。

（1）因事施策。酒泉市公安机关在2011年之前并未意识到互联网的舆情引导作用，对舆情的应对与处置也多从平面出发。在这个阶段，酒泉警队舆情应对与处置多呈现被动性，即平面或网络平台出现与自身相关的负面舆情信息后，公安机关宣传部门才开始“救火”，正面宣传公安公正执法形象。此时，其常用宣传手段主要为媒体公关、强制封锁与控制信息、澄清类信息发布[18]。直至2014年网络在酒泉市普及，公安机关才重视正面舆情引导的重要性，公安机关的新闻发言人办公室就是在此时有针对性地建立的。该部门建立后，开始利用网络手段，减少负面涉警舆情信息的影响，积极将社会公众的关注焦点引向正面，但其并未设立对应的舆情引导部门。

（2）主动应对。酒泉公安部门对涉警舆情重要性的高度重视始于2012年后期。此时我国各地频频爆发负面涉警舆情，对公安部门的部分工作产生了阻碍。为此，酒泉公安开始自觉开展涉警舆情引导工作[19]。酒泉公安部门在2012年8月建立了专门引导涉警舆情往正面发展的工作小组，并将形象宣传与网络安全等多个部门集合起来，组建了一支专业的舆情监测部门。该监测部门从网络出发，全面收集新闻媒体网站、社区论坛等网络平台发布的涉警舆情，并做针对性分析与总结。2013年4月，为了进一步提高网络涉警舆情应对与处置工作，公安部门又在借鉴他省引导机制的基础上建立了酒泉市新闻舆论正面引导制度。在此阶段，监测部门的舆情监测工作也愈加细化，整理、汇报等工作组织力度加强，且相关责任部门也严格要求舆情监测部门报送舆情综合研判的最终结果。

（3）积极引导。2014年，酒泉市网络普及速度加快，加之微博兴起与发展，社会民众开始选择运用微博表达自身对公安执法的看法。因而，在2013年3月，在酒泉市公安局的部署下，市级、县级、派出所三级公安部门也建立了引导舆情的专属官方微博，现统计酒泉公安机关微博数量为222个。利用微博的即时互动功能，公安机关开展了警民互动交流，及时解决群众反映的事件，积极引导社会公众正面了解公安机关的执法工作。与此同时，公安机关还对原有的突发事件舆情引导机制作了进一步完善，将积极舆论引导与重大涉警舆情治理工作同步起来。在这个阶段，官方微博成为酒泉市公安处理舆情、与民沟通交流的重要阵地，加之正面新闻舆论的强化，公安严格执法形象的高度宣传，酒泉市公安部门应对与处置涉警舆情的能力大为提升。

总体而言，酒泉市公安部门2014年所做的一系列舆情主动引导工作，使其舆情应对处置工作取得了显著成就。

（1）完善了公安部门现有的制度机制。按照甘肃省公安厅、市委市政府下发的涉警舆情应对与处置相关文件，酒泉公安部门进一步完善了现有的制度机制。尤其是在舆情引导机制方面，不仅建立了专门跟踪舆情走向的研判机制，还建立了引导舆情走向正面的联动机制与新闻应急机制，同时，酒泉公安部门的信息发布机制也得到了完善，使得公安部门得以更方便地与民互动，有效提高了警民互动效率。

（2）公安机关舆情引导与管控意识强化。经过2014年一系列的舆情应对与处置工作，酒泉公安部门已逐渐意识到了舆情引导的重要作用，并且将舆情引导工作真正落实在了软硬件建设方面。此外，公安部门还建立了新闻发言人办公室，联合宣传部门等设立舆情监测机构，开设舆情引导微博，也反映了其对警民沟通重要性的认识。经过公安机关与舆情引导工作人员的努力，公安机关各部门、各成员已逐步强化了舆情正面引导意识。

（3）公安机关治理涉警舆情危机的能力显著提升。如果说酒泉市2011年之前的舆情引导流于形式，那么其在2012—2014年的舆情引导建设则落到了实际工作中。如为了提升自身的舆情危机应对能力，酒泉公安机关不仅建立了舆情应对方案，还进一步规范了原有的舆情治理方案，大大提高了舆情治理效率[20]。又如，公安机关开设了专属官方微博专门处理涉警舆情，提高了公安部门应对警情的能力。

5.2.2 酒泉市涉警网络信息的特点

在全面探讨酒泉公安部门应对与处置涉警舆情的同时，为了进一步了解酒泉公安部门应对与处置涉警舆情的特点，笔者又实地走访了酒泉公安机关的宣传部门。结合收集所得的案例及资料，本章认为，经过多年的发展，酒泉公安机关在舆情应对处置方面已呈现出如下特点：

5.2.2.1 舆情信息量大

随着网络不断普及，涉及酒泉公安机关执法的舆情呈现出多发与频发的特点。根据本书之前的抽样调查结果不难发现，自2011年以来，涉及酒泉公安机关执法的舆情信息量始终居高不下，且呈现不断递增趋势。而这种情势的出现，与网络发展速度加快、年轻化网民数量不断增多等客观因素不可分离。

5.2.2.2 媒体依赖性高

通过分析涉及酒泉公安机关执法的舆情来源发现，社会公众更偏爱运用微博、QQ 等简单的即时通信工具来表达自身的看法。且相比传统的网络贴吧、博客、论坛发文等方法，微博与 QQ 等即时通信工具具有明显的优势。尤其是在网络平台与智能手机功能日益多样化的情况下，网民互动与非实名制的辅助使网民可更自由地表达自身的看法，也大大提高了公众表达的积极性。

5.2.2.3 负面影响力大

近年来，酒泉市年轻化网民数量明显增加，网络涉警舆情也由此受到了一定的影响。在网络载体的辅助下，不少社会公众在发现不满涉警舆情时便会在第一时间内上传网络，并鼓励其他网民积极阅读、跟帖与转发，进而使涉警舆情逐步成为重大涉警舆情。虽然部分涉警舆情是理性化表达的结果，但就总体涉警舆情的内容来看，大多数涉警舆情是社区民众情绪化表达的结果。然而，不管是理性的，还是情绪化的表达，其涉警舆情都将产生不可忽视的影响。

5.2.2.4 社会关注度高

相比其他职能部门，公安机关的工作具有一定的特殊性。这种特殊性使得其成为社会公众关注的重要对象。而酒泉市地理位置在我国西部，社区民众对公安机关的执法更加重视，因而其网络涉警舆情的关注度相比其他省区往往会更高。

5.2.2.5 现实转化力强

线上线下相互结合，强化警民交流力度的情况越来越明显。所谓涉警网络信息主要指社会公众对公安执法经过、结果产生的评价。这种评价是民众的意识表达 [21]。尤其是情绪化的表达。大部分社会公众表达的涉警网络信息都含有愤怒与不满的成分。这种情绪化表达在新媒体的助推下传播更快，若公安部门不及时做好管理、控制与引导，极容易转变为重大涉警舆情，甚至直接转变为社会公众的线下抗议行动，导致社会秩序紊乱，公众生活受到威胁 [22]。近几年来，因酒泉公安机关并未高度重视治理网络涉警舆情，对社会公众反映的警情也未做好及时处理，线下暴力抗议行为已不少见。

5.2.3 酒泉市涉警网络信息的应对处置实践

5.2.3.1 提高重视程度

早在公安部开展第二十次全国公安会议时，相关报告就明确指出，各省各级公安机关要做好正面引导网络涉警舆情工作[23]。这也是我国第一个明确要求公安部门重视舆情引导的正式文件，同时该文件也为以后的舆情引导文件提供了借鉴。随着新闻网络媒体日益发展、互联网更新换代速度加快、年轻化网民大量增加，酒泉市公安机关对涉警舆情应对与处置也越来越重视。例如酒泉市公安机关高度重视涉警网络信息引导工作，强调积极开通公安政务微博群，强化与社会民众的沟通。到 2014 年年末，全市公安部门已建成 220 多个政务微博，粉丝关注量达到了 500 万，网络信息引导成果显著，也为其他地区公安机关提供了有效借鉴。当前，随着舆情应对处置与引导工作日益升华，社会稳定等意识已逐步深入到了警心。

5.2.3.2 探索应对策略

互联网的发展与网络的普及使酒泉公安机关真正意识到了落实舆情引导行动的重要性。因此，多年来，全市各级公安机关开展了多次研讨会，积极探索有效引导舆情往正面发展的策略，有效处理警民关系等征文活动就是在这种情况下提出的[24]。例如，为了深化公安机关各部门、各成员的涉警舆情治理意识，宣传部门曾多次发文强调，必须要在第一时间掌握舆情情况，采用协调联动方式控制有害信息，正面引导舆情，进而真正落实舆情引导行动。

5.2.3.3 建立应对机制

当前，酒泉各级公安机关已设立了相对较完善的舆情引导机制与预案。该引导机制对应的工作模式主要有：（1）以公安机关领导的指导为总领，宣传部门牵头，带动各类警种积极参与舆情引导，并建立起专门的舆情监测与引导小组。（2）不断完善现有的涉警舆情引导程序。规范涉警舆情引导程序，相应机构必须要在舆情监控的基础上做好舆情分类，进而选择针对性的舆情应对方案。（3）构建专业化水平高、素质高的网络信息引导小组。各级公安部门可通过分层筛选的方式从各单位、各部门选出具有丰富网络知识的民警，组建一支高度专业化的网络信息引导小组，积极按照公安局指令说明执法事件的真相，引导网络群众正确认识舆情事件。

5.2.3.4 加强素质提升

酒泉公安机关非常重视提高民警的素质，并特地开展了一系列专题讨论会与执法资格培训提升民警的素养，但凡不符合基本素质规定的民警都将停止职务。在 2014 年，酒泉公安机关大范围组织担任教育训练的警员共同编写专门介绍警察公共关系的培训教材。到 2015 年时，警察公共关系就作为必修课在酒泉公安机关各级教育训练活动中开设。与此同时，2014 年，酒泉公安机关还着重组织汇编了一部警察公共关系培训教材《警察公共关系事例》，重点介绍警察公共关系的各项专业理论和实践案例。通过上述工作，目前酒泉公安机关民警中公共关系意识得到较好的普及。

5.2.4 酒泉市网络涉警舆情应对处置面临的难题

综合近年出现的网络涉警舆情来看，大部分舆情的针对对象都为公安机关。这主要是因为：(1) 自改革开放以来，经济飞速发展，各地贫富差距拉大，阶层矛盾与社会矛盾累积不减。(2) 警察在执法过程中未严格遵照程序办事，导致其与社会民众的关系不和谐[25]。受此影响，社会公众对公安机关不当执法行为关注度加大，网络涉警舆情也随之频频出现。

5.2.4.1 组织机构不协调

虽然为了降低网络涉警舆情对公安机关工作带来的负面影响，酒泉市公安部门也在借鉴他省优秀引导机制的基础上建立了符合实际工作需要的舆情引导制度，但就具体的舆情实践引导工作而言，大部分引导机制都流于纸面形式，且各个引导机制之间存在较多不协调因素。

（1）在构建网络涉警舆情预警机制时，制定部门并未分配好每个预警层级的责任。在网络涉警舆情频频出现的情势下，如何预警，由谁预警，怎么在预警中落实舆情引导工作，舆情引导工作还存在哪些缺陷等均不明确，导致网络涉警舆情未得到及时引导。

（2）针对突发性的重大涉警舆情，相关部门也未做好引导工作，各方责任不明确。如果突发性的重大涉警舆情出现后，各部门、各警种都对其视而不见，或相互推卸责任，那么舆情将会如滚雪球般越积越大，处理难度相应提高；同时，若公安机关在日常工作中未曾预测可能发生的突发性重大涉警舆情，未针对性地建立快速联动解决机制，那么就会错过涉警舆情有效引导的最佳时间。虽然当前酒泉公安机关已建立了网络信息引导制度，但因牵头方与参与方属同级关系，导致牵头方无法真正调度参与方进行有效的网络信息引导。

5.2.4.2 人员素质不齐

公安工作和队伍管理中存在的问题是产生涉警网络信息的客观原因。民警不严格按照法律规定执法，并于执法中做出不当行为，如刑讯逼供等，都会降低社会公众对民警执法的信任度，不利于公安机关树立严格执法的权威形象。纵观当前，大部分网络涉警舆情的爆发，主要跟公安机关未严格执行法律赋予自身的行政管理权、司法权等密切相关，公安机关在行使侦查权、死因定性、交通事故原因、嫌疑人违法犯罪行为定性上受到质疑 [26]。

网民通过网络手段表达自身对公安机关执法的看法，且这些看法在微博与论坛平台的助推下得到迅速传播，进而形成了重大涉警网络信息。一般而言，在涉警舆情出现之初，如果公安机关及其舆情引导人员能够及时以新闻媒体、微博等手段公布事实的真相，或发布案件调查进展，可在一定程度上减少舆情的负面影响。然而，就酒泉公安机关的舆情应急机制执行情况来看，相关部门多是舆情发展成为重大涉警网络信息后才开始针对性删帖或发布真相信息。这也反映出涉警舆情应对并未紧跟新媒体时代步伐。

当下，在引导涉警舆情往积极方向发展，消减民众负面舆情传播方面，酒泉公安部门仍旧沿用传统的发布新闻稿、开展新闻说明会等手段，对新时代的传播手段视而不见。因而，即便微博、微信得到了快速发展，酒泉公安机关在涉警舆情方面也未有所改进。而部分民警不懂利用微博等即时通信工具为自身的舆情治理服务，将使其无法真正建立起有效警民互动关系，无法真正将有效舆情引导落实在行动上。

引导时机等细节不注意，引导工作有时滞后。酒泉公安机关各部门对网络涉警舆情治理的响应，大多是在网络信息初具规模的状态下实现的。受此影响，公安机关治理网络舆论的难度加大，有效引导效率难以提高，甚至出现被动引导现象 [27]。此外，在解决涉警舆情时，不少舆情引导工作人员往往会跟着网民质疑进行引导，导致舆情引导的主动性降低、被动性增强。

未结合网民现有的心理活动发布信息，严重忽视舆情背景，且发布情况过分偏袒公安机关，都会引起网民反感。近年来，随着社会矛盾日益激化，社会公众普遍存在“仇富”等过激心态，若公安机关舆情引导工作人员在引导过程中忽视了网民的这些心理状态，于信息发布中无意识地刺激了社会矛盾，不但无法有效引导涉警舆情，还将使涉警舆情转化为重大涉警舆情。

在现代化信息时代，传统的舆情封堵政策已无法适应舆情信息快速传播的情况。因而，若公安机关继续采用这种传统舆情治理模式引导舆情发展，反会使社会公众对公安机关的引导产生反感情绪[28]。就当下情势而言，尽管全市各级公安机关都已意识到信息手段与专业化舆情引导队伍建设的重要性，但在日以万计的网络信息面前，其力量依旧微薄，无法真正有效引导舆情走向。

5.2.4.3 装备水平不高

一方面，目前酒泉市公安机关都面临着警力不足的局面。城市化的快速推进，使我国大量农民进城务工，城市人口数量在短时间内快速增加，公安机关所承受的任务量也急剧增加。但相对应的现实是，公安机关警力少，分配到每个警员身上的任务日益繁重，舆情引导效率难以有效提升[29]。另一方面，就酒泉市公安机关当前的工作量来看，大部分警员经常遭遇无效警务侵扰，如家庭小纠纷、恶意拨打报警电话等，导致警力浪费现象严重。与此同时，本应由地方政府部门负责的房屋拆迁、土地买卖事件，也在一定程度上责成酒泉公安部门加以维护，导致社会民众在利益处理结果不合理的情况下，任意将自身的不满发泄到警员或公安机构上，警民公共关系破裂，促使涉警舆情高发不断。

5.2.4.4 工作保障不足

相对于互联网新媒体的飞速发展，配套法律法规的修订与制定相对滞后，各项打击网络违法犯罪的具体方案还未贯彻落实，实际操作性不强，电子取证等相关制度也还未实现统一。一是立法存在盲点。目前，专业性较强的法律提醒还未得到有效建立。二是立法层次不高。涉及互联网新媒体的法律法规名目繁多，但多数是行政规章，级别低权限小，只能设置罚款处罚，内容不够明确、细化，且不同地区之间存在分歧。三是立法调整滞后。当前，我国相关法律法规未能随着互联网的发展变化及时研究调整，对先进国家相关法律法规的借鉴力度还不够，多停留在形式层面，尚未涉及关键环节。

酒泉市地方政府尚没有形成和建立一套高效的网络信息收集、分析制度，当前，很多部门尚未形成完善的舆情应对处置机制，不能在第一时间发现可能会形成现实危害的网络信息，不能准确把握舆情发展的趋势和节奏，无法及时引导、疏导。舆情危机发生后，往往因为没有相应的预案，各部门之间一时又不能统一口径，对同一件事情可能出现多个回应版本，无法合理处置，导致公信力缺失的情况。随着互联网更新换代速度加快，微博、微信等信息即时传播渠道增多。受此影响，网民表达自身看法也不再受时空限制，微博140字简要表达功能与图片上传功能简化了网民表达的步骤。还有现在非常流行的微信，虽然微信仅限于好友圈能看到彼此发布的消息，但微信没有字数限制，且能够发送图片与长短文字，互相关注的好友还能够以语音的方式进行交流，这给网络信息监测又提出了新的难度。

5.2.4.5 协作机制不佳

近年来，酒泉市的收入差距始终在加大，社会矛盾日益激化，加之官方腐败案件频频曝光，使得官民和谐稳定关系破裂，社会民众对“官方”执法行为或多或少地持质疑态度。与此同时，较大的贫富差距也加剧了少数贫困居民的仇官心理，导致社会民众不再完全信任民警处理公务的实力。其次，随着我国城市强弱分化现象越来越多，弱势群体遭受强势群体欺压的情况越来越严重，弱势群体对公安机关处理公务的公平性持怀疑态度。尤其是在弱势群体数量不断增加，利益诉求渠道未有效拓展的当下，弱势群体更容易对公安机关处理利益事件的执法行为产生情绪化表达，进而引发涉警舆情。换言之，弱势群体已将网络信息当成了自身与官方对抗的重要武器。此外，在处理重大刑事案件时，如果酒泉公安机关未通过现代化信息手段与社会公众及时沟通，也未公布案件的具体处理经过，甚至恶意掩盖民警违法行为，那么社会公众在未安全掌握案情的情况下，容易凭借某个单一信息发出不满评价，并由此激发群众性的涉警舆情。

5.2.5 酒泉市涉警网络信息应对处置不力的原因

5.2.5.1 缺乏完善的网络信息预警机制

涉警网络信息存在一个很突出的现象就是“马太效应”显著。突发性事件在出现后能够得到其他社会公众的关注，主要是因为早期观点导向性强。但事实上，管理部门对网络信息先期发现不够及时，回应介入速度慢，不能准确把握舆情进展，等形成舆情危机后，又疲于应付，疏于公布真实过程，难以扭转局面，造成现实危害。当前很多部门对于网络信息存在两种极端的认识：一是过度恐慌，完全忘记了互联网作为情绪减压阀的社会功能，将一些网民的负面言论、牢骚千方百计进行删除，对一些负面的舆情一律封堵。二是麻木不仁，对网情不理不睬，使小事最后在网络上酝酿成了公共危机。正是这两种态度，使得我国的互联网成为最热闹、最嘈杂、最舆论化的网络，网络信息也越来越暴露出燃点低、噪音大等趋势。

5.2.5.2 缺乏及时、高效的反应机制

网络信息是多方面的，尤其是在及时互动工具的助推下，社会公众对社会事件的关注视角已不再呈现单一化，多元化趋势显而易见，不少社会公众甚至希望以网络的方式参与国家议政。因而，网民对舆情有多种不同的看法属于正常现象。部分政府官方工作人员曾一度认为，网络信息是简单可控的。但事实上，因每个民众看问题的方法不同，对事件的评论角度不同，网络信息传播范围非常广泛。这也使得政府官方无法再利用删帖的方式消除网络信息。若官方顽固不化，继续沿用落后的网络信息应对策略，将反使其遭遇“水涨坝垮”的悲剧。

5.2.5.3 缺乏有效的沟通机制

当前，为满足社会民众表达自身意见的需要，公安部门开设了多种多样的表达渠道，如司法起诉、上访、信访等。然而，因这些渠道透明度与公正性并未受到社会公众的广泛认可，且也未从根源上解决警民利益矛盾，导致其网络信息应对与处置作用日益弱化，涉警舆论频频爆发。同时，随着网络维权的正义行为获得社会公众认可，网络维权成为公众与官方解决利益矛盾的主要手段。因而，不少公众开始参与网络信息，积极表达自身的意见，希冀形成规模化的舆情，引起相关高层领导重视，进而促使利益事件更快速地被解决。

近年来，公安机关所处的执法环境始终未获得有效优化，甚至有愈演愈烈趋势。具体表现有：(1）社会公众在利益与公共秩序面前，更偏向于维护自己的利益，甚至不惜违反社会秩序保护自己的利益。尤其是在警察执法时，部分社会民众持观望态度，维护自身安全而不愿出手帮助执法。(2）公安人员在执法办案时遭遇的阻力加大。近年来，受仇官仇警等心态影响，部分社会民众会恶意刁难执法警察，甚至与执法警察大打出手，严重破坏警民和谐关系。(3）暴力袭警事件高发不断。近年来，即便公安人员按照法律规定严格执法执勤，但部分群众依旧会恶意辱骂警察，甚至直接与警察暴力对抗。

互联网的高度开放在一定程度上提高了公安部门执法办案的透明度，但也使得公安人员的部分不当行为随时被公开与传播。多年来，公安人员的各项不当行为频频被揭露，各种公安舆情热点只增不减，导致公安队伍的权威形象日益下降。其次，社会公众的仇官仇警心理日益强化，对公安部门的执法行为不

再持信任态度，公安机关遭遇严重的信任危机。同时，如果公安人员在办案过程中未全面披露案件真相与具有说服力的依据，社会民众会对其办案效率与办案能力产生怀疑，甚至认为公安机关在谎报案情。再者，随着网络传播效力逐渐增强，社会民众也把网络当成了解决自身利益问题的重要手段。但凡涉及自身利益关系的事件，社会民众都会以文字、图片或视频的方式上传到网上，并鼓励其他网友转发以形成具备一定规模的网络信息，进而施压于公安机关，要求公安机关快速解决利益矛盾。但事实上，公安机关并非万能的，如果网络信息超过了公安机关的执法权限，案件不但无法解决，还有可能反过来损害公众的利益。

不可否认，社会公众的表达并非全是理性的，情绪化或虚夸的信息始终处于高位。尤其是在社会公众不了解整个案件的进展或真相时，更容易受到其他网友情绪化表达的影响，对公安机关的执法产生不满。由此，情绪化的表达不断拓展，最终形成威胁公安机关执法的涉警舆情，社会治安的稳定局面遭到破坏。其次，在个体公开自身的司法上诉情况后，原本的私人化问题也逐渐转变成了群体问题或社会问题，导致公安机关的任何一项执法都必须全方位考虑社会民众的感受，大大降低了执法效率，且增加了实际执法成本。

5.3 酒泉市涉警网络信息应对处置机制的完善

网民对涉警舆情的重点关注，并不在于涉警舆情本身，而在于与涉警舆情相互关联的社会舆情热点，因为社会舆情热点是和社会民众的利益密切相关的。因而，在应对、控制与引导涉警舆情时，公安机关要重视社会舆情热点的影响，并采取适当的舆情机制解决问题。唯有如此，公安机关才能真正维护好警民的公共关系，推动社会和谐发展。

5.3.1 完善网络涉警舆情日常应对机制

5.3.1.1 完善组织保障机制

维护执法公信力，积极制订涉警舆情引导方案，实现网络涉警舆情引导工作的常态化。全市各级公安机关要以主要领导为负责人，牵头相关领导组建舆情应对处置及网络信息监测与引导小组，全面保障舆情应对处置到位；建立即时应对突发性大型涉警舆情的应急机制。如果涉警舆情与地方政府有关，则积极联动地方政府部门，及时快速发布新闻信息，说明案件的实际情况，避免涉警舆情恶意扩散[30]；如果网络涉警舆情仅与公安机关自身有关，则公安部门最高领导者要积极组织各部门、各警种共同参与，并使各部门工作人员相互协调、相互配合，及时解决网络信息负面影响，使舆情往积极方向发展。

5.3.1.2 建立警种联动机制

网络涉警舆情应对处置要建立起主管部门主导、业务部门参与、各方协作的监测、应对、处置机制。可建立以公共关系部门领导为主导，其他部门成员共同参与的涉警舆情应对处置机构，实时收集与酒泉公安机关有关的各项涉警舆情数据，监测网络涉警舆情的走向；根据现有的与网络涉警舆情治理有关的法律法规，明确落实各部门、各警种的舆情应对处置职责，充分保证整个公安部门都为正面引导网络涉警舆情而努力；如果遭遇突发性大型网络涉警舆情事件，可迅速建立舆情应对处置中心，思考网络涉警舆情解决对策，提高各部门对舆情的响应速度，真正解决舆情负面影响，减轻危害。

5.3.1.3 建立新的监测和疏导机制

（1）建立互相监督和沟通体系

社会公众是网络信息的使用者和知情者，因此公众也拥有监督和管理网络信息安全的权利。首先，完善相关警种职能部门的本职工作。酒泉市公安机关当前针对网络违法行为处理成立了专门的举报中心和投诉机构，用于接受公众监督和管理，但是由于职能机构自身的定位不明确，运行机制的科学性有待完善，相关职能机构的本职工作并未真正承担起来。因此，应该加强上述机构的宣传力度，让网民知道并了解这些机构的实际作用，同时要加强对举报行为的奖励。其次，各党政机关等事业单位及部分非政府组织应该积极加入网络监管的队伍，酒泉市各级公安机关应加大对承担网络监管职责的组织经费支出，制订定期培训计划或邀请专业人员开展讲座，强化各级公安机关及全体警员和社会公众的网络意识。

（2）引进网络涉警舆情监测技术

引进网络涉警舆情分析系统软件，在全面收集网络涉警舆情信息的基础上做出综合研判与分析。同时，集合文本倾向性分类器，做好舆情关键词、对应信息量、评论量与转发量统计，并形成统计分析报告，预测舆情未来的走向[31]。引进先进的智能化的监测工具，正确识别与舆情有关的各类敏感词，并实时跟踪舆情发展，针对性生成具备实操性的预警方案；将网络涉警舆情分析软件推广给全市各级公安机关，由责任民警具体负责使用，并帮助其建立对应的监测端口，进而使各级公安机关也能共同监测网络涉警舆情。

（3）适时进行人工网络监测分析

在软件监测网络涉警舆情的基础上，建立一支专业化的人工网络涉警舆情监测队伍，定期监测已出现的网络涉警舆情负面信息，实时跟踪网民对社会舆情焦点的看法，掌握涉警舆情各方面的变化情况，并形成对应的报告；利用网络平台的统计功能，使媒体网站、论坛及微博微信等平台为公安机关的网络涉警舆情应对处置服务，并由此研判与预测舆情的未来走势；调查涉警舆情出现的原因与发展经过，针对社会群体的特点制订正确的引导方案，并落实引导方案。

（4）实现舆情监测预警功能

监测、应对与处置网络涉警舆情，主要目的是为消减舆情负面影响做好预警。公安机关可在现有的网络涉警舆情应急机制的基础上，对涉警舆情进行分类分级处理，然后再根据舆情特点形成对应的治理报告，分送各部门各机构，联动各个部门与机构共同预警，减少网络涉警舆情负面影响。同时，要积极加强各级公安机关指挥中心的指导工作，确保指导人员熟练掌握每个部门、每个警种的职责，提高指导效率。

5.3.1.4 建立分级管理及运行机制

对网络涉警舆情引导队伍进行分层分级管理，采取“属地为主，分级组织，灵活调度”的方法，构建符合网民评论需要的管控与引导机制。如果网络涉警舆情规模较大，且对社会和谐稳定局面造成了破坏，需全市公安机关联动进行正面引导；如果网络涉警舆情规模不大，各县级公安机关可自行解决，则由县级公安部门设立的舆情引导小组介入，利用及时信息发布等手段进行舆论引导；若舆情负面信息多，但并不受社会民众普遍关注，则交由相关责任公安机关进行舆论疏导；若出现突发性重大网络涉警舆情，则需由市级公安部门统一组织，全面开展正面信息引导。

5.3.2 完善网络涉警舆情危机管控机制

5.3.2.1 建立分级分类处置制度

研究制定酒泉市公安机关网络涉警舆情处置规程，界定不同网络涉警舆情的情况，包括舆情的影响范围、舆情产生的威胁、危机程度等，并设置其对应分级治理单位。当前，根据以上几项要素，可将网络涉警舆情的预警分成四个级别：特别重大网络涉警舆情、重大网络涉警舆情、较大型网络涉警舆情和普通网络涉警舆情。不同级别的舆情来源于不同平台，且其应对处置队伍有不同的分工。而为了让涉警舆情得到全方位的应对处置，需积极发挥不同级别的共同联动作用。

5.3.2.2 建立应急快速响应机制

网络信息具有双重作用。尽管网民情绪化表达的言论具有较强的负面性，会加大舆情应对处置与引导工作的难度，但从另一方面反思，相当一部分的负面网络信息的根源来自公安机关自身存在的问题，如警察未按照法律规定执法，徇私舞弊现象严重等，这些涉警舆情其实都是社会民众对公安执法的反馈。为此，在管控与引导网络涉警舆情时，公安机关要注意从理念入手落实管控举措。这也要求，公安机关不可将涉警舆情看成是“洪水猛兽”，要掌握舆情对公安执法工作的监督与推动作用，并从舆情应对处置出发真正强化与民众的沟通，使社会民众能够感受到公安机关对舆情的重视，最终引导社会民众转变原有的负面观念为正面观念。各级公安机关如果能够积极掌握涉警舆情发生的原因与经过，并利用更多种手段与社会民众积极互动，将有利于其掌握民众的实际利益诉求，进而将民众的利益需求落实到实际工作中。同时，与民互动，还可帮助公安机关查找自身工作的缺陷，减少腐败或违法乱纪行为，进一步提高公安部门的综合素质。这也就是说，社会公众利用网络手段表达自身看法并非坏事，它在一定程度上也提高了公安部门及其工作人员对民意的重视程度，让公安机关工作人员能够真正贯彻落实法律赋予自身的职责，完善手中现有的工作，真正让涉警舆情发挥警示作用。这也要求公安部门及其工作人员要看到网络涉警舆情背后存在的优势之处，不可一味地将涉警舆情归类为负面影响，唯有坚持站在客观立场看待舆情，才能真正利用舆情为自己的实际工作服务[32]。网民重视的问题就是整个社会关注的焦点。只有掌握网民的关注焦点，才能解决网民心中所需，稳定社会治安，提高公安机关的公信力。特别是在现代信息时代，涉警舆情在新闻媒体、即时通信工具的辅助下传播得更快，各省各地的社会公众都能通过网络关注或参与涉警舆情。在这种情况下，如果公安机关不及时应对处置涉警舆情或应对处置速度慢，都将有可能使小舆情转变为大舆情，甚至使网络讨论行为转变为线下暴力抗议行为，让稳定的社会治安秩序遭到严重破坏。

对待涉警网络信息必须更加开明，不断提高公安机关的整体预警能力。网络涉警舆情的应对处置不可群龙无首，公安部门领导干部必须要做好舆情应对处置与引导的指挥工作，确保网络信息及时得到解决。领导干部指挥涉警舆情治理，不仅有利于其发现公安队伍建设的缺失，评估执法队伍的能力，还有利于领导部门重新制定操作性较强的策略提高警队素质，解决民警形象危机。但需注意的是，领导干部要坚持发挥网络的纽带作用，强化公安机关与民众的沟通。

5.3.2.3 建立应急信息发布制度

虽然互联网是一个广泛开放的产品，但其也有一定的自由限制，即符合法律规定。因而，对待网络信息，最佳的疏通渠道不是封堵政策，而是严格贯彻法律规定，让网民言论符合法律规定。同时，要进一步实现虚拟网络的规范化操作。在上文论述中本书已提到，我国当前还未构建与网络信息安全有关的法案，以至于网络信息可能愈演愈烈，最终上升为特大舆情。这也就是说，要真正解决网络信息问题，必须要实现网络的法制化，如实行网络实名制，强化网络平台自律等，同时推进各项立法，真正实现网络表达有法可依，进而也为公安机关管控与引导网络信息建立良好的法制环境。

首先，必须明确网络安全与国家安全是不可分离的。虽然不同国家之间的网络并未设立明确的界限，每个国家都可以利用其他国家的网络资源，但并不代表网络是安全可靠的。相反，正因为这种无界限，网络安全得以影响国家安全。当前，各国已意识到利用网络手段开展国家基础设施建设的重要性，所以在制定网络安全维护规定时，必须要落实国家安全维护的具体措施，使公众意识到维护网络安全的重要性并积极维护网络安全。其次，在享受权利的同时加大秩序维护的宣传。网络虽然是自由的，但并非完全自由。在当前网络更新换代速度日益加快、网络与生活不可分离的状况下，相关部门必须要明确每个社会公民的网络权利，并要求公民掌握网络自由表达、个人权利与网络秩序之间的关系，使公民在妥善应用网络为自身利益服务的同时又懂得遵守网络秩序，也使公安部门能够有序进行网络涉警舆情治理并维护网民的权利。再者，不可忽视自我约束与他者约束共存的重要性。网络能够帮助社会民众解决一定的利益问题，但不能解决所有问题，且不同区域各有不同的管控规则。因而，公安部门必须要积极鼓励网民做好自我约束，遵守网络表达规则，于日常工作中加大网络表达的法制意识，真正从源头上解决涉警舆情恶化问题。

虽然实名制近几年在我国得到广泛推行，北京市还推出了与微博、博客实名制有关的法则，明确规定从2012年3月起，包括新浪、搜狐、网易等各大网站的微博都必须实行后台实名制，但实名制实践操作效果并不明显。这主要是因为，尽管有关部门强调推行实名制，但关于采用何种方法落实实名制却并未做出说明，也未提供国内外具备实操性的参考举措。具体来看，用户在网络平台注册用于互动的账号信息时，无须提供证明自身身份的材料，因而网络平台无法判断用户提供的身份信息是否准确无误。此外，用户从电信运营商中获取网络服务时，虽然需要向电信运营商提供验证自身身份的相关证明，但同一网络可同时拥有多个使用主体，且多个执行主体中只需提供一个身份证明即可，因而网络实名登记无法真正实现全面覆盖，从而也使我国网民匿名使用网络表达个人意见的现象越来越普遍。实名制登记制度的缺陷，让大多数网民的网络行为无法被跟踪，导致相关部门无法真正约束网民的行为，同时也不利于公安部门打击网络违法对象。换言之，实名制无法真正贯彻落实，在一定程度上为网络谣言等非法网络行为提供了养分。这也要求相关部门必须要利用法律赋予自身的权利，全面整合可利用资源，创新手段，有效确认每个上网者的言行。

5.3.2.4 完善责任追究制度

寻找舆情危机的源头或不当言论的发布者，主要是让社会公众了解事实的真相。如果相关部门始终无法解决群众的疑惑，将会使群众质疑相关部门的执行能力。所以，在危机出现初期便采取实操性措施管理、控制与引导舆情，对解决舆情危机具有重要作用。当前，公安部门为有效解决涉警网络信息危机，已逐步贯彻落实了内部监督与责任追究两项机制。具体而言，每个公安部门，每个警员，都必须在日常工作中明确自身的监督职能，追究违法者的责任。责任追究主要包括两方面：第一，严惩未按照法律规定执法的警察。公安人员在日常工作中若未按照规定履行法律赋予自身的岗位职责，违反上级命令，且其行为对社会治安造成了负面影响，上级领导需给予适当的党纪处分。第二，在涉警舆情等危机处理效果不佳时，对相关部门与成员的懈怠进行责任追究。

5.3.3 完善网络涉警舆情保障机制

5.3.3.1 完善工作机构

新媒体推陈出新速度加快，虽然在一定程度上丰富了网络信息传播的渠道，但同时也使舆情传播日益复杂化。因而，公安机关在管理、控制与引导网络涉警舆情时，需设立专门的专业引导部门进行统筹。就公安部门当前的涉警舆情应对处置来看，还存在着应对处置主体多元化的情况。为此，在引导机构逐步建立与完善的基础上，市级以上的公安部门可适当构建舆情归口管理体系，专门负责优化警察与群众的关系，加强公安部门的权威形象宣传等[33]。同时，在当前设立的新闻发言人办公室制度的基础上，由新闻发言人统一指挥，明确每个级别、每个部门乃至每个警种的舆情应对处置职责。就归口管理体系而言，具体可设置负面信息管理队伍、预案和保障体系。

5.3.3.2 建立网络涉警舆情引导队伍

（1）加强规范执法服务行为

要想真正解决网络涉警舆情带来的危机，公安机关首先要严格按照法律规定进行执法，以文明的形式为人民服务。要积极从舆情产生的源头出发，让每个执法人员都明确执法规则与法律赋予自身的职责，依法执法，真正减少警民矛盾，维护社会民众的利益最大化。从某种程度上看，严格执法，为人民服务就是减少涉警舆情的最佳手段。当前我国大部分公安人员都直接参与执法，与不同类型的社会公众打交道，因而其必须要具备严格按照法律规定执法，妥善保护自己与应对舆情危机的意识。对社会民众反馈的警情，不管来自何种渠道，都要采用礼貌的态度加以处理，不可让社会民众感到怠慢，甚至产生上网爆料的念头。

（2）加强培训，提高警队素质

各级公安宣传部门要积极引进警民关系维护的相关培训教材，并定期给各部门、各警种工作人员培训，提高公安人员的警民关系维护意识；相关部门要积极引导公安人员学习警民关系维护举措，定期开展实战演习，让公安人员将警民关系理论真正落实到实践当中，为后期可能遇到的警民关系维护案情提供解决经验；公安机关各部门，尤其是宣传部门要积极组织本部门成员学习不断更新的媒体技能，系统学习法律、心理等各科专业知识，全面拓展自身知识范围，进而提高涉警舆情危机应对能力[34]；尽可能让每个公安人员都掌握警民关系维护的实操技巧，使公安人员在态度谦和的情况下与社会公众沟通，进而赢得社会公众的认可，减少负面舆情。

5.3.3.3 完备警用网络技术支持

完备警用网络技术支持，要求公安机关积极引进大容量的舆情分析软件，全面分析、归纳与总结舆情况，并根据实际舆情况预测其未来走向，进而形成相应的舆情统计报告，为相关部门建立舆情危机预案提供依据；不断引进新硬件技术，完善现有的涉警舆情监控体系，提高舆情监控与预警效率，有效提升公安机关的公信力。

章末总结

本研究将传统舆情研究体系运用于涉警网络负面舆情，在全面掌握网络信息研究文献和案例数据的基础上，运用文献研究法、案例研究法、内容分析法，频次统计、交叉列联表分析、相关分析、回归分析和最优尺度分析等数理统计方法，总结了涉警网络信息研究的支撑学科和理论基础，对涉警网络信息的舆情客体、舆情主体、舆情本体、舆情媒体 4 大基本构成，发生、传播、演化 3 大发展机理进行界定和实证研究，得出处理涉警舆情实践的结论，主要包括：

（1）公布真相，澄清谣言，争取公众的信任。当有关于警方的负面新闻出现在网上时，公安部门需要及时澄清相关缺乏真实性的报道，对相关事件进行公正详尽的调查，并且要防止不法分子对新闻炒作，造成不良影响。公安部门也要做好相关处置工作，将事件解决的过程和结果及时向公众报道，减少网上的谣言，将公安的微博和政务网站的功能充分发挥出来，使得公安部门的威信力得到提高。

（2）加强与媒体沟通协调，加大正面宣传力度。公安部门应该主动与传统媒体以及新兴媒体接触，为其提供更多及时的、民众感兴趣的公安新闻。当发生重大案件时，公安部门应该主动与强势媒体合作，宣传造势的方向应该正确、向上，为引导良好的舆论风向做努力。在平时公安宣传部门应与新闻媒体多多联系、多多沟通，促进双方良好的合作关系，确保在发生紧急事件时能够借用新闻媒体向民众发布消息，拥有强势的话语权。同时，通过对新闻单位的走访等活动，收集相关媒体的建议和看法，做出相对的改进。最后，还要在日常的生活中大力宣传正面新闻消息，如公安部门的成绩、表现突出的先进个人等，减小负面新闻的传播空间。

（3）完善网络涉警舆情应对的快速反应机制，加强人才队伍建设，形成意见领袖。当网络上出现关于警方的舆论消息时，公安部门应该迅速采取相应的措施应对，积极分析判断问题是如何发生的，并通过媒体单位发布权威信息，向民众公布最新的事实真相，解答民众的疑问，有效解决相关舆论信息。第一要及时反应，积极应对。当网络上出现涉及警方的舆论消息时，相关部门应该积极主动、快速有效地处理相关信息，在第一时间收集信息，调查真相，避免公众产生公安部门“不作为”的印象，将舆论导向正确的方向。

参考文献

[1] Bassett J C，Eifler J B，Resnick M J，et al. Developments and controversies in the management of noninvasive bladder cancer.[J]. Current Opinion in Oncology，2014（3）：299-304.

[2] 万里 . 涉警舆情处置原则及对策 [J]. 传播与版权，2014（3）：152-153.

[3]Abunnasr Y.Windows of opportunity：addressing climate uncertainty through adaptation plan implementation[J]. Journal of Environmental Planning & Management，2015（5）：8.

[4] 王国华，魏程瑞，杨腾飞 . 突发事件中政务微博的网络舆论危机应对研究 [J]. 情报杂志，2015（4）：65-70.

[5] 王义鹏 . 移动互联网媒体时代公安舆论引导能力 [J]. 湖北警官学院学报，2014（10）：52-54.

[6] 中国传媒大学网络信息研究所 / 艾利艾咨询 . 网络信息及突发公共事件危机管理典型案例 [M]. 北京：中共中央党校出版社，2014.

[7] 严玉燕 . 微博舆论场中网民行为引导研究 [D]. 长沙：湖南大学，2014.

[8] Jackson N E. People，Planning and the Political Process[J]. Journal of the Pipeline Division，2014（94）：29-36.

[9] 刘标平 . 上海市应对网络涉警舆情危机的案例研究 [D]. 成都：电子科技大学，2013.

[10] 赵岩，王利明，杨菁 . 公共危机事件网络信息生命周期特征分析及对策研究 [J]. 经济研究参考，2015（16）：57-69.

[11] Moulis A. Architectural discourse and the rise of cultural studies[C]//EAHN 2014：European Architectural History Network Third International Meeting Politecnico di Torino. 2014：387-394.

[12] 杨兴辉 . 政府提升网络信息应对策略研究 [J]. 时代报告：学术版，2015（8）：21-21.

[13] 宋琳琳，段相君 . 涉警网络信息传播与警察形象保卫策略研究 [J]. 湖北警官学院学报，2015（28）：15-17.

[14] Bastos M T. Shares，Pins，and Tweets[J]. Journalism Studies，2014，16（3）：1-21.

[15] 王欢 . 朝阳市公安系统网络涉警舆情危机应对管理 [D]. 大连：大连理工大学，2015.

[16] 孔子南 . 网络信息视角下非常规突发事件应急管理机制研究 [J]. 中国管理信息化，2015（13）：240-241.

[17] Elisabeth Noelle-Neumann.Public Opinion and the Classical Tradition：A Re-revaluation[J]. Public Opinion Quarterly，1979，43（2）：143.

[18] 资星 . 涉警舆情突发事件新媒体应对探析 [J]. 湖南警察学院学报，2014（1）：98-103.

[19] Feng X，Johansson A C，Zhang T. Political participation and entrepreneurial initial public offerings in China[J]. Journal of Comparative Economics，2014（2）：269-285.

[20] 全球治理委员会 . 我们的全球伙伴关系 [M]. 广州：牛津大学出版社，2005：23.

[21] 季丹，谢耘耕 . 社会舆情传播特征的区域差异研究 [J]. 情报杂志，2014（1）：108-113.

[22] Zhang X，Lin W Y. Political Participation in an Unlikely Place：How Individuals Engage in Politics through Social Networking Sites in China[J]. International Journal of Communication，2014（42）：242-242.

[23] 陈忻玉 . 自媒体时代政府网络信息监管研究 [D]. 西安：长安大学，2014.

[24] Vitak J. Privacy and Disclosure in a Social Networking Community[M]//Reda Alhajj，Jon Rokne.Encyclopedia of Social Network Analysis and Mining.New York：Springer，2014：1331-1335.

[25] 杨军 . 网络环境下地方政府公共危机公关研究 [J]. 学术论坛，2015（1）：23-29.

[26] 尹朝阳 . 论公安机关应对网络流行语的舆情引导策略 [J]. 辽宁警专学报，

2014（2）：41-43.

[27] Ckman J N. Pathologies of Studying Public Opinion，Political Communication，and Democratic Responsiveness[J]. Political Communication，2014（3）：467-492.

[28] 杨致远，王帅 . 论新媒体语境中网络信息的生成与表达 [J]. 新闻知识，2015（4）：11-13.

[29] Zhang L，Mol A P，He G. Transparency and information disclosure in China’s environmental governance[J]. Current Opinion in Environmental Sustainability，2016（18）：17-24.

[30] 张宁熙 . 大数据在突发公共事件网络信息工作中的应用 [C]// 广西计算机学会 2014 年学术年会论文集，2014.

[31] Heikkila Tanya，Pierce Jonathan J，Gallaher Samuel，et al. Understanding a Period of Policy Change：The Case of Hydraulic Fracturing Disclosure Policy in Colorado[J]. Review of Policy Research，2014（2）：65-87.

[32] 刘武成，张冬梅 . 网络信息：概念、特征及生成 [J]. 赤峰学院学报（自然科学版），2012（8）：84-85.

[33] Lajus J，Sörlin S. Melting the glacial curtain：the politics of Scandinavian–Soviet networks in the geophysical field sciences between two polar years，1932/33–1957/58[J]. Journal of Historical Geography，2014（3）：44-59.

[34] 苑丰 . 政府应对网络事件的实证剖析与反思 [J]. 理论与改革，2012（3）：84-8.

第 6 章　自媒体涉警信息管理及其应用

舆情危机管理是政府对社会安全、公共危机进行综合管理的一个重要内容。一个地区舆情危机管理的成效直接决定该地区社会经济的发展与治安的稳定。网络时代的到来，使得自媒体在社会中的作用变得越来越重要。同时，涉警舆情还与普通舆情不同，有其特殊性，涉警舆情与自媒体相结合，情况就变得更加复杂，在自媒体背景下，涉警舆情的处理是否恰当对于维护公安机关的权威性和公信力有重要的作用。

6.1 自媒体涉警舆情相关理论基础

6.1.1 自媒体的内涵及特征

6.1.1.1 自媒体的内涵

关于自媒体，也可以将其称为“个人媒体”，或者说是“公民媒体”。自媒体是依靠现代社会先进的科学技术手段而存在的一些新媒体的总称，这些新媒体能够基于其先进的信息技术和传播手段，向所有自媒体的使用者传播信息。关于自媒体的含义的表述，最早出现在 2003 年，对其进行定义的学者是伯曼（Shayne Bowman）和威利斯（Chris Willis）。

伯曼和威利斯通过对自媒体的研究，把自媒体的概念准确定义为：自媒体是社会民众运用网络、科技、信息相结合，以科技技术为支撑，经由全球连接互动的方式，提供、分享事情真相，传播信息的一种方法[1]。由此我们能够发现自媒体的有关基本特征：社会民众是主体、科技技术为支持、全世界连接互动。人们常提及的自媒体时代就是以个人传播为主体的媒介年代，国内的微博与海外的 Facebook、Twitter 是其中典型的托管平台系统。

6.1.1.2 自媒体的特征

关于自媒体设备，在国外，人们主要使用的是 Facebook 和 Twitter，而在我国，微信和微博则是更多的人愿意使用的自媒体设备，不论是国外的 Facebook、Twitter，还是我国国内的微信、微博，它们都具有共同的区别于传统媒体的特点。关于自媒体的具体特征有哪些，可以参考《自媒体：草根新闻，源于大众，为了大众》一文，在这篇论文中，作者把自媒体与以前的平面、广播、电视等传统媒体进行了比较，发现自媒体明显具有许多其他媒体不具备的特征[2]：

（1）民众化。2003 年，国外研究专家发表了《We the Media：Grassroots Journalism by the People，for the People》，从中就充分体现了这个特征。2005 年，国外就提出了，社会民众已开始由“旁观者”向“当事人”转变，所有社会民众都能够利用自媒体发表自己所想、所说、所见[3]。自媒体的使用者是普通群众，任何一个人，不论他的学历、身份、年龄、性别等因素，只要他具有一台移动设备，就可以成为自媒体的受众，自媒体的门槛很低，任何人都可以通过它来发表观点，不论他代表哪一方面的利益，也不管他的兴趣爱好是什么，这就是自媒体的民众化特征的体现。

（2）条件低。以前的电视、报纸等传统媒体门槛很高，一定要求通过政府相关机构审批，其操作成本很大，需要投入许多人力与物力。然而在自媒体环境下，每个人在网络技术的支持下，无须其他专业技能，只要通过网络平台的登记，就能够不必花钱创建个人的“媒体”发布平台系统，任何人只要有自媒体设备，只要有网络，就能够方便地接受信息、传播信息，这就是自媒体的条件低的体现[4]。

（3）互动性强。在传统媒体时代，人与人之间的信息交流、沟通是很困难的，会受到很多条件的限制，这些限制有可能是来自于时间上的限制，也有可能是来自于空间上的限制，一条新闻，在传统媒体时代，当绝大多数人得知这条新闻的时候，可能就已经变为“旧闻”了。而自媒体则不同，自媒体利用网络交流平台彼此之间交流沟通，不受时间与空间、不论熟识与否的限制，能够飞速地呈现“爆炸式”传播消息，同时也能够迅速得到回馈，自媒体与受众之间实现了零距离的互动。当前，在自媒体时代下，传播消息集文字、图片、视频、网络于一体，信息的交流互动变得非常方便[5]。

（4）信息内容细化。传统媒体时代的信息内容是非常少的，并且形式也比较单一，而在自媒体时代，这一点也有了改变：自媒体上传播的消息不拘一格，千变万化，有的是生活琐事、人生感悟，有的是时事评论、专业思考，形式和内容都有了很大程度上的丰富。

（5）隐蔽性。传统媒体时代，民众更多的是被动接收消息，普通民众与传统媒体进行互动是比较困难的，并且渠道也比较单一，而在自媒体时代，由于自媒体具备了民众主体的特征，自媒体发表信息的大部分是平民百姓，自媒体的隐蔽性为他们提供了“随心所欲”的平台，普通民众无须暴露自己的身份等个人信息，就可以随心所欲地传播信息，或者对信息进行评论，而无须对他们的言论负责，这就对相关部门提出了更高的要求，要求相关部门仔细甄别民众发表的信息[6]。

（6）缺少统一、标准化管理。自媒体的传播速度要远远快于相关的法律法规规章的建立速度，所以在一定时间内，缺少对自媒体监管的情况也就难免会出现，因缺少相关法律法规的管理，使得信息内容真假难辨、质量良莠不齐的情况时有发生。

6.1.2 涉警舆情的含义及特征

6.1.2.1 涉警舆情的含义

李玉娟是我国研究网络信息的著名学者，经过多年的研究，她将涉警网络信息定义为：在互联网上，社会公众在面对与公安机关有关的一些突发事件中，所体现出来的态度、观念和意见等，简而言之，涉警舆情是社会百姓对基层政府管理机构针对社会稳定情况、行政执法与服务管理的所有认识、意见、情绪与和活动的一种集中表现[7]。主要表现为：第一，建议。就是对执法部门在执法、服务活动中存在的缺陷提出意见。第二，诉讼。多表现在案件当事人对具体案件所产生的利益要求，比如期望更改处理结果、期望获得赔偿等。第三，希望。就是对执法部门的工作效率与服务质量的需求。第四，意见。就是对执法机构提高工作效率、提升服务品质的设想。第五，看法。就是对执法部门整体工作与服务的总的感受。涉警网络信息就是社会各界民众运用自媒体发表的关于执法机构对突发性事件的发生及其过程、结果等的态度、情绪和意见的集中反映[8]。

6.1.2.2 涉警舆情的特征

（1）涉警信息具有高敏感度与聚焦度

政府执法部门及其工作人员是为其政府、国家服务的，代表着国家的权力，如果社会百姓对政府执法机构失去了信心，将会造成涉警信息社会灵敏度及关注度非常高。一旦产生警务工作失误，就会被编造成以强欺弱的信息并广泛传播。短短的一个网络消息瞬间就会被世界上几亿网民知道，其传播的速度非常快、涉及范围非常广。自媒体消息的传播具有实时互动性的特征，能够在极短的时间引入广大民众集合，参加讨论，由此就会造成涉警个案转变为公众事件，从而就增加了涉警网络信息的处理的困难[9]。

（2）部分涉警内容具有虚假性与偏差性

第一，因自媒体传播的隐蔽性与开放性的特征，难以对发表的消息进行把关，自媒体消息的正确性与真实性大打折扣。假如一个涉警案件流传多个不同说法，置身事外的民众难以了解准确消息，只是依据自己的主观认识进行猜测，由此就可能出现自媒体消息与真正事情不一致现象，甚至于发生过激的抗警暴力事件。第二，因文化程度、社会环境、生活经历、情绪及诉求等原因，造成发帖人或转帖人脱离事件真相。

（3）涉警信息以负面内容为主

目前社会民众针对政府执法机构的总体评定正面内容较少，负面内容较多。对自媒体上的涉警信息分析也是如此。第一，一些地方的政府执法机构，工作效率不高，服务质量较差，违法违纪行为等事件通过自媒体传播、炒作、放大，由此政府机构的权威性、公正性遭到极大的质疑与挑战。第二，由于社会民众的错误认识，把个别执法人员的不良行为以偏概全，偏离事实进行非法传播、炒作，对执法机构的形象造成严重的影响[10]。

（4）部分涉警舆情影响社会治安面稳定

尽管互联网是个虚构的交流平台，但是却拥有巨大的社会动员能力与组织能力。如果出现涉警网络信息焦点，所有舆论就会蜂拥而至，铺天盖地，社会民众由虚构的网络走向现实生活，极大地阻碍了执法部门的正常工作，以至于产生警民对抗的群体性事件，从而增加了涉警事件的处理困难，严重妨碍了社会治安的安定[11]。另一方面，这也极大地损害了政府执法机构及工作人员的形象，严重破坏了政府的公信力。

6.1.3 涉警舆情的演化过程

任何网络信息，其产生及发展壮大都需要两个因素来共同起作用：首先便是信息网络技术的快速发展，其次是网民数量的逐渐增多。前者的出现为网络信息的产生和发展提供了必需的平台，而后者则成为网络信息产生、传播的主体。

纵观不同的涉警舆情案例，经过分析能够看出，任何一个涉警舆情案件，不论其有多么复杂，其演化过程都不外乎会经历四个阶段：首先是涉警舆情的形成期；涉警舆情形成之后，随着关注的人越来越多，就会进入涉警舆情的高涨期；然后就是涉警舆情的波动期；最后随着事件的解决，涉警舆情就会慢慢淡出人们的视野，关注的人会逐渐变少，进入涉警舆情的淡化阶段[12]。具体来看如下：

6.1.3.1 涉警舆情的形成

涉警突发事件发生以后，刚开始是经过网帖传送到互联网，由于互联网的准入门槛较低，尤其是自媒体时代，任何一个有用移动终端设备的个体都能够作为自媒体的传播渠道进行传播。因此涉警突发事件发生以后，经过自媒体等网络的传播，会以极快的速度传播到各个地区的各个角落，从而涉警舆情在大范围内会被人们熟知，快速扩大形成“信息集合”。民众对此依据个人的认识发表自己的见解，从而就造成了涉警突发事件的产生[13]。

6.1.3.2 涉警舆情的高涨

假如出现涉警网络信息焦点，在网民情绪与意见逐渐膨胀下，这些涉警网络信息焦点就会逐渐受到社会的广泛重视，影响也在日益加大，社会民众就会纷纷参与进来，这就进入了涉警舆情的高涨期。值得一提的是，不同舆情的高涨形势，持续的时间也不尽相同，有的事情可能高涨期很短，很快就会过去，有的事情若较为严重，可能就会有一个长期的高涨阶段，个别的甚至要经过很长的一个过程。

6.1.3.3 涉警舆情的波动

涉警网络信息焦点的变化形势并不是垂直式往上或往下发展。在一定情况下，这些舆情也会出现波浪式的发展情形。也就是说经过高潮以后会消失一段时间，但是在一定条件下又重返高潮。总之，涉警网络信息总体发展的过程是由“高潮到沉寂、沉寂到高潮”进行循环发展的。

6.1.3.4 涉警舆情的淡化

涉警网络信息焦点经过一段时间之后，因新的网络信息事件出现或事件获得了有效的解决，民众就会转移关注的目标，以前的舆情热点逐渐就会淡化，最后消失。然而，按照网络信息发展的自然规律，对于一些影响意义深远、作用十分重大的涉警突发事件，假如出现新的诱因或是相关的事件，就会重新转为网络信息的焦点。

6.1.4 自媒体环境下公安机关涉警舆情的特点

传统媒体时代，涉警舆情有其自身的特点，随着自媒体的发展，微信、微博、贴吧等应用的使用人数越来越多，使得这一背景下的公安机关涉警舆情也显现出了一些新的特点：

6.1.4.1 涉警舆情的数量越来越多

根据 2013 年的统计数据，我们能够看出，仅仅在 2013 年，由微博曝光出来的涉警舆情事件相对于以前来说，增加了很多，而在所有的涉警舆情之中，公安系统的涉警舆情事件是最多的，所占的比重呈逐年上升的趋势，在最近一年更是达到了近八成[14]。之所以会出现这样的情况，是因为：警察代表的是国家的一部分公共权力，因而不可避免地与公民个人意愿的表达会产生冲突和摩擦。公共权力与公民的个人意愿，一直都是处于一个不断博弈的过程之中的。自媒体的到来，大大提升了公民的政治参与意识，他们的法律意识和主人翁意识变得越来越强烈，这种情况下，代表着国家权力的公安机关，也就自然而然地受到人们越来越多的关注了，自媒体的出现，大大方便了人们发表意见、参与活动，这种情况下的涉警舆情事件数量变得越来越多也就再正常不过了[15]。

6.1.4.2 涉警舆情的传播速度快，影响力大

在传统的媒体时代，一条新闻的传播，会经过很多个环节才能传达到普通公众那里，这种背景下的新闻传播，是具有延时性的，新闻传到普通民众那里可能就变成旧闻了。而在自媒体时代，信息技术的广泛应用，大大缩短了人们信息收发的过程，一条新闻在很短的时间内就可能得到成千上万的人的关注，并且也正是由于自媒体传播速度的快速性的特点，使得涉警舆情的传播范围也变得越来越广泛，有越来越多的人开始关注这方面的内容，在自媒体时代，涉警舆情的影响力也变得越来越大。

6.1.5 自媒体环境下公安机关涉警舆情面临的挑战

6.1.5.1 自媒体传播特性加速了舆情的传播速度

在传统媒体时代，信息传播严格受到时间、空间的制约，传播的速度也有时差限制。然而在自媒体环境下，新媒体的传播不再受到时间、地域性的限制，打破了时空的制约。自媒体背景下，任何拥有自媒体设备的网民都可以是信息

传播的载体，通过手机、网络等终端设备，民众能够方便快捷地将信息传播出去，信息也能够得以实现瞬间传播。同时，由于自媒体的广泛性的特点，也使得发布信息的传播范围变得非常广泛。一个舆论产生之后，经过自媒体的传播，能够实现实时传播和跨地域跨范围的传播，并且传播的速度也非常快，一件很小的事情，可能在很短的时间之内就会变成一个影响广泛的公共事件。另外，由于自媒体的超文本和超链接功能，还能够对不同消息形式在文字、声音和图像之间实现相互变换，使得消息的内容更加完整和形式多种多样。由此，危机消息传播迅速之快、范围之广极大地减少了执法机构的处理时间，危机管理工作已成为政府当前面对的最为紧迫和复杂的问题[16]。

6.1.5.2 信息失真导致监管困难

在传统媒体时代，政府执法机构的作用非常强大。可是在自媒体条件下，因信息传播主体是民众的多元化特征，情况就有所不一样。任何一个网民，只要利用电脑、手机就能够与互联网联系，通过微博、博客、论坛等系统传播消息，无须再受到政府机构管理部门的制约。由于自媒体自身具备的开放性、隐匿性和不规范性特征，所有舆论意见常常分散在不同角落，甚至掺杂谣言、充斥着非理性情感。另外，由于技术水平的制约，自媒体网络或平台无法实现实时管控。从而对传播消息内容的审核难度很大，由此增加了其对危机信息传播管控的难度[17]。

6.1.5.3 公安机关部门对舆情的引导变得困难

1971 年，M.E. 麦库姆斯与 D.L. 肖通过对公众传播的流程设立作用进行研究，发表了流程设立功能的观点：公众传播是一种为民众设立的、具备“议事日程”作用的传播渠道[18]。在传统媒体时代，传统媒体是议程设置与舆论指导的主体，民众位于传播链条的最尾部，常常是被动地获得消息。可是在自媒体时代中，由于自媒体的低门槛的特性，让民众获得了充分的话语权和发布权，让社会舆论有了前所未有的传播空间，拥有了自我议程设立的作用，由此就构成了政府舆论与公众舆论两种形式，官方舆论与传媒的议程设立水平就大大降低了，对舆论的引导作用变得尤为艰难。

6.1.5.4 容易引发线上、线下群体性运动

互联网运用规范化的统一协约，为民众带来了便利、可行、普及的进入方法，体现出自由开放的构思要求，同时互联网分散的构造方式去除了歧视思想，达到了人人平等参与的地位，由此使得信息的传播与接受双方实现最大限度的交

流互动。人们通过利用手机、电脑等APP，为了共同的意愿在虚构的网络平台进行信息传播，从而延伸到实际社会中，实现了网络活动实际化。另外，虚拟网络空间的舆论焦点常常能够造成传媒的跟踪报道与重视[19]。由此，民众的自我议程设置就能够进入大众传播途径，形成社会公众热点话题。由此来看，互联网和实践在自媒体时代里关系十分紧密，并且常常是以一种连动的方式对特定的事情发生反应，虚构与实际的交流沟通让舆情危机管理变得越来越艰难。

6.1.6 本节小结

本节首先分析了自媒体和涉警舆情的含义、特征，并指出，自媒体环境下，公安机关的涉警舆情面临如下挑战：首先，自媒体传播特性加速了舆情的传播速度；其次，信息失真现象严重，监管困难；再次，公安机关部门对舆情的引导变得困难；最后，容易引发线上、线下群体性运动。

6.2 自媒体时代下A省公安机关引导涉警网络信息的现状

6.2.1 A省公安机关引导涉警网络信息的现状

6.2.1.1 新闻发布引导

这种通过新闻发布来引导舆论的方法，在A省执法机构，他们把这种方式形容为“空中轰炸”，这种引导方式，要始终坚持“三讲”（即及时讲、不断讲、正确讲）。“及时讲”就是指要对发生的事情及时在第一时间通知民众;“不断讲”是指对某一事件要不断对民众进行引导；“正确讲”则指的是对于一些不实的信息，执法部门要及时进行纠正，传播真实信息。其中通常运用的方法有：新闻发布会、新闻通稿等，特别注重依靠门户网站、官方微博等方式，纠正不真实的信息，积极传播正面的新闻报道[20]。例如钱会云案件，政府执法部门根据前期的经验教训，后续运用中央电视台、《法制日报》、《南方周末》等权威媒体，举办新闻专访、新闻发布会、新闻通稿等各种各样的活动，不断向社会民众公布与案件相关的情况。

6.2.1.2 培训相关人才

任何一项工作的有效开展，都离不开人才的支撑。A省在引导涉警网络信息时，非常重视对相关人才的培养和使用。A省针对自媒体以及涉警舆情的特点，加强了相关人才的队伍建设与机制力量，并长期开展有关教育培训活动，让所有执法人员能够充分把握和媒体交流的技能，提升执法人员的政治灵敏性，提高他们的新闻意识和保密意识。同时A省还积极加大新闻宣传人才引进的力度。另一方面，强化学习培训，将新闻宣传和舆论指导列入正常的教育培训工作的主要内容。

6.2.1.3 官方微博引导

当前，微博已成为社会民众日常生活中必不可少的一部分。以新浪微博为例，有关数据显示，早在2014年5月，新浪微博注册用户已经超过了6亿，日活跃用户数量更是逐年升高，达到了1亿多，值得注意的是，在新浪微博的注册用户中，有很多的政府官员、政府机构等[21]。在自媒体时代，A省各级执法机构也纷纷注册了微博，运用微博及时传播、影响广泛、互动性强的优点，对有效开展服务民众、亲民沟通、网络问政、应急救援等工作具有重大的作用。A省某个执法机构开通了官方微博交流平台。有数据显示，在三年时间里，经官方微博发布的提醒案例达1800余个，安全提醒预警信息达1500余条，援助公益事项2000余次……官方新浪微博、腾讯粉丝分别已拥有111万和26万，其微博的作用与影响力已位居国内政务人员榜首。

该执法机构新闻发言人充分利用微访谈平台，积极进行网上警民恳谈工作，打造了领导与网民直接在网上交流的平台，广泛听取民众的建议，及时传播公安部门的信息，增强了相互之间的了解与信任[22]。例如，“针对城区主要8条道路进行重点管制”“打击违法活动中重点整治活动”等重大工作，均充分利用官方微博进行微征集与微投票活动，广泛听取社会各界民众的意见与建议。针对个别与民众息息相关的案件抑或发生重大舆情时，执法机构采用微博直播的方法，及时向社会民众传播动态消息，此外，及时整理、答复、改善社会民众的疑问与意见。充分发挥运用微博这个空间，利用其无穷的力量为执法机构服务。当今，在全省119个县级以上公安执法部门中，都开通了人民、新华、新浪、腾讯官方微博，“A省公安”政务微博群的框架已基本构成。

6.2.2 公安机关引导涉警舆情过程中存在的问题

6.2.2.1 上级对涉警舆情重视程度不够

通过对A省公安执法部门处理网络信息危机情况的分析，我们能够发现，在不同的地区、不同的机构之中，对于网络信息危机的处理能力也是不同的，有的执法机构具备了较高的业务素质和业务能力，对于产生的网络信息，能够做到快速、及时、有效的处理，而另一些执法机关，他们思想依旧传统，对网络信息的特征与影响没有足够的了解和重视，对网络信息危机的作用认识不够，个别执法机关甚至期望采用一些方法来掩饰网络信息，造成了社会民众对司法公正的猜疑，给政府执法机构对网络信息危机的处置带来了被动[23]。例如，A省地区的“钱云会”案件，从最终的结果来看，该案件还是获得了成功的处理，但留给A省执法机构的反思却是十分深远的。下面我们可以通过图表（图6-1）的方式，详细分析“钱云会案”的发展过程，进一步阐释公安执法部门处理处置网络信息危机工作中，所采取的态度对信息传递所造成的影响。

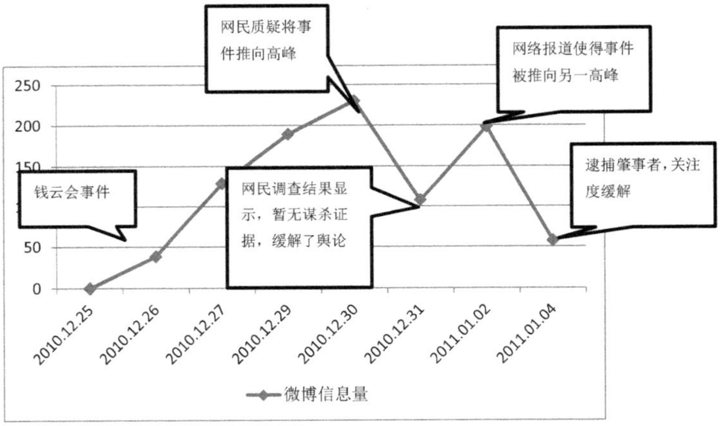

图6-1 钱云会案媒体传播趋势图

通过对图6-1的分析，能够清晰发现A省乐清钱云会案件的详细发展过程。自该案件于2010年12月25日发生开始，经过半个多月的发展，到1月上旬，这一事件得到缓解，这一期间，案件的关注程度持续不断发生改变：

案情发布第二天，乐清市委宣传部发布消息称肇事司机被刑拘，但是针对网络流传的村长被谋杀的信息，相关部门并没有做出回复，当天晚上10点，消息数量就增加了38条；

案情发布第三天，乐清警方举行蒲岐车祸新闻发布会，对蒲岐车祸判定为交通事故，此后在互联网出现激烈的争议，下午5点30分，消息数量就增加了100多条；

案情发布第四天，社会民众针对钱云会案件中存在的诸多疑问进行争论，消息信息量上升到189条；

案情发布第五天，A省加大了案件侦破力度，重新侦查“村长之死”案件，第一次发布了“村长之死”涉及征地的信息，次日0点15分，消息发布量增加到230条；

案件发生第六天，由社会民众创建的案件调查小组，通过长达50小时的走访调查，最终确定村民钱云会死于交通事故，排除他人谋杀的嫌疑，瞬间消息减少到108条；

案件发生第七天，A省乐清警方认定钱云会案属于交通事故，不属于他人谋杀，而且组织了多个工作小组进村澄清命案，社会民众组团成为第三方调查事情真相，当天消息发布就达到了198条；

直到案件的第十天，公安机关发布对肇事者正式执行逮捕的信息，消息发布量下降为57条。

从上述过程中大家能够发现，假如公安机关能够对案件及时关注，高度重视，就能够能避免事后指责公安乱抓“证人”的谣言。

6.2.2.2 缺乏处理涉警舆情的经验

A省的“8·29”枪案获得圆满侦破，但是在案件的处理过程中，公安机关发现，新闻媒体对整个案情非常了解，掌握了整个案件的详细侦破过程，新闻媒体在整个案件的报道中表现出非同一般的信息获取水平。通过探讨分析发现，造成这种信息获得的原因在于内部消息管控不严上。下面就是这个案件的舆情发展变化过程：

（1）8月29—8月30日属于案件的第一阶段：舆情见媒体日期。2011年8月29日，A省某地区出现一起离奇交通事故，司机女性，受伤严重，昏迷不醒。所有新闻媒体不断涌入，却没有开展跟踪关注。

（2）8月31日—9月4日属于案件的第二阶段：舆情爆发期。警方经过简单调查，初步判断为普通交通事故。在与家属的交流中，得出了推测性的“发卡致死”观点。媒体获得这个消息后，立即跟进对案件“发卡门”进行了长篇播报，由此媒体方面的设问、质疑等网络舆论蜂拥而至，对案件侦办产生了巨大的压力。

（3）9月4日—9月5日属于案件的第三阶段：舆情高涨期。通过法医对死者尸体解剖，从死者身上提取出一枚子弹。事后经过比较，警方确定与8月23日晚A省某地区发生的银行抢劫杀人案所用子弹相同，第二天，警方就发布了案情侦办的最新消息，合并了两起案件，案件侦破难度加大。

（4）9月6日—9月8日进入案件的第四阶段：舆情消退期。在案件发生的第十天，犯罪嫌疑人许某被抓获，第二天，警方举行了新闻发布会，对外发布了案件的侦破具体信息。通过对案件的分析，舆情发展过程值得我们深思。

6.2.2.3 没有健全的涉警舆情处理机制

当前，A 省还没有构建统一的关于网络信息危机的处理工作体系，针对涉警网络信息危机的处理能力十分薄弱，未能制定系统的处置方法与策略，对网络信息危机的处理方式及技能十分缺乏 [24]。具体表现在：轻率作出判定、未能及时发布消息、未能及时与社会民众进行直接沟通，造成事件发展恶化等。例如 A 省的“70 码”案件，民警轻率做出车速 70 码的判定，导致社会民众的不满，使得事态恶化。

6.2.2.4 源头预防不到位

网络信息工作首先要求从源头抓起，把好预防关，一些热点岗位尤其要做好预防工作 [25]。例如：从事公安户政、车管、驾管、交警一线执法等岗位的工作人员，一定要求绷紧涉警网络信息这个弦，这些工作岗位和人员非常容易引起媒体炒作。例如：2011 年 11 月 27 日，A 省某地区一协警在查处一辆违章的大货车时，货车司机突发性死亡。A 省某市公安机构未能及时运用危机应对措施，未能及时发布事件的调查情况，造成网络媒体报道偏离事实，从而出现“交警打死司机，致使 9 辆警车被砸、点燃，造成上万民众围观”的不实网络新闻报道，尽管事后通过调查进行澄清，可是在社会民众广泛质疑案件本身的同时，对协勤是否可以执法也提出了疑问。

另外一个案例，许多电台、网络等媒体纷纷报道：A 省某市机场出现一些巡特警违规执法的现象。有些出租车司机称，他们在执法过程中仅开具 200 元的罚款收据，而且要求车主把其他大部分的罚款上缴派出所对面的小店。新闻媒体对此事进行了实地调查，证实上述事件属实。小店营业员也承认了她替巡特警，机场派出所、交警队等机构代收罚款的行为，但是针对罚款去向却没有透露。媒体进一步就此事找涉事巡特警了解，巡特警却否认此事。当晚，电台新闻媒体在新闻晚高峰时期对此事进行了跟踪报道，引起了公安执法部门的高度关注，马上组建了调查小组彻查此事。经过开展大量的工作，初步掌握了事件的真实情况，且对有关责任人进行了相应的处理。事后，这个地区机场的公安执法机构表态，在今后的工作活动中，一定要吸取教训，在内部全面进行一次纪律作风教育集中整顿活动，坚决杜绝此类事件的发生。通过对上述案件的分析，我们能够清晰发现，公安执法机构针对涉警网络信息的源头预防的思想认识不够，尤其是针对一些热点工作岗位及工作人员的管控要加强。

6.2.3 公安机关引导涉警舆情存在的问题及成因

怎样有效提升自媒体环境下的舆情指导水平，已是公安机关执法能力建设面临的一个重大问题 [26]。要想提升舆情处理水平，关键是要了解出现的问题在哪里并对问题进行分析，最后还要提出改进措施 [27]。笔者通过分析发现，目前公安机关应对涉警网络信息存在的问题及其产生的原因主要表现在以下几个方面：

6.2.3.1 涉警网络信息防范不到位

（1）思想认识不够，仅停留在表面

首先，传统政法思想弊病依然存在。政法思想的核心是稳定压倒一切，其重视的重点是目前社会环境的绝对安定。在此思想指导下，执法者常常是采用比较强硬的方式与策略。在涉警网络信息处置中，常常表现为公安执法部门强制性地对网络负面消息与舆情实行强制性封锁，强行清除媒体上的杂音 [28]。仔细分析目前国内所处的社会时代与实际的国情，对于我们建设具有中国特色的社会主义现代化国家来说，安定的作用不仅巨大而且不可缺少，然而，片面强调维护表面上的安定极有可能导致一些严重问题被掩盖。

其次，认识不够全面，存在很大局限。在一些执法机构普遍存在“舆情即警情”和“一丑遮百俊，百俊不遮一丑”的错误思想观念，心目中没有正确的舆情观念 [29]。在处置涉警网络信息工作中，执法机构普遍出现强调客观原因的多，而真正查找主观问题非常少的现象，对舆情处置工作没有引起高度的重视，主观上的认识不够，从而造成了涉警网络信息的频频发生及处置不当。

同时，舆情认识的局限性还表现为执法部门及其工作人员对涉警网络信息处置工作认识得不够全面。基层执法机构，甚至领导人员，常常把涉警网络信息处置工作看作是舆情机构、主要领导的工作，常常是抱着事不关己高高挂起的心态。

（2）执法机构管理不够规范

执法机构频频出现队伍管理问题，极大损害了执法机构的公信力与整体形象 [30]。尽管从 2003 年开始，国内执法部门加大了公安机关队伍正规化建设的力度，对国内公安机关的违法违纪行为进行了严厉的打击和处理，可是因执法机构缺少法制观念教育学习，执法部门的监管体系与违法违纪预防体制存在严重的缺陷，公安队伍内部不断发生领导干部违纪违规、贪污受贿、与社会黑恶势力相互勾结等违法违纪现象。公安机关普遍存在四难现象（门难进、脸难看、话难听、事难办），“慵、懒、散、漫、软”等问题也到处存在[31]。上述现象、缺陷未能从根本上彻底解决，由此给网络媒体创造了许多炒作的空间和题材，使得公安机关的公信力受到极大的损害，有的地区警民关系也变得十分紧张。

6.2.3.2 涉警网络信息处置能力不强

（1）预警指挥机制不完善

从整体上分析发现，基层所有公安部门没有创建健全、规范的涉警网络信息预警指挥工作系统[32]。第一，表现在预警工作缺少预见性和规范化标准。因对预警中所含具体的信息缺少预见性和规范化标准，造成公安部门及工作人员无法及时把握或对预警信息没有引起关注，无法迅速制定有效的处理措施，造成处置工作落后，常常陷于被动状态。第二，预警指挥缺少标准性。一旦出现预警信息，通常是多方指挥，行动滞后，逐级上报，无法实现切实可行的决策。第三，在通常情况下，涉警网络信息关系到政府多个有关机构，因此舆情应对工作公安机关一家难以解决，要求政府有关机构互相合作、相互支持，有目的性地进行网络舆论指导。可在实际案件中，多数涉警网络信息均由公安部门独家进行回复和处置，由此造成工作质量不高，效果明显不好，缺少一个整体协调的体系实行整体运作与调配。第四，公安机关舆情的处理流程与方式缺少规范化标准，具有较强的随意性。重点表现在未能创建详细的舆情处理程序，未能建立系统化的舆情处理方法与策略，舆情处理方法不正确，未制定与网络媒体交流合作的工作体系等。

（2）应对方法上存在问题

首先，沟通不及时。公安部门常常是发生了舆情、出现了新闻炒作后才去处理，经常是临时抱佛脚[33]。未将社会民众、新闻媒体的沟通工作当作一项长效性工作来抓，未将社会民众的意见视作改善自身工作的长效监督方法，由此警民沟通无法获得有效的成果，难以构建和谐的关系。其次，处置行动缺少连贯性。针对舆情的处理，一些执法部门及其工作人员，把发帖回复当作舆情处理结束，仅仅只做了刚刚开始的工作，后续缺少跟进，没有进行正确的舆情引导。

（3）引导能力上存在问题

首先，指导的方向没有掌握好。当发生舆情以后，尽管公安机构舆情评论人员很多，可是由于缺少正确的指挥，无法实现统一切入点与指导方向。在舆情引导过程中常常运用官方网站，而舆情评论员个人网站难以跟进，且内容非常保守，害怕被说成是“五毛”“网络水军”。舆情评论员没有真正意识到网民能讲的内容，他们照样能够发布。只要是事实，只要有道理，只要充满正能量，就无须怕被误会。其次，发帖与微博文章的总体水平较低，难以发挥应有的作用。再次，网络回复把握不准，个别公安部门没有掌握官方 ID、个人 ID 的回复技巧，甚至出现滥用官方 ID 现象，造成不必要的误会。

（4）语言运用上存在问题

语言使用上的错误重点体现在公安部门应对突发事件和舆情时出现的“失语”“妄语”等现象。例如：在 2012 年，A 省某市公安机关把回帖的时间写成了“2010 年”，被网民戏谑为“穿越”。还有帖子中出现错别字的现象，例如：有网民发帖说“警察护凶不作为”，执法机构结果回复为“护胸不作为”，招致网上一片哗然，尽是嘲笑讥讽。更加令人瞩目的是，A 市某县公安局出现的“妄语”现象：某年 10 月份，新闻媒体在对该地区交警自曝“我们就是靠罚款发工资”的问题进行调查过程中，有民警在回应记者采访时说：“我是合同制交警没有正式的执法权，罚单全由正式警察盖好章。我随便找个大货车找个理由就能罚款。”还有“我们罚款是为了要养家糊口”“我们要吃饭就得靠罚款”等。

6.2.3.3 恢复措施没有真正落实

第一，基层公安部门在涉警网络信息处理活动中，常常只关注舆情的处理，忽视了对实体事件的处置，未能彻底对舆情危机进行疏缓。你发帖，我回复，在网络上玩文字游戏，没能真正有效地解决问题，最终失去诚信 [34]。第二，执法机构与社会民众进行沟通时态度不够诚恳。一旦遭到质疑，执法机构常常是急于掩饰事情真相，不能够及时发布消息，能隐瞒的就隐瞒，能拖的就拖，不敢去面对、承认问题，最终导致的结果是事与愿违。视频、照片等网络信息遍布社会的每个角落，由此造成公安机关陷于极大的被动，此时其他所有的一切都无济于事，显得苍白无力，公安机关公信力也遭到极大的破坏。第三，公安机关与社会民众的交流没有实现常态化。第四，公安部门自身的宣传队伍力量薄弱。

6.2.3.4 舆情处置后勤保障不力

因思想意识的因素，A省公安机关在涉警网络信息处理的人员配置与物质保证上存在较大的问题，尽管A省公安机关都设立了独立的舆情处理机构，配置了相关的舆情处理人员，添置了相应监控、处理设施，可事实状况是，大部分舆情处理部门及其工作人员无编制，是临时成立的机构及临时的工作人员，暂时肩负涉警舆情的管控与处理、指导工作，难以发挥他们工作的积极性、能动性，无法获得满意的工作效果。另外，因舆情处理机构属于公安宣传部门的下属临时单位，没有真正的权限与权威，使得工作效率在实践工作过程中也会大打折扣，针对造成舆情事件的责任追究与问题改进处置方面更是没有有效的结果。因为许多舆情监控处理工作人员均是临时人员，舆情处理机构缺少专业的、优秀的网络评论人才，针对这些临时人员的管理也比较薄弱，难以开展考核、奖惩活动，无法发挥他们工作的积极性、能动性。另外，临时组建的部门缺少规范化的培训与演练，队伍工作能力较差，难以适应现实涉警网络信息管控与处理工作的要求。尽管经过长时间的公安信息化建设，公安部门的总体科技水平发生了明显的改变，可是对于一个比较侧重于业务工作的政府部门来说，A省公安部门把大量的经费都投入到侦查破案和打击违法犯罪方面，在舆情监控与处置方面真正投入的费用是相当有限的，相关机器设备都是利用现有资源为主，难以符合当代舆情信息收集、处置、研究、分析等活动的要求。公安机关自主网络宣传平台的建设技术能力较差，很多基层公安部门的网络宣传平台仅仅是“有”的水平，对于其维护、质量难以投入人力、物力给予保障。

6.2.4 本节小结

A省公安机关在引导涉警舆情方面，采取的主要措施有：新闻发布引导、培训相关引导人才、通过官方微博进行引导等;而在公安机关引导涉警舆情方面，A省存在的问题有许多，包括：上级对涉警舆情重视程度不够、缺乏处理涉警舆情的经验、没有健全的涉警舆情处理机制、源头预防不到位等。经过分析得出，目前公安机关应对涉警网络信息存在的问题及其产生的原因主要表现在以下几个方面：首先，涉警网络信息防范不到位，包括思想认识不够，执法机构管理不规范等；其次，涉警网络信息处置能力不强，包括预警机制不完善、应对方法上差距明显、引导能力上差距明显、语言运用上差距明显等；再次，恢复措施没有真正落实；最后，舆情处置的后勤保障不力等。

6.3 自媒体时代下 A 省公安机关引导涉警舆情的方案

A 省某地区地处城市核心区域，区内设有省政府、政协等机关和人民广场等著名建筑，其政治地位与社会影响力非常大。A 省某地区公安执法部门肩负着本地区的社会治安稳定保障工作，面对的治安维稳形势非常严峻。不仅要负责本区的舆情危机管理工作，甚至还有外区或外省的危机事件也经常在此发生。有数据资料显示，仅 2015 年内，A 省某地区公安执法部门处理所有舆情达 65 起，有 12 起影响非常大，“6 • 16”P 小区聚众斗殴事件与“10 • 11”病人杀人案就是其中典型的案例。所以，A 省某地区公安执法部门面临着巨大的考验与压力，由此，以 A 省某地区公安执法部门为研究对象具有典型性作用。

6.3.1 现代化的引导管理理念

现代汉语词典中把“引导”定义为带领与启发、领导两种含义。前者是利用某种方式让他人跟从，具有较强的使动趋向；后者表现出有人带你摆脱危险的意思，体现出较强的启发性的含义[35]。所以，笔者把“引导”的定义理解为：第一，含有一定的针对性、目的性。指导者十分清楚目标与方向。第二，具有持续性、连续性的活动过程。在引导活动中要运用有关方式方法保证被引导者跟从，另外要求经常调整活动的方向。第三，在通常情况下，引导者比被引导者更优秀。这不仅是引导者的特点，同时也是对引导者的要求。所以，创建引导的概念，转变信息管理观念，实现由“控”到“导”的战略性改变，笔者归纳起来应该做好以下工作：

6.3.1.1 坚持以公众利益为核心

开展舆情危机管理活动，一定要遵守一个基本原则——重视民众权益。民众权益与公共精神能够判定危机管理的好坏程度[36]。在危机管理实践活动中发现，违反民众权益与公共精神，一定会遭受民众与社会的谴责；即使当时侥幸逃脱，也必定会埋下长久价值危机的隐患。从另一方面讲，维护民众权益，管理者在道义上能够立于不败之地，同时，为很好开展舆情危机管理打下了基础。

6.3.1.2 借助自媒体特性，公开观点

由于民主与法治改革的不断深入开展，民众对知情权等公民享有的基本权

利的要求在逐步提升。政府基层管理机构一定要不断加大消息的透明度、公开度，勇于接受社会民众的监督。据不完全资料统计，到2013年2月止，A省利用新浪、腾讯、东方网、新民网等4个微博平台的有1000多家单位，注册了1500多个微博账号，实现了政务微博群总粉丝达2000万人次。由此可见，政府舆情危机机构一定要充分运用媒体的传播，高效、迅速地传递信息，才能够避免官民信息不对称状况下谣言的产生。

6.3.1.3 全程引导舆论朝正面发展

在开展具体的舆情危机管理活动中要注意方式方法，要不折不扣地坚持国家的有关政策，提高思想认识，去除以前的“管控”思想，建立“引导”的观念[37]。也就是说，在仔细分析与正确判断舆情所处发展过程的前提下，根据舆情发展的特征有目的地运用相关举措，利用转向、分流、开闸等新型方式，使舆论向着积极的、健康的，便于社会文明、民主、进步的方向发展。

6.3.1.4 与媒体相结合，引导观点统一

要求由被动“应付”状态转变为主动“应对”，运用主动积极的心态开展与新闻媒体的联系与交流，创建有效、和谐、融洽的合作关系[38]。积极向社会所有新闻媒体提供消息，按时做好新闻单位走访、公关工作，和他们长期保持稳固的、深入的联系。积极有效地运用新闻发布会、媒体联谊会、记者恳谈会等，虚心接受社会各界人士对公安宣传工作的意见和建议，通过积极的交流加强双方共识。积极为新闻媒体的采访、报道提供有利的条件，一起设计有关重大题材、重要活动的宣传报道。在处置危机事件时，在坚持政策的前提下，及时与主流媒体联系，保持对外宣传口径一致，及时向主流媒体公布权威信息，增加信息的透明度、公开度，避免社会民众的猜疑和联想。

6.3.2 建立健全的引导保障机制

开展有效的舆情危机管理活动，要求创建完善的指导保障体制，其中主要包括人力、财力、物力、制度等保障体制[39]。以A省某地区分局创建的“指导”保障体制为例，其主要包括决策中心、信息中心、工作机构三大部分。

6.3.2.1 决策管理机制

决策对舆情危机管理具有关键性的影响[40]。它能够汇集信息，集中研讨，制定舆情处理方式，协调所有力量。所以，在处置信息管理活动中，建立强大、高效的决策中心是十分有必要的。A省某地区分局在信息管理中，成立了单独的舆情危机管理工作领导小组，由局长亲自担任一把手，分局政委担任二把手，

其他各单位主要领导任副组长，后勤保障与业务支队主要领导为信息管理领导小组成员。舆情管控领导小组设立独立的“舆情办公室”，归属于政治处负责日常工作。另外，为便于正常开展工作，把分局有关的后勤保障与其他业务部门人员列入办公室成员。

6.3.2.2 信息管理机制

舆情危机管理的主要载体是信息，信息是否具体、正确对舆情研究分析与处理具有关键性作用。A 省某地区分局信息中心的重要框架如下：（1）信息管理领导办公室设立在政治处，下设宣传科与公共关系科，重点负责收集每日的媒体信息。（2）设立微博办，不分昼夜 24 小时收集网络信息资料。（3）成立 110 指挥中心，收集反恐安全、筛选有可能引发舆情的案件、舆情热点、突发类警情可能引发舆情的信息。（4）设立互联网安全监控部门，及时监测、收集网络平台舆情信息。假如出现敏感案事件，舆情消息就会及时传递到“舆情办”，舆情办在第一时间对舆情进行研究分析（见图 6-2）。

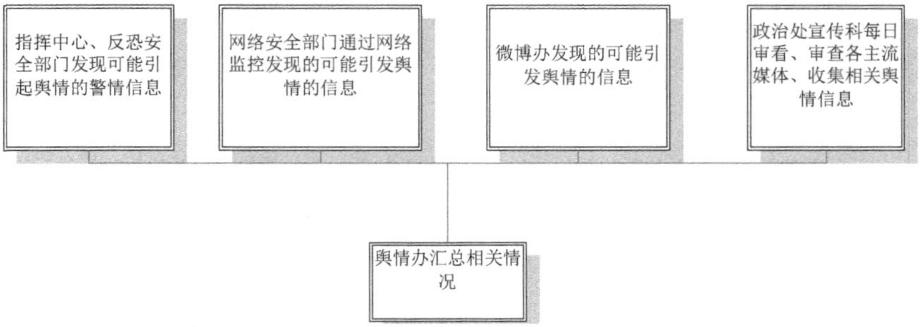

图 6-2 舆情预警信息收集表

6.3.2.3 日常管理与硬件管理机制

舆情办公室是舆情危机处置的主要机构，由舆情领导小组统一领导指挥，其主要职责有：协调各部门进行舆情处理活动，制定舆情处理方法与策略；统一协调有关相关部门进行舆情审查与处理活动，及时向舆情领导小组报告情况；积极联系各新闻媒体，高度重视涉警反面信息，迅速、正确公布信息，准确指导社会舆论；对舆情开展正确的分析研究，进行归纳总结。舆情领导小组主要由三大力量组成：

（1）常备力量。舆情领导小组设在政治处，下设公共关系科与宣传科，这是舆情领导小组的常备部门，其主要职能包括：对特大案件现场的记者采访活动进行管理；做好影视信息的收集工作；及时与新闻媒体、宣传部、政法委等上级机构进行联络，获得他们的大力支持。

（2）应急力量。舆情危机案件的现场处理始终是政府基层管理机构的难点所在。一旦发生危机案件时，因案件牵涉部门较多、要求使用多种处理资源等，使得一定时间内舆情事件处理出现分工混乱、责任不清等问题，错过了时机，无法及时掌握信息，难以制定有效的处理方法，最终无法解决舆情案件。以A省某地区分局为例，为快速应对特大舆情案件，专门组建了一个“5+X”快速应对反应小组。其中“5”是指成立了由政治处副主任、分局团委书记、政治处公共关系科副科长、政治处宣传科副科长、政治处宣传干部组成5人领导小组，他们分别负责舆情处理、主管微博、网军、主抓主管工作。“X”是依据舆情的具体情况涉及的有关单位。一旦出现舆情危机，“5+X”小组及时赶赴现场，进行舆情处理活动。

（3）辅助力量。对于舆情的处理不仅需要有主要部门参与，还要求有其他部门的积极配合，从而实现立体管理的效应。A省某地区分局舆情管控配合力量主要来自内部与外部二大部分：第一部分，来自内部信息收集、辅助处理和后勤保障等部门的积极配合；第二部分，来自外部新闻媒体、上级管理机构、其他政府管理机构与社会组织、机构的力量。

6.3.2.4 信息管理机制

A省某地区分局信息管控机制主要通过媒体途径、各种微博等形式进行传递。媒体途径，重要是指运用文字或口头方式，对社会、新闻媒体公布有关案（事）件的新闻消息[41]。微博又有分局官方微博与部门官方微博。分局官方微博一方面利用“警民直通车”公布全局性警情通报、防范提醒、民警正面形象宣传等内容，另一方面，采用私信形式及时与网民直接频繁沟通。官方微博逐渐成为警民联系，铸造形象、公布权威消息、参加舆情处理的主要方式。部门官方微博是指各个基层单位利用各自的部门官方微博公布部门消息。

6.3.3 引导涉警舆情的方案

6.3.3.1 坚持分阶段引导原则

舆情管控机构指导舆情案件应该按照舆情危机的发展过程，依据下列要求进行处理：

第一，在舆情潜伏阶段，应该进行方向性指导。在这个阶段，舆情危机暂时处于发生前的隐蔽状态，经过迅速地对舆情的分析研究，尽量让有可能产生危机的案件朝有利的方向发展，及时减少危机产生的几率[42]。在此要求公安机关要提升分析舆情产生原因的水平，加强舆情危机的敏感性，时时刻刻从公众的角度出发，去发现问题。

第二，舆情突显阶段，在这个时期应该进行化解性指导。在这个阶段舆情危机已经产生，但是规模不大，所以要求公安机关及时对舆情进行说明，去除疑问，高度重视，对民众疑惑不解或认识不清的事情要进行详细说明，以此打消他们的疑问，消除他们的情绪。

第三，舆情爆发阶段要进行释放性指导。在这个阶段，所有的舆情信息纷纷集中，所有的观点都汇集在一起，消息处于爆炸性、不稳定性状态[43]。另一方面，因在潜伏阶段未能够被察觉，舆情突显阶段未能够消除，所以在此阶段的舆情能量很大，出口又少，需要采用释放性的方式指导。也就是说，舆情危机管控机构要帮助舆情寻找释放的出口，让部分舆论能够得到有效的排放，从而为舆情迅速进入下一过程奠定基础。

第四，舆情成熟阶段应该采用分流性指导。在这个阶段，舆情信息大量集中，所有意见针锋相对，已经形成一种或者多种意见。这个时期，汇集重要的舆情信息实行分流性指导，能够有效消除舆情危机。

第五，舆情衰退阶段应该运用巩固性指导的方法。在这个时期，舆情危机逐步进入衰退期，步入一个慢慢消灭的阶段，但是不能忽略了其有可能重复发生的可能性。所以，这个阶段的指导要重视对前面工作的巩固，搞好收尾工作。另一方面，要不断持续关注舆情的发展状况，确保舆情不会重复发生；并及时总结经验教训，为下一次可能的危机做好准备[44]。还应开展舆情管控评估活动，进一步完善舆情管控过程中存在的问题。

6.3.3.2 信息管理机制

A省某地区分局的舆情危机实行全程指导方式，其主要由舆情预警、舆情研判、舆情快反、舆情评估四大板块构成[45]。它的一般程序是：首先，舆情预警系统一旦发现舆情，就会集中舆情信息，对所有汇集的舆情信息进行分析研究，判定舆情的性质、规模及级别；其次，按照判定的舆情级别与舆情所处的发展过程采用相关指导性方法；最终，在舆情危机处置以后，对本次舆情管控活动进行总结、评价（见图6-3）。

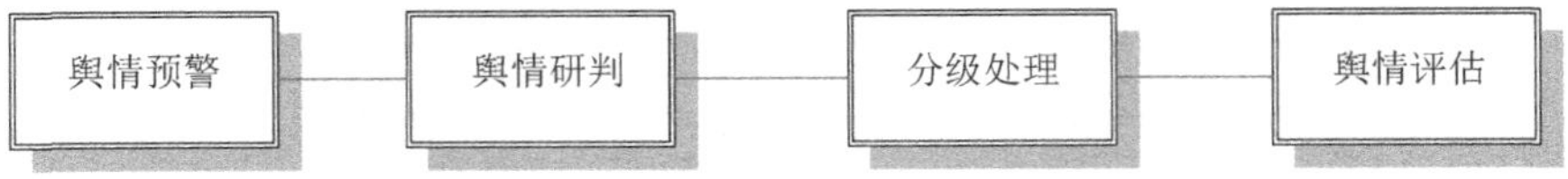

图6-3 舆情全程引导的基本流程

（1）舆情预警机制。按照海恩的观点，在舆情危机发生之前一定会有征兆，在征兆的背后一定隐藏着苗头，在苗头的背后一定会有隐患，这一观点也得到了墨菲定律的论证。墨菲定律认为，假如有多个选择，有一种会出现灾难，那么也一定会有人做出这种选择。另外，蝴蝶效应也告诉大家一个道理：看似毫无关系的事物之间也会存在一定的联系，危机也是这样的。危机处于事件发生的前期，去除的机会就大，产生的危害就小。所以，事先预警始终是危机管控的重要方式。

（2）舆情研判机制。一旦舆情信息经预警机制汇总传到舆情办公室以后，舆情办公室就会根据舆情的类别、性质、产生的诱因、危害等内容进行综合分析研究（见图 6-4）。

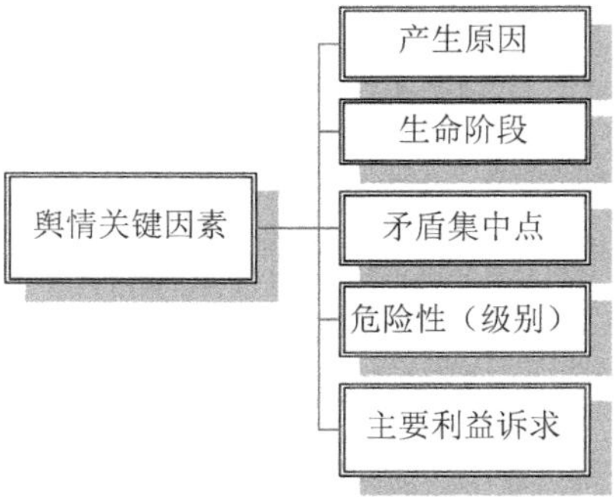

图 6-4 舆情关键因素

第一，舆情分类、分级。着重依据舆情的危害与作用对舆情实行定级。首先进行定性分析，也就是对预警信息，根据其性质、发生的诱因、所处的发展阶段等展开调研；其次，进行定量研究，也就是对预警信息，根据其传播规模与发生的实际作用进行研究。在实践工作中，对舆情案件一般分为疑似舆情事件、一般舆情和重（特）大舆情三大级别。具体见表 6-1：

表 6-1 舆情事件等级

疑似舆情事件		一般刑事（治安）案件，引起社会关注可能性较小。
舆情事件（通常以 3 小时之内转发、评论 800 次以上为构成舆情判断标准）	一般舆情	在报刊、电视、网络上出现的不足以形成焦点的一般性批评报道，以及一般性的突发警情（如无人员伤亡的交通事故、火灾等）。
	重（特）大舆情	①敏感地点（如党政机关驻地，涉外领馆、官邸，及步行街、商业中心等地标场所）发生的重（特）大刑事和治安案（事）件； ②涉及敏感人员（如党政机关主要领导、社会名流、意见领袖、知名人士等）的案（事）件； ③发生在敏感节点可能引起重大影响的案（事）件； ④其他可能形成舆论热点，影响社会稳定、社会治安的涉及公安机关及其民警的重（特）大案（事）件。

第二，利益相关者分析。一旦判定舆情级别以后，对舆情所涉及的利益相关方展开研究。一般包含：舆情牵涉的个人或组织、参与评论的社会民众、新闻媒体、舆情议题涉及的公共部门等 [46]。对此开展研究有利于进行舆情指导按照不同利益方的要求实施。比如：2011 年 6 月 13 日 15 时 36 分，某报

社的新闻部记者高效化等3人，在某路采访反映城市形象变化时，在此施工的某建筑公司丁大勇带领众人进行阻挠，双方产生肢体冲突，结果导致3名记者都受重伤、摄影机损坏。在事件发生的时候，有一位记者写了一条微博："记者拍摄拆迁区，遭60人围殴致伤。2011年6月13日下午，我和同事3人来到某路进行采访，当即遭到在此施工的建筑公司的阻拦，不到3分钟，就有60多人前来围殴我们。我们3人被打翻在地。"此文同时配有当时现场的图片，通过照片可以发现，当时人员很多，记者被打倒在地，众人拳打脚踢。此消息一经转出，记者圈内好友运用媒体对此飞速传播，马上就形成舆情热点。

通过对这个舆情案件的利益相关者进行分析，主要利益方有：

1）新闻媒体利益方，他们以记者为代表，其要求的是能够"采访自由"；

2）建筑公司，以工地工作人员为代表，其目的是避免工地被曝光，杜绝由于打记者造成的不良影响；

3）社会公众，以围观群众为代表，其主要心理是看热闹；

4）有意把这个事件炒作为"强制拆迁，围殴致伤记者"的利益群体，由此对政府施加压力。

了解了上面几方面的利益后，A省某地信息管理机构在舆情指导活动中便能及时利用官方微博传递有关案件信息。同时积极与案件利益双方进行交流，最后经过双方多次交流沟通，和谐处理了此事。为便于社会民众及时了解这个事情，避免社会上产生不必要的猜疑，信息管理部门又及时和3名记者进行了联系，随后3名记者利用新闻媒体等声明这个事件与拆迁毫无瓜葛，由此快速去除了舆情。

（3）舆情快反机制。A省某地信息管理机构积极学习、有效运用西方的危机沟通"三T"原则，在Tell You Own Tale、Tell It Fast、Tell It All的前提下，决定运用舆情综合处理方式，力争在5小时内保障舆情能够迅速、妥当、有效地处理。具体操作流程如下：

首先，设计舆情级别。把一般性批评报道与一般性突发警情设定为一般舆情。在处理一般舆情过程中，针对一般性批评报道，舆情办公室在获得舆情信息后，立即给有关部门发放《舆情核查单》（见附录1），凡收到《舆情核查单》的部门一定要在24小时内把确定的舆情，经部门主管领导签字上报到舆情办公室，舆情办公室据此进行统一信息发布。对于一般性突发警情的处置，舆情指挥中心把有关舆情信息通知舆情办公室，舆情办公室对舆情进行核实，设定新闻口径，运用通信、新闻媒体等多种方式进行舆情信息公布（见图 6-5）。

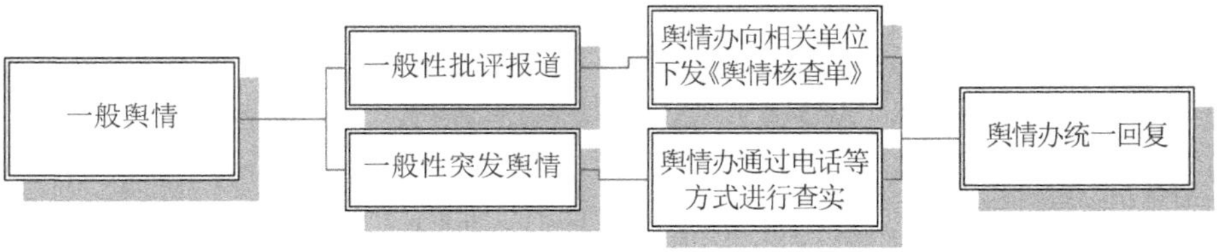

图 6-5 一般舆情处置程序

对于重（特）大舆情的处置流程如下：第一，按照舆情的性质与发展情况，由分管或值班领导赶赴现场对舆情进行处置。针对特别重大的舆情信息的新闻口径需要通过信息管理机构主管领导的审批，而且要求经过舆情办公室上报上级管理机构审核以后，方可对外公布。第二，前期进入舆情现场的民警，要求迅速把舆情的一般情况、新闻媒体报道消息等上报，了解新闻媒体的身份，对于舆情有关情况要做好登记，对于舆情现场要设立警戒区域，把采访人员及其他无关人员劝至警戒线之外，慎重回复新闻媒体的问题。第三，“5+X”应急处理工作小组要第一时间赶赴舆情现场，从先前赶赴现场的民警处接管舆情处理工作，及时按照舆情发展的形势进行相关的指导工作（见图 6-6）。

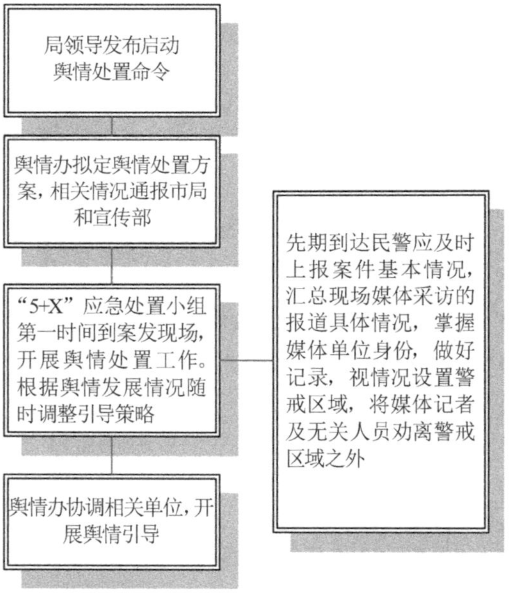

图 6-6 重（特）大舆情处置基本流程

其次，叠加组合处理方式。针对重大以上的舆情，仅仅依靠舆情指导机构的力量是远远不够的，要求由政治处负责实施，开展多部门、多平台、多途径、多方式的四叠加综合处理方式（见表 6-2）。

表6-2 叠加组合处置模式

部门叠加	引导部门	政治处（宣传科）、舆情办、团委、微博办、网安支队
	业务部门	舆情涉及相关业务部门
	援助部门	出入境管理办公室、纪委、督察、法制办
平台叠加	传统媒体	电视、电台、报纸、杂志等
	网络媒介	网站、论坛、贴吧、QQ群、微博、政府门户网站等
途径叠加	官方联系	官方身份的联系
	私人沟通	民警私人身份的电话、微博、QQ等沟通
方式叠加	公开身份	表明警方身份的引导处置
	隐蔽力量	BRWJ、网安等力量进行的删帖、封号等操作

在这种处置模式中，相关部门的职责如下：

政治处对舆情处理负总责。下设宣传科与公共关系科两个机构，对新闻媒体的采访报道活动进行管理，搞好视频信息搜集工作。

舆情办公室要求拟定舆情指导方案，协调相关机构进行舆情指导活动。

微博办公室负责编写微博信息，运用分局微博群进行舆论指导。

分局团委负责进行网络信息指导，在重（特）大舆情处理活动中，保证相关人员按时到位，其中重要人员不超出1小时，骨干人员不超出2小时，普通队员不超出4小时作出反应。

网络安全部门以技术力量为支撑，帮助舆情办公室进行舆情核查和处理工作；针对行动性、煽动性舆情消息及虚假消息要进行落地查实和管理工作。

舆情有关涉及单位要对舆情发表看法，对舆情处理活动提供指导性意见。

出入境管控机构要及时与上级出入境管理机构进行联络，确切了解本区国外常驻新闻机构及国外记者的详细情况；对采访重（特）大舆情案件的外国记者情况要进行管控。

纪检部门根据职责对所有参加舆情处理活动的情况进行监控及检查；针对造成涉警舆情案（事）件的民警违法违纪活动要及时查处。

法律保障机构对业务单位作出的决定提供法律保障，对相关问题作出法律的说明、为舆情处理活动提供法律依据，同时，对分局舆情办公室拟定的新闻口径的合法性进行审核。

上述各个机构在舆情办公室的统一协调下，根据舆情发展及处置的要求进行组合，一般处置程序如图 6-7 所示。

（4）舆情评估机制。舆情案件从发生到爆发再经过平稳至逐渐消亡，信息管理至此迈入结束与评定环节。在这个过程中，主要的工作有：

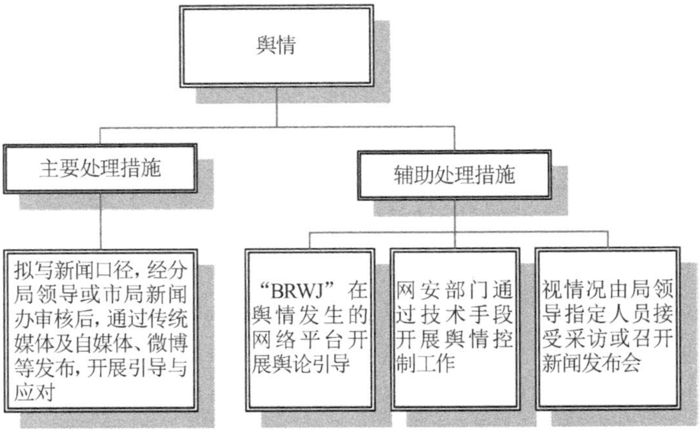

图 6-7 叠加组合处置流程图

第一，继续关注舆情。根据舆情的级别，在一定时间内继续保持关注，以免舆情重复发生。

第二，对舆情危机造成的损害进行恢复。舆情危机的损害重要包括对社会管理秩序、信誉体系、政府形象等方面的损害，对这些方面造成的损害要进行恢复或重建。

第三，对舆情管控活动开展评定。在这个阶段要求对本次舆情管控活动进行总结，为舆情危机管控累积经验。

6.3.4 涉警舆情引导机制效果分析

对舆情管控实践过程分析发现，在舆情危机处理过程中，全程指导的方式发挥了巨大的作用，获得了优异的效果。

6.3.4.1 舆情引导平稳高效

2012 年，A 省某地信息管理机构一共处理影响较大的所有舆情案件有 60 件。在这些舆情案件中，如步行街聚众斗殴案、三位记者采访遭围殴案件、境外女子在中山路被伤案、精神病人杀人案等案件的舆情都遭到社会民众的广泛重视。通过对这些舆情案件的分析发现，其中有 53 件是利用互联网，特别是运用微博平台发布信息后迅速造成较大影响，这种情况占总案件的 85%。由此可见，目前微博已经成为所有舆情的源头，也是舆情处理机构工作的重要内容。对网络信息处理活动的情况分析发现，当前有关舆情经过处理后都逐步消失，无一起造成重大不利影响。在这些舆情案件处置中，有 8 件获得了 A 省公安局的“舆情处置优秀案例”殊荣。

6.3.4.2 舆情引导实现及时

一旦发生舆情危机，立即收集舆情信息进行分析研究，为舆情危机的处置提供有利条件，从而及时发现舆情危机中隐含的“仇富、仇官、仇警”等敏感性要素，为舆情处置制订方案打下坚实的基础[47]。舆情危机一旦出现，要求公安机关迅速处置，舆情应急小组人员能够及时赶赴现场，保证舆情处理活动与舆情危机处理机构实现有效的对接。例如：在处置“精神病人杀人”案件过程中，公安机关立即设立警戒区域，让与案件无关人员以及新闻记者离开舆情现场，以免舆情现场信息泄露。在快速处理的同时要求恢复快，有效、迅速的处理给及时恢复打下了基础，这一点在突发性舆情案件中显现得更为明显。例如处理“10·11”杀人案（见附录 2）等舆情案件中，嫌疑人被及时带离舆情现场，舆情现场及周围的交通秩序等得到快速恢复，有效预防了围观群众长时间聚集造成秩序混乱的状况，从而有效解决了舆情危机，使之快速消失。

6.3.4.3 部门协作配合加强

A 省某地舆情管控机构对舆情处理的实践证明，信息管理机构对舆情危机的处理是否及时，这对能否有效处理舆情危机将起到决定性作用。舆情全程指导管控方式把舆情案件的处理机构与案（事）件处理单位有效统筹在一起，实现了一个相辅相成的有机体。首先，组建了舆情处理工作领导小组，把全局各个部门都列入“舆情全程指导”的管控结构之中，实现了一个各负其责、互相补充的有机整体，从而在舆情预警、研判、处置等不同发展过程中发挥重大影响。其次，在这个时期，要求所有舆情处置业务部门提升对舆情的敏感度与危机认识，另外在各单位之间制定警情、舆情联动互通体系，由此，一旦出现舆情危机能够快速做出反应，为处置舆情危机奠定有利基础。再次，要求所有舆情危机处置涉及部门之间加强合作。例如：110 指挥中心与舆情办公室之间建立警情互通体制、政治处宣传科与微博办之间成立联动体系等。

6.3.4.4 舆情引导平稳高效

第一，在舆情指导实践活动中不断积累工作经验，不断健全“5+X”应急处理体系。舆情处置涉及单位要求及时赶赴舆情现场进行舆情处置工作，建立舆情分析研究联席会议制度，充分发挥各个部门的作用。第二，以舆情全程指导为基础，充分利用官方微博群、分局官博“警民直通车”等网络形式，形成以所、队、民警为骨干力量的微博群框架，为舆情危机处理开展有效的宣传和指导工作。第三，运用“青年民警轮岗训练”的模式，让各基层单位的青年民警到微博岗位进行定期的训练，一方面增强了官微舆情指导的力量，另一方面也为信息管理基层单位培育了舆情指导与微博管理人才，为今后的涉警舆情引导创造了一定条件。

6.3.5 本节小结

自媒体条件下，A省公安机关引导涉警舆情的新方案应做到以下几点：首先，引入现代化的引导管理理念。其中要做到的是：坚持以公众利益为核心、借助自媒体特性，公开观点、全程引导舆论朝正面发展、与媒体相结合，引导观点统一等。其次，建立健全引导保障机制，包括决策管理机制、信息管理机制、日常管理与硬件管理机制等。按照分段引导的原则，设立A省涉警舆情引导方案，并取得了良好的效果：舆情引导平稳高效、舆情引导实现及时、部门协作配合加强、平台建设不断完善。

章末总结

笔者以运用自媒体为历史背景，以A省某地区社会治理为研究样本，针对自媒体条件下基层舆情危机管理方式开展了理论与实践探讨分析，发现要改变管理模式，应该运用开放的社会管理观念以适应社会和时代变革的需求。本章的主要内容有：

（1）自媒体环境下，公安机关的涉警舆情面临如下挑战：首先，自媒体传播特性加速了舆情的传播速度；其次，信息失真现象严重，监管困难；再次，公安部门对舆情的引导变得困难；最后，容易引发线上、线下群体性运动。

（2）A省公安机关在引导涉警舆情方面，采取的主要措施有：新闻发布引导、培训相关引导人才、通过官方微博进行引导等。而在公安机关引导涉警舆情方面，A省存在的问题有许多，包括：上级对涉警舆情重视程度不够、缺乏处理涉警舆情的经验、没有健全的涉警舆情处理机制、源头预防不到位等。经过分析得出，目前公安机关应对涉警网络信息存在的问题及其产生的原因主要表现在以下几个方面：首先，涉警网络信息防范不到位，包括思想认识不够，执法机构管理不规范等；其次，涉警网络信息处置能力不强，包括预警机制不完善、应对方法上差距明显、引导能力上差距明显、语言运用上差距明显等；再次，恢复措施没有真正落实；最后，舆情处置的后勤保障不力等。

（3）自媒体条件下，A 省公安机关引导涉警舆情的新方案应做到以下几点：首先，引入现代化的引导管理理念。其中要做到的是：坚持以公众利益为核心、借助自媒体特点，公开观点、全程引导舆论朝正面发展、与媒体相结合，引导观点统一等。其次，建立健全引导保障机制，包括决策管理机制、信息管理机制、日常管理与硬件管理机制等。

（4）按照分段引导的原则，设立了 A 省涉警舆情引导方案，并取得了良好的效果：舆情引导平稳高效、舆情引导实现及时、部门协作配合加强、平台建设不断完善。

舆情危机管理是政府对社会安全、公共危机进行综合管理的一项重要内容。一个地区舆情危机管理的成效直接决定该地区社会经济的发展与治安的稳定。创建舆情危机全程指导方式的体制，是在自媒体时代国内基层社会管理创新的一个缩影，反映出了国内许多基层社会管理机构，为顺应网络科技发展的新形式所做的努力。

参考文献

[1] Chris Willis，Shayne Bowman. We Media [J]. The Media Centre at the American Press Institute，2003.

[2] 陈琦 . 自媒体时代我国公民新闻的建构 [J]. 新闻界，2014（3）：70-74.

[3] E Ann Kaplan. Global trauma and public feelings：Viewing images of catastrophe[J]. Consumption Markets & Culture，2008，11（1）：3-24.

[4] 洪霞 . 新媒体时代公安机关应对网络信息探析 [J]. 公安研究，2014（3）：69-72.

[5] 资星 . 涉警舆情突发事件新媒体应对探析 [J]. 湖南警察学院学报，2014（1）：98-103.

[6] 谢昀，李娜 . 警察自媒体建设与管理若干问题研究 [J]. 山东警察学院学报，2014（5）：142-147.

[7] 李玉娟 . 网络涉警舆情的特征影响与应对策略 [J]. 公安研究，2010（7）：66-70.

[8] 周文慧．自媒体时代和谐警民关系建设研究 [J]. 湖北警官学院学报，2014（10）：41-44.

[9] 孙洪波．新媒体时代提升公安机关社会沟通能力研究 [J]. 净月学刊，2015（2）：5-9.

[10] 牛广甫．涉警网络信息的法治解读 [J]. 河南财经政法大学学报，2014（4）：177-184.

[11] 白海将．涉警网络信息中网民心理分析及疏导对策研究 [J]. 北京警察学院学报，2014（6）：56-60.

[12] 刘永红．自媒体环境下的警察话语权研究 [J]. 中国人民公安大学学报（社会科学版），2014（1）：91-96.

[13] 吴燕波，王春阳．自媒体时代网络信息的应对策略 [J]. 湖北警官学院学报，2014（5）：57-59.

[14] 刘旸．新媒体时代涉警舆情应对措施研究 [J]. 净月学刊，2014（6）：65-68.

[15] 邹秋仁，刘须群．涉警网络信息中公安机关公信力建设探究 [J]. 广西警官高等专科学校学报，2014（6）：1-4.

[16] 秦超．论警务微博对警察形象的维护 [J]. 云南开放大学学报，2014（4）：49-52.

[17] 张洪波．论自媒体传播中的涉警舆情引导 [J]. 学术论坛，2014（12）：109-115.

[18] Shulin Shi，Zhonghua Gou，Leslie H C Chen. How does enclosure influence environmental preferences？ A cognitive study on urban public open spaces in Hong Kong[J]. Sustainable Cities and Society，2014（13）：148-156.

[19] 李凯强，阮航，梁耕维，等．浅析涉警舆情的引导研究 [J]. 经济研究导刊，2015（11）：317-318.

[20] 李文华，王琦．基于议程设置理论的警务舆情疏导机制研究——以互联网认知环境为视角 [J]. 山东警察学院学报，2015（1）：140-145.

[21] 高山．试论涉警舆情引导与警务新闻生态建设 [J]. 广西警官高等专科学校学报，2015（2）：19-23.

[22] 胡铭．司法公信力的理性解释与建构 [J]. 中国社会科学，2015（4）：85-106，206.

[23] 文捷，赖柳华．全媒时代下涉警舆情导控机制研究 [J]. 广西警官高等专科学校学报，2015（3）：37-40.

[24] 韩磊．自媒体对公安机关形象的消极影响及应对措施 [J]. 北京警察学院学报，2015（3）：62-65.

[25] 柯健，张晓霞，纪振坚，等．全媒体时代公安执法队伍形象危机管理机制的探索——对“清远交警打人事件”的分析解读与延伸思考 [J]. 公安教育，2015（7）：46-51.

[26] 朱彤．自媒体时代下突发涉警舆情引导研究 [J]. 北京警察学院学报，2015（4）：69-74.

[27] 王欢．涉警舆论安全研究 [J]. 贵州警官职业学院学报，2015（5）：88-94.

[28] 罗赞．自媒体时代涉警舆情的特点及其应对 [J]. 湖北警官学院学报，2015（9）：49-52.

[29] 韩强强．自媒体背景下公安形象危机成因分析及对策 [J]. 法制博览，2015（28）：276-277，275.

[30] 徐承，李鸿杰，黄晨．基于 SWOT 分析的涉警舆情危机应对策略 [J]. 湖南警察学院学报，2013（2）：117-121.

[31] 李小波．网络时代和谐警民关系的困境与进路 [J]. 中国人民公安大学学报（社会科学版），2013（2）：108-114.

[32] 陈光明．加强网络涉警舆情应对工作之探析 [J]. 公安研究，2013（6）：51-54.

[33] 万甜．浅论涉警网络信息的应对 [J]. 艺术科技，2013（2）：12-13.

[34] 陈林林．论当前公安机关网络涉警舆情危机的应对策略 [J]. 北京警察学院学报，2013（04）：78-82.

[35] 赵建生，邹智勇，周树华．网络负面社会心态和传播效应对涉警公共危机事件处置工作的影响及其解决对策 [J]. 公安研究，2010（1）：71-78.

[36] 马翠琳．涉警民意表达的媒介化趋向探析 [J]. 公安研究，2010（4）：56-62.

[37] 王硕，余青，付梦瑶，等．自媒体时代公安机关网络信息引导策略——以广东肇庆“@ 平安肇庆”为视角 [J]. 湖北警官学院学报，2014（5）：17-19.

[38] 邓志彪．公安机关面对的网络信息压力与对策 [J]. 武汉公安干部学院学报，2015（1）：45-48.

[39] Yefeng Ma，Ying Gao，Hui Zhang，et al. Perception on Safety and Justice Related to Social Environment in Mainland China：A Survey[J]. Procedia Engineering，2014：（78）：292-298

[40] Washio M，Arai Y. The new public long-term care insurance system and feeling of burden among caregivers of the frail elderly in rural Japan.[J]. Fukuoka Acta Medica，2001，92（8）：292-298.

[41] 王智慧 . 网络环境下公安机关应对涉警舆情研究 [J]. 铁道警官高等专科学校学报，2010（2）：93-96.

[42] Yigean Chen，Jaonan Cheng. Leadership behavior and job performance of teachers in public and private kindergartens：the perspectives of institutionalization，reason，and feeling[J]. School Effectiveness and School Improvement，2012，23（1）：1-19.

[43] Sarah Schrank. Review of MONUMENT WARS：Washington D C，the National Mall，and the Transformation of the Memorial Landscape by Kirk Savage and MEMORIAL MANIA：Public Feeling in America by Erika Doss[J]. Public Art Dialogue，2012：21.

[44] Ben Clements. Research Note：The Sources of Public Feelings towards Religious Groups in Britain：The Role of Social Factors，Religious Characteristics，and Political Attitudes[J]. Journal of Contemporary Religion，2012，27（3）：419-431.

[45] 林苇 . 涉警网络信息应对策略研究 [J]. 武汉公安干部学院学报，2010（2）：27-30.

[46] 刘标平 . 上海市应对网络涉警舆情危机的案例研究 [D]. 成都：电子科技大学，2013.

[47] 佟璐 . 自媒体时代网络舆论的传播与引导研究 [D]. 大连：东北财经大学，2012.

附 录

附录 1 舆情核查单

日期：

核实部门	
待核实舆情	
核实情况	（核实情况包括：案（事）件基本情况；已经采取的措施；目前取得的成效等。）
部门领导签字	

附录2 “10·11”杀人案

【案件情况】

10月11日晚，某公安分局110指挥中心接到报警，有一名男子在××江边对两名年轻女子行凶，两名受害者身上被这男子捅了数刀。辖区派出所民警及时赶赴现场，经过群众的协助控制住了歹徒。一名受害者经120医护人员确认当场死亡，另一名受害人由于伤势过重，经医院抢救于次日5时身亡。

【舆情情况】

案件发生25分钟以后，在新浪微博就出现了“@happy张江”发布的“××江边杀人事件”的配图新闻，与此同时，这则消息经@新闻晨报、@A省头条播报、@脊梁 in A省等著名媒体进行转发，瞬间网民转发量达到了10000多条，马上形成了舆情。

【舆情标签】

某区是世界上闻名的大都市，生活中的每件事情都牵动着民众的心。长期以来，该地区的社会治安、社会秩序一直保持着良好的状态，像如此恶劣的杀人案件从未发生过，所以此案的发生引起了市民的高度重视。针对这次实属罕见的、手段残忍的故意杀人案件，很有可能造成社会民众对于A省社会治安状况的担心与害怕。通过分析微博信息能够发现，许多民众纷纷把矛头焦点集中指向了公安机关管理不够、治安防范措施不力等，以至于有网民发表网络信息：A省社会治安与生活环境差，没有安全感。对案件经过初步侦查发现，案件犯罪嫌疑人万某是一名精神病患者。“精神病”的说法，对于媒体和社会民众来讲，又是一个非常敏感的热点话题。在一定时间内，“精神病”“临时工”等已成为某些个人、单位开脱责任的代名词。恰好此案的犯罪嫌疑人由于系“精神病”患者，免于刑事惩罚，由此极有可能造成死者家属及社会民众的强烈不满。

【舆情处置】

110指挥中心接到报案以后，及时传递给舆情办公室值班工作人员。舆情办工作人员接到舆情信息后第一时间赶到现场，进行舆情处理工作。经过从辖区派出所获得的有关信息，了解到行凶歹徒系精神病人时，没有立即利用官方微博发布案件信息。直至案件刑侦人员联络犯罪嫌疑人老家A省的属地派出所与其家属后，确定犯罪嫌疑人万某确实是精神病人。才于次日凌晨利用官方微博“@ 警民直通车—S 区”公布了简单的案件信息，同时把嫌疑人的精神病史、当场抓获等情况进行了发布。由于该案件影响很大，分局一直与市局新闻办等相关部门保持密切的联系。第一时间获悉《东方早报》记者在对受害者家属进行了采访后对此案进行报道时，为了避免案件对警方产生负面的舆情，信息管理政治处领导及时与记者取得联系，并积极向记者提供案情信息，重点介绍了此案发生过程中有 3 位江西籍游客协助警方控制住凶手的案件细节。第二天，《东方早报》在对此案进行报道时，仅仅只报道了一小部分受害人的情况，对 3 位江西籍游客协助警方控制住凶手的情节却运用了较大篇幅进行报道。根据犯罪嫌疑人系精神病人这个问题，案件主管部门积极联系了相关权威部门，再次对犯罪嫌疑人进行了精神病权威检查，而且把嫌疑人正处于精神分裂症发病期，对本案没有刑事责任能力确定结果运用多种方式进行公布，另一方面，利用“精神病”这一要素，体现出这一案件纯属“个案”，绝非社会治安状况的“通病”，从而积极有效地消除了社会民众对公安机关的质疑。

【启示】

在面对纸媒采访报道时，舆情管控机构要积极利用“议题设置”的方法，积极向新闻媒体提供与案件有关且对公安机构造成危害较小或有利无害的信息。例如此案件中的 3 位江西籍游客协助警方控制住凶手的情节，同时利用这个机会向整个社会传递“正能量”，指导舆情舆论朝有利的方向走。

【微瑕之处】

从舆情指导的角度出发，大家在案发现场也看到相关工作中依然存在缺陷。例如，警戒区域的设立工作就明显不足。诸如此类影响重大的恶性的案件，特别是受害人躺在血泊中的这种血腥、刺激的情景，工作人员在设置警戒区域的时候一定要扩大警戒范围，让这个重要的核心区域不能够被相机、手机等清楚地拍摄到，防止案发核心现场照片被发布在网络上，避免增加舆情处理与案件侦破工作的难度。

第 7 章　自媒体与高校学生网络信息管理及其应用

高校作为为国家和社会培养高素质专业人才的组织以及国家和社会发展的智囊，自始至终都是网络信息重点关注的对象。相比于普通网民，高校大学生网民有着较高的素质、活跃的思维以及敏锐的洞察力，他们的某些观点很容易引发社会民众的关注，在一定程度上甚至会引起并激发社会矛盾，这种情况我们称作高校学生网络信息。高校学生网络信息在某种程度上影响着社会舆情的形成和发展，因此对高校学生网络信息的研究有着较为特殊的意义，通过了解高校学生网络信息的成因、特征，建立起比较完善健全的应对和引导机制，保障高校正常的秩序，为学校的发展营造良好的网络舆论环境，这也是信息时代赋予高校的一项新的重要任务。

7.1 自媒体时代高校学生网络信息概述

7.1.1 相关概念的辨析

7.1.1.1 自媒体概念

自媒体是一个新生名词，2003 年 7 月，克里斯威理斯、谢因波曼两位美国新闻媒体研究中心的专家首先提出了自媒体的概念，他们在研究报道中就自媒体下了如下定义：自媒体是在科技发展的大背景下，全球资源共享，在这个信息交流十分密切的网络时代通过该平台来分享自己亲身经历的事情和发生的新闻。[1] 通俗点说，就是公布自身亲身经历的事情和周围的新鲜事的平台，比如我们常用的微博、微信、QQ 空间、社交网站等。

人们根据自媒体的特点更加形象化地进行了划分，个人媒体和公民媒体都是自媒体的意思，这里体现了自媒体的普遍性和私人性，在内容传播过程中也是十分自由的，现在是一个发达的网络时代，在信息的传播方面可以运用电子技术和网络媒介的手段来完成，这样也是自媒体的大致意思。

7.1.1.2 舆情概念

“舆情”在我国古代的著作《全唐诗》《旧唐书》中有记载，并对其含义进行了简单的阐述，其含义是指老百姓的感觉、感情。

现代的一些研究文章对“舆情”的含义也进行了解释，这里富有代表性的文章是王来华撰写的《舆情研究概论——理论、方法和现实热点》，这篇文章对这个词这样解释：这种情绪的产生是由于在特定的社会大背景下，一些社会中的媒介性事项进行不断的发展和演变，这样国家的公民会对国家的管理人员有一定的看法，并保持一种属于自我情绪上的政治观点。[2] 王来华教授所提出的对舆情的定义也恰到好处地体现了舆情的核心内容，但外延相对较小，王来华的定义在学术界的评价很高，在这个研究领域有着“狭义舆情”的美称。

张克生教授的文章《国家决策：机制与舆情》这样写道：当一个国家做出一项重大决策的时候，这样的政治决策势必会影响到该国广大公民的切身利益，这样也就导致国家管理者在做出一些政治决策的时候往往会引起广大公民的关切。这些关切也是公民的政治主张和看法，往往也蕴含着广大劳动者的智慧，这种感情也会对国家的政治决策产生影响，舆情也就是在国家的政治背景下的公民对国家政策的关心和对政治主张的希望。[3] 这里对舆情的论述比较丰富，对狭义的舆情概念起到了一定的补充作用，因此被学界简称为“广义舆情”。

张元龙教授也就舆情的定义提出了自己的看法，他对舆情做了一定的研究工作，他认为：舆情是在一定的政治背景下，公民由于关系自己的切身利益，而一个国家的政治主张和发展选择上都关乎着自己的切身利益，所以公民在国家管理者在国家政策上做出决策的时候会发表自己的看法，提出自己对此决策的看法和意愿。[4]

7.1.1.3 舆论概念

舆论在学术界中也被学者分为广义舆论和狭义舆论两种。这里的广义舆论往往和人们通常说的“公众意见”差不多，这里着重强调的是广大公民对某一政治主张的看法、态度，这里体现着公民的价值取向和意见，也可以理解为民意。狭义的舆论研究把舆论重点体现在媒体的作用，狭义舆论的发表重点体现公民的意见、看法等通过媒体的形式向公众发表。这里体现了民意发表的媒介，但事实上，所谓的“公众意见”并不是舆论的真正含义，如果把舆论就当作是

“公众意见”显得非常片面，这种对舆论含义的理解是一种狭义的理解方式。还有的学者就舆论的含义发表了自己独到的见解，他们认为舆论是一种公开言论，是不希望隐瞒且迫切地想表达自己的政治看法。

7.1.1.4 舆情与舆论的区别

舆情和舆论有着很多的相似之处，但是它们之间也存在一些特征上的差异。第一点，舆情的感情表达是比较广的，在面对社会上的一些可以影响到自己切身利益的事的时候，公民们往往会产生对此事的舆情，这里的情感流露的方式比较多，比如可以是态度、意见、看法等。还指在自己的心里的一种情绪，并且可以不表达出来，而舆论是这种感情、看法的表露。第二点，舆情的感情可以有很多，可以没有感情的偏向性，而对于舆论而言，舆论往往指的是广大民众的大致意见倾向。

7.1.1.5 网络信息

国内知名学者刘毅对网络信息有这样的看法：“所谓的网络信息是舆情的一种，在一些公共事务中关系着广大网民的切身利益，这些网民通过网络的方式来表达自己的情绪、看法、意见等。这种舆情就是网络信息。”[5] 华中科技大学两位教授对于网络信息也提出了自己的观点，他们认为：“网络信息的产生是由于一些公共事务对国民利益的影响之后，公民通过网络的方式发表自己的看法、情绪、意见等。这里的舆情传播方式往往是通过新闻、微博、微信、电子邮件等网络平台。”[6] 还有华北电力大学和南开大学的郝英杰和徐晓日教授这样认为：“网络信息是舆情的表现形式之一，舆情表现的形式是通过网络平台来实现的。”[7][8]

这些年以来我国舆情基础理论研究虽发展迅速，但缺乏深度、细化和系统的研究，在舆情的研究方面还有很大的空间，舆论理论体系水平需要进一步提高，在发展中新生的网络信息也没有一个很好的定义。有些学者就网络信息提出了自己的见解，他们顾名思义地认为网络信息就是一些公共事务影响着广大公民的切身利益，这样也就激发了公民就此事的看法、情绪、意见等，并通过网络的形式发布出来；还有的学者认为网络信息是指在网络上或者现实生活中遇到的一些影响到自己的切身利益的突出问题所发表的情绪、看法、意见等。[9]

网络的兴起为公众提供了很好的发表言论和态度的平台，人们通过网络可以很方便地发表自己的情绪、态度、意见。这样就很快地形成了网络信息。借鉴学界的观点，可以这样认为：网络信息是指公众或者各种社会群体通过网络对影响自己切身利益的公共事务产生的很多情绪和意见的集合体。其主要媒介有网络论坛（BBS）、微博、微信、新闻跟帖、博客（Blog）、聚合新闻（RSS）和即时通信（QQ和MSN）等。网络信息的产生不是在网络的虚拟世界中产生的，往往是现实生活中的公共事务影响到了自己私人利益的时候通过网络的方式表达出自己的情绪、看法。

7.1.1.6 高校学生网络信息简述

在学校中，高校舆情往往指学生舆情和教职工舆情两大类，人们更侧重于研究学生网络信息。

高校的学生网络信息是网络信息的重要组成部分，学生在社会上和在学校里遇到的关系到自身利益的事情，学生往往把对此事的看法、意见、情绪搬到网络上，通过网络的方式进行传播。这里的学生舆情不仅仅是其对国家发生的重大事件的看法，还包括学生对国家和学校的一种诉求和意见，他们想要学校和国家改善环境，体现了学生的一种利益需求。在对学生舆情的研究工作中要知道这么几点内容：第一，学生的思想关系着舆情的感情偏向，学生对一些事物的看法也产生了学生舆情。第二，学生舆情可以影响到国家和学校的政策。第三，要把握好舆情变化的规律。第四，舆论空间影响着学校的党委工作。[10]

7.1.2 高校学生网络信息的主要特征

7.1.2.1 互动性和快捷性

从传播特性来看，与传统媒体单向的信息传播通道相比，如今的网络媒体往往在特征上优于常规媒体，比如网络媒体在传播信息方面具有显著的高速性和互动性。国外学者保罗•沙夫（Paul Safe）在分析高校网络舆论的基础上，明确指出：同其他人发生联系，网络媒介最为显著的特点就是传播的内容不受时间和空间的限制。[11]通俗地说，与其他媒体相比，网络媒体的优势在于其快速性、互动性。学生往往喜欢通过网络媒体来表达出自己的情绪、看法、意见。

此外，网络信息往往还受到信息传递速度的影响。随着互联网技术的发展和自媒体时代的到来，舆情的传播和表达甚至达到了以分论秒计算的程度。国内外重大时事新闻、社会热点事件发生后通过各大互联网媒体、QQ 群、贴吧、论坛、微博、微信等工具能迅速传遍整个网络，在获知新闻事件的第一时间内高校学生就可以在网上发表言论、转载新闻事件甚至引发 网络舆情。

7.1.2.2 丰富性与多元性

在网络中学生舆情的内容涉及面广，其中包括国内外重大时事新闻、社会热点事件以及校园突发事件等，传播方式也十分丰富。

一些学校的贴吧、QQ 群、各大新闻网站都是学生舆情的平台，涉及的内容也十分丰富。2013 年 10 月 3 日至 10 日，百度燕山大学贴吧讨论的话题就包括校园风光、电脑技术、旅游攻略、文学艺术、体育健身、新闻咨询，学术论坛等，涉及的内容十分广阔，学生们可以选择自己喜欢的类型进行研讨，并且可以自由地发表言论。学生还能通过微博、微信、QQ 群等渠道和途径发表言论、意见和观点。

7.1.2.3 隐匿性与外显性

大学生在现实中发表自己的真实言论时往往有所顾忌，但在现实社会中能够识别个人身份的姓名、地址、行为方式、职业等因素都可以在网络环境中不同程度地隐匿，因此，发表言论者往往是匿名的，他们也就没有了在现实生活中的诸多顾虑，这样发表的言论也就更接近自己的真实想法，正因为隐匿的特性也让信息发布者能够在互联网上真实吐露心声，所以舆情往往比较丰富，当一些社会热点问题出现时，大学生代表着一代青年群体，对这些热点问题往往非常关切，再加上在网络中大学生往往都是匿名发表言论的，因此在这样的条件下，全面地进行讨论并有可能产生较大的影响进而形成大学生网络信息。

7.1.2.4 个性化与群体归属性

一些心理学家研究发现，在言论自由并且匿名的网络上，人们往往会忽视自我的职业，发表出发自内心的言论，个性化特点在微博、微信上非常突出。

高校学生在舆情表达时倾注了个人的情感、意志和认识等主观性的因素，而他们在网络上往往会寻找与自己观点相同或趋近的人展开交流，这样可以让他们得到心理的归属感，从贴吧、论坛的实际考察结果来看，大学生寻找网上大的集体的特征是十分显著的。有关研究表明，这种具体化的倾向比在现实生活中具体化的倾向要高出很多。寻找集体归属在贴吧、论坛中更加突出。

7.2 高校学生网络信息引导的现状及影响

7.2.1 高校学生网络信息的现状

7.2.1.1 高校学生网络信息的现状调查

（1）调查目的

高校学生网络信息是社会网络信息的一部分，高校学生是网络上最活跃的群体之一，他们在网络上的思想见解、行为动态在某种程度上可以说是社会的“晴雨表”和“风向标”。只有从总体上了解高校学生网络信息的基本情况，还有它对大学生意识以及活动的影响，研究高校网络信息指引和大学生观念政治引导之间所存在的联系，借此来优化高校学生网络信息的应对手段和教育活动，才能更好地应对高校学生网络信息危机，提高高校思想政治教育的成效。

（2）研究对象以及研究手段

研究者借助随机抽样问答调查以及网络跟踪统计研究这两种手段实施研究。问卷调查全部发出去300份，回收问卷290份，其中有意义的问卷286份，占全部问卷整体的91.3%。研究对象为燕山大学的本科、硕士、博士在校生。其中本科生约为71.4%，硕士研究生约为24.8%，博士研究生约为3.8%。调查对象情况见表7-1。

表7-1 问卷调查对象

类别	性别	有效问卷（份）	总计（份）
本科	男	135	286
	女	69	
硕士	男	50	
	女	21	
博士	男	8	
	女	3	

与问卷调查同步进行的另一种调查方法是网上统计分析法，主要通过调查QQ群（燕山大学校报学生记者群）、燕山大学百度贴吧、河北科技师范学院百度贴吧。通过上网调查认识高校学生对相关舆情消息的关注焦点。

7.2.1.2 研究当前高校学生网络信息状况

（1）大学生最关心的网络话题

研究结果表明，83%的高校学生平均每天都要花费至少两个小时的时间去上网，这种情况说明网络已经是现在大学生生活以及学习当中不可或缺的成分，学生上网的目的除了查阅资料、观看各种新闻、获取知识，他们上网还用来逛空间、发朋友圈以及玩网络游戏。高校学生最愿意去相信的信息发布平台，排在首位的是腾讯、新浪、网易、搜狐这样的网络门户以及搜狐、腾讯这些网络门户网站的手机客户端，占到了 69%；其次就是学校的高校贴吧，占 36%。见表 7-2。

表 7-2 高校学生上网目的

上网目的	人数	百分比
查阅学习资料	187	19.1%
浏览新闻	162	16.6%
逛论坛	133	13.6%
购物	98	10%
更新个人账号内容（空间、微博、微信）	166	17%
玩游戏	143	14.6%
其他	89	9.1%
总计	978	100%

通过对贴吧和 QQ 群实施连续跟踪，而且获取整理有关资料，对大学生热心的焦点话题实施调查分析。国内外政治、社会民生、学习与生活、亲情与爱情是大学生关注的重点话题。根据调查结果，高校学生在网络上探讨的话题大多是游戏、探讨学习、创业就业、网络购物、宣泄情感这些方面，大致上能够将它们划分成四种类型：社交情感；信息检索；技术工具；娱乐休闲。社交情感这种类型大多是微信、QQ 聊天、发布微博以及各种聊天工具的回复评论和留言、在贴吧发帖回复；信息检索这种类型大多是浏览国内国外的各种新闻、收集学习资料、查询各种有趣咨询、熟悉讲座论坛以及就业创业信息；技术工具包括学习掌握各类网络技术、下载各种学习以及办公软件、下载学习资料以及课件；休闲娱乐类主要指网络游戏、影视音乐、文学艺术、网络购物等。

（2）大学生对网络信息的态度

互联网的迅猛发展，给拥有便捷上网条件和较高知识水平的大学生表达意见提供了一个广阔的平台。大学生思想开放、热衷于追逐新鲜事物，同时又拥有较为充裕的时间和强烈的好奇心与逆反心，在对国内外政治事件、社会民生等话题开展热烈讨论的群体中，他们是最有潜力、最富创造性的群体。网络调查结果显示，不管是对国家关键性决策的思想表达，还是有关政治、文化、经济这些方面的发展舆论动态，均是高校大学生探讨与关心的话题。

高等学校学生对国内外新闻热点话题或者网络突发状况的态度，见表 7-3，表示十分关注的大学生占全体学生的43.7%，他们都愿意加入话题的讨论当中；表示比较关心的大学生占了全体学生的27.9%，他们愿意和周围的人一同探讨；而持一般关心态度的大学生占了全部学生的21.1%，他们仅仅是大致观看一下；很少一部分学生对此类话题基本上是不关心的，这类学生占了全体大学生的7.3%。

表7-3 大学生对网络话题事件和突发事件的态度

关心程度	频率	百分比
非常关心，会积极参加讨论	125	43.7
比较关心，会和周围人讨论	79	27.9
一般关心，只是浏览看看	60	21.1
基本上不关注	22	7.3
合计	286	100.0

通过贴吧和QQ群的连续跟踪，对高等院校学生关注的热点话题实施调查研究。将2014年3月份以及9月份大学生关注的实施热点话题拿来举例，昆明火车站暴恐事件上体现了高校大学生由衷的爱国主义意识以及深刻的民族团结精神，马航MH370失联事件上反映出大学生尊重生命、渴望平安的人道主义精神。对乌克兰事件中俄罗斯与西方的冲突的态度反映出大学生希望和平和坚定走中国特色社会主义道路的强烈愿望。热点时事话题在各院校贴吧以及高校学生QQ群中激烈的讨论体现了高校学生的思想观点，了解这种情况对认识大学生的思想意识、价值观念以及活动类型有着相当大的意义。

7.2.2 高校学生网络信息的影响

因为互联网信息传递的迅速性和方便性，还有互联网信息监管和传统媒体严谨的监管制度比较起来有着相当大的区别，造就了互联网信息的包罗万象、良莠不齐，既给大学生提供了海量的信息和知识，拓宽了大学生表达意见诉求、针砭时弊和建言献策的平台，拓展了大学生面向世界的宽阔视野；另一方面互联网也不可避免地夹杂着大量虚假和丑恶的内容。所以，大学生网络信息是把“双刃剑”，既有其积极健康的一面，也有消极有害的一面。

7.2.2.1 大学生网络信息正面作用

（1）大学生网络信息有助于提高高校决策的科学性和民主性

学生代表座谈会、主题班会等传统的获取大学生舆情的方式很容易出现信息扭曲、失真、中断等问题，但是网络的开放性和便捷性使大学生可以借助互联网各抒己见、畅所欲言，并能方便快捷地汇集、整理和保存信息。对中国以及国外的政治时事、社会热点话题、同自身利益有着相当大关系的热点，大学生往往会积极参与发布、讨论或转载的相关信息，通过自己的专业学识和意愿表达出对高校有关活动的意见及建议。通过对这些网络信息的收集、整理和反馈，可以便捷地了解大学生真实的思想动态和言论诉求，使高校在制定决策时能更加务实、更加科学、更加民主。

（2）大学生网络信息有助于提高学生管理工作的水平

高校的本职工作就是育人，如何提高高校学生管理工作的水平历来是高校工作的重点。互联网技术的迅猛发展大大拓宽了学生与学校之间的沟通桥梁，通过网络平台，大学生可以自由便捷地浏览时事动态、评论自己感兴趣的公共事务和社会热点、网络围观或者灌水，大学生网络信息可以直观地反映高校学生的思想情绪、态度和意见，有利于学校及时便捷地把握学生各个方面的情况。利用好高校学生网络信息这一功能，就能很好地倾听学生的真实心声，了解学校的校情民意，积极加强对大学生网络信息的正面引导，通过反馈和应对满足大学生的意见和诉求，既可以提高学生管理工作的针对性和效率，也可以促进高校的和谐稳定发展。

（3）大学生网络信息有助于为大学生减压

当今形势复杂多变，改革进入深水区，大学生群体面临着社会阶层固化、社会两极分化严重的现状，同时还面临着学业、就业和人际交往的压力，所以他们紧张、焦虑、愤懑的情绪不断滋长。当有国际重大新闻、国内社会热点和突发事件、学校焦点问题发生时，他们往往积极参与到舆情当中，持续发表意见和看法。由于大学生年轻气盛、疾恶如仇，对于社会的各种丑恶现象深恶痛绝，因此在网络上积极发声惩恶扬善、伸张正义，有利于缓解大学生的心理压力和疏解大学生不良情绪，减少大学生冲动行为的发生。网络信息一般会经过产生、发展、高潮、消退四个阶段，根据中国传媒大学网络信息研究所 / 艾利艾咨询（IRI）调查，正常情况下网络信息的活跃期限是 16.8 日，有 75% 关注度高的新闻事件在该事件报道后的 2 ～ 4 天之内实现最热化。学生网络信息形成后，如果高校能及时正确介入引导，提供翔实充分的信息，实时公开调查进度和处理过程，并对学生的合理要求进行积极回应，很大程度上就能消除他们心中的困惑或焦虑，大学生网络信息就会逐渐消散、消失，可以有效防止网络群体性事件发生。

7.2.2.2 大学生网络信息负面影响

（1）网络舆论很容易感染大众情绪

由于互联网技术发展速度异常迅速，各种类型的贴吧、博客、论坛、QQ 空间、人人网、微博、微信等缺乏有效监管的自媒体的出现，且由于网络的“开放性”及“无边界性”，各种多元化的观点、别有用心的虚假信息、歪曲真相的谣言通过网络呈现出病毒式的传播。相比于现实生活，“网络传言”当中谣言散布的速度会更加迅速，对社会影响的规模也会更大，造成的社会“慌乱”程度也会更大，这样的情况常常会导致群众的盲目跟从和冲动。

2010—2013 年，“秦火火”、“立二拆四”、周禄宝、傅学胜等网络大 V 蓄意编造传播张海迪拥有日本国籍、自来水里的避孕药、中国政府花 2 亿元赔偿“7 • 23”动车事故外籍旅客、中石化“非洲牛郎门”、“舟山人头发里汞超标”、“南京猪肉含铅超标”、“惠州猪肝铜超标”等虚假信息，在网络中大量转载传播，不仅给当事人造成了严重的伤害，引起了社会的恐慌，也给国家形象带来严重的负面影响。2013 年，在公安部集中部署开展的打击网络有组织地制造传播谣言等违法犯罪专项行动中，这些蓄意散布谣言的网络大 V 被依法批捕。《国际金融报》2013 年 9 月 2 日报道称，据媒体官方微博统计，截至 2013 年 8 月 29 日，全国各地均在批捕“网络造谣大 V”：河南共批捕 131 人；山西刑拘 49 人，治安处罚 29 人，23 人被批准逮捕；陕西 22 人被批捕。此外，上海、北京、江苏、湖南、广东等地均有人被批捕。

就社会现象以及大众比较关心的话题而言，相当多的大学生将自己的观点在网络上表达出来。不过由于被各种各样的因素所干扰，很多的大学生在网络上的观点是缺乏理性的，一部分人将互联网当成自己宣泄情绪的地方。有关研究表明，只有 38% 左右的大学生在网络上可以按照自己的认识，理智地表达自己的观点，28% 的大学生都是盲目地跟从大众的言论，有 33% 的大学生仅仅是因为想宣泄自己不满的情绪，这里不能忽略的是，情绪化言论极容易得到大众的响应，这样的情况就会导致有害舆情的出现，有害舆情有着很强的号召性与破坏性。再加上没有理性、不负责任的舆论判断与疏导，这会导致越来越多的人失去对社会的信心。那些毫不负责的言语甚至可以影响到社会的和谐。

（2）不良信息影响大学生健康成长

互联网一方面包含有海量的知识，为大学生的学习和生活带来了极大的便利，但另一方面，互联网上也充斥着大量的“假丑恶”的不良信息。有人做出调查，互联网上大概有 50 万个色情网站，存在黄色图片近 50 万张。据西方一所研究单位表示，在网络上随意点击 7 次就会有一次进入到色情网站。另外美国《每日电讯报》表示，除学术的信息外，互联网上 47% 的信息与淫秽色情有联系。同时“法轮功”“台独”“藏独”“疆独”等境内外敌对势力也大肆利用网络对大学生进行意识形态渗透，攻击中国共产党和社会主义制度，煽动民族仇恨、民族歧视、宣传邪教，同党和政府争夺群众，破坏社会的安定团结。

大学生在上网的过程中不可避免地会接触到这些负面信息，由于大学生具有年轻冲动、易情绪化的特点和从众心理，其中暴力、色情、迷信、分裂国家等反动信息容易使大学生形成错误、扭曲的人生观、价值观和世界观，而且容易诱发大学生个体犯罪和大学生群体性事件，这些都给高校学生网络信息的引导工作和思想政治教育工作带来了巨大的挑战。

（3）网络群体性事件影响学校的稳定

互联网的虚拟、自由、平等的特征决定了所有网民都可以充分地、自由地在互联网上展示自我，对公共事务、社会热点事件和与自身利益相关的事件都可以发表自己的看法和观点。由于可以隐藏真实身份，在法不责众观念和监督机制缺失的情况下，不少大学生缺乏对自己的道德约束，往往对刺激、新鲜的网络热点事件不辨真伪地或者对自己臆断是真实的事件和消息进行传播，导致不少虚假舆情在网上迅速蔓延，影响范围迅速扩大，当这种影响发酵直至产生共鸣时，就达到了网络群体事件的临界点，在群体情景压力和集体无意识作用下，大学生年轻冲动和敢想敢干的个性会让他们随时聚集在一起，采取示威游行、静坐罢餐甚至采取暴力行动来反映诉求、表达不满，短时间内非常容易产生学生网络信息群体性突发事件。

有关调查表明，西部某省仅省直高校 2006 年就出现了 4 起群体事件，在 2007 年出现 6 起群体性事件，2008 年发生 7 起群体性事件。[12]2005 年 6 月 25 日晚，发生在江西九江学院的大学生群体性事件是一件极具代表性的通过网络信息产生的大学生群体事件。有关调查显示，九江学院的上千名大学生由于对学校的不合理收费表示愤怒，于当日晚上举行示威活动，并且放火燃烧横幅宣泄自己的情绪。参与此次事件的学生约从凌晨 2 点左右聚集在第五、六教学楼前示威，一直持续到天亮，示威队伍捣毁了食堂旁的公共设施，现场的照片和文字很快上传到网络上引起更多的人参与。后来学校和市政府主要领导相继赶到现场做学生的思想工作，承诺退还不合理收费，事件才慢慢平息下来。事件造成了不小的社会反响，也给学校带来巨大的负面影响。因此大学生网络信息危机可能是群体性突发事件的直接“导火索”和“助燃剂”。

7.3 高校学生网络信息引导

7.3.1 加强高校网络信息引导工作的必要性

高校网络信息对高校大学生的活动方式以及价值观起到了关键性的决定作用，不但影响着高校大学生的生活方式以及学习方式，还改变了高等院校大学生的人际交往形式以及活动方式。“借助互联网表达观念是公民所具备的权利，是提升民主的一个全新的手段。假若人民群众的意见是有意义的、正义的、理性的，这样的呼声对我们的社会产生的是一种正方向的促进，反之就是不利的。”高校网络信息要顺利地进行，就一定少不了疏导的相互联系，要使用有效且有用的引导手段[13]。

针对问卷调查中“是否觉得有对大学生实施网络信息指引工作的必要性？”这一问题，调查结果表明，有 77% 的大学生觉得对高等院校大学生进行网络信息的疏导活动具有相当大的意义。提升高等院校网络信息指引工作的必要性大致从下面几点上反映出来：

7.3.1.1 高校网络信息的主体特殊

高校网络信息的主体基本上都是在校大学生，他们最具代表性的就是思维活跃、个性鲜明、对新知识的强烈获取愿望；对新事物的接受能力出色、具有挑战精神，敢于突破；追求民主、个性鲜明、拥有社会责任感以及正义感；他们正站在他们人生发展最重要的阶段，身心发展还不够健全，他们的价值观、世界观、人生观还在形成阶段，没有很好的对自我的控制能力，因此外界的很多不良因素很容易诱惑他们，进而出现很多成长问题。

由于全球化推进速度的日渐加速，高等院校成为各种社会思潮的发源地以及传播场所，高等院校大学生对新鲜事物的好奇程度以及对新信息的关注度都相当强，只要校内外有突发事件发生，他们几乎会最先弄清楚事件的状况并会在互联网上表达出自己的思想和观点。因为对事物无法做到全面并且理想的判断，而且还由于大学生的社会经验尚浅，经常会受到有害信息的影响，从而做出不正确的判断以至于做出不明智的行为。所以，高等院校网络信息指引具有非常重要的意义。

7.3.1.2 高校网络信息的客体复杂

互联网将社会舆情进一步放大，网络会表现出如同放大器一般的作用，将国内外发生的人们所关注的新闻事件、校内外紧急出现的各种状况在高等院校网络空间上反映了出来，便成为校园网络当中的热点话题，从而被更加广泛的大学生所关心。从“5·12汶川大地震”到“钓鱼岛事件”，从“中国政法大学弑师案件”再到“药家鑫故意杀人案”，这些均在高校贴吧、论坛当中激发了大范围的讨论，因此被社会各界所关注，高等院校舆情客体的种类多样，导致了高等院校在解决突发状况的时候要使用科学合理的引导手段，不要去一味打压、禁止，这样的处理手段会激化事态的发展。

7.3.1.3 高校网络信息的介体虚拟

因为网络的虚拟性、匿名性、开放性，在虚拟的网络世界当中，高等院校的大学生能够自主地表达出自己的建议和观点，不过这种观点都是没有根据的个人主义决策，因此有着相当浓厚的情感色彩。假若一个信息被广泛的人群所认同了，引起了共鸣，那么将会迅速地在互联网上传递，造成网络信息，导致强大的影响力以及号召力。相当一部分大学生存在着学业困难、人际关系差、感情不顺利、就业不易等问题导致的相当大的压力，在日常生活当中得不到宣泄，通过高校论坛的交流平台，在虚拟的网络世界当中，他们没有在现实生活当中的压力，在虚拟的世界中宣泄着自己在现实世界中无法发泄的情绪。互联网技术不管如何发展，系统依然还是有漏洞的，所以仅仅依靠技术手段禁止是远远不够的，最主要的是要在思想层面对高校网络信息实施引导。

7.3.1.4 高校开展大学生思想政治工作的迫切需要

提升高等院校网络信息指引活动是高校实施大学生思想政治活动迫切需要

解决的地方，并且这也是高等院校大学生思想政治教育活动的必然趋势。高等院校舆情是高校大学生思想意识以及行为意识的体现，它的出现以及持续进行，导致高校思想政治教育的环境出现了很大的改变。当前时期，我们不但要最大化体现出高等院校网络信息正向功能的效果，高等院校网络信息带给高校思想政治教育工作更加宽阔的视野，提升了思想政治教育的方式，创造更多的思想教育手段，增加了对思想政治教育方面的了解，提升了大学生思想政治教育工作的时效性以及针对性，而且还要最大化地降低高校网络信息负向功能对高校思想政治教育产生的不利干扰。严格执行高校网络信息的指引计划，进一步提升高等院校大学生思想政治教育活动。重视高校网络信息不但对促进高校大学生的健康成长有益，并且还可以加速和谐文明校园的建设，帮助国家社会实现稳定团结。综上所述，提升高等院校网络信息引导工作强度是高等院校实施思想政治教育工作的条件以及保障。

7.3.2 高校学生网络信息引导存在的问题

高校学生网络信息对大学生产生的思想以及行为上的干扰，能够一定程度地表现出高校在网络信息指引上出现的状况。出现这样状况的因素相当多，第一是因为高校学生网络信息自身的特性，出现紧急事件的时候应对的手段有所欠缺，导致在舆情指引上有相当多的不宜之处；第二是部分高校对高校学生网络信息的引导没有给予足够的关注，在人力、技术、资金这些方面的花费不多；第三点是相当多的高等院校对学生网络信息并未实施主动的解决手段，它们仅仅充当了网络信息事件当中的管理者，而没有做到舆情的引导者。

7.3.2.1 学校对学生网络信息引导工作不够重视

很多高校对学生网络信息的引导工作过于轻视，在硬软件上的准备不够充分。有关问卷调查表明，60% 以上的大学生觉得学校对大学生网络信息引导工作开展得差强人意，根本没有使用有效的手段；还有 30% 的大学生觉得学校对大学生网络信息指引工作开展得尚不健全。由于高校校园网络逐渐健全，高校大学生的学习以及生活同网络之间的联系也逐渐紧密。相当多的大学生觉得大学生经常在高校的贴吧、论坛网站上发帖、灌水、宣泄对学校部分工作的不满，很多过于犀利的谩骂还会同有着差不多经历的学生产生共鸣，从而在网络上引起广泛的关注。在这些对学校表示不满的情绪中，尤其是食堂卫生条件差、饭菜价格高且逐年攀升、后勤服务不到位这些情绪又不被学校的有关部门所重视，这就造成了很多的问题堆积在那里，没有人去处理引起更多学生的反感和不满。

对于高校本身来说，高校在资金、技术、人员等方面的投入主要集中在教学与科研上。由于购置网络信息监控分析系统的成本比较高，国内大部分高校的舆情信息只是通过宣传单位和网络信息管理者实施人工管理，同时很多的网络信息管理者是学生担职的，根本没有专业的人员去实施管理。这样的效率不高的人工管理手段无法达到无时无刻不在变化的学生对网络信息的要求，当前国内只有非常少的高校使用了网络监管体系、不良信息拦截系统这些网络信息安全控制手段。但就网络信息引导而言，没有严格的管理就无法做到高效的引导。

7.3.2.2 学校网络信息引导方法保守落后

不少高校对涉及本校的负面热点新闻事件或突发事件的处理，喜欢扮演网络信息“控制者”的角色，而不是“引导者”的角色，一般使用禁言、封号、删帖、回避这些手段，尝试利用淡化手段来解决高校学生网络信息，利用“冷处理”的手段防止事件造成过大的影响，有损学校的名声。还存在一些高校对网络学生舆情大多使用消极的处理老方法，可以拖延就尽量拖延，能制止下来的就制止，这样被动的、不科学做法及舆情解决手段常常导致大学生的不满情绪进一步激化，这样不但无法处理好问题，还会使得问题更加严重，从而产生学生网络信息事件。不少高校的学生网络信息指引工作不懂变通、单调、保守，引导手段太过老式以及引导时忽视了巧妙性、艺术性，就使得高校网络信息指引工作的收效甚微，甚至会进一步激化事件的发展势态。

7.3.2.3 学校网络信息引导组织队伍单薄

打造科学的工作机构与专业的工作团队是高校大学生网络信息引导工作可以有效进行的前提和保障。但是当下的状况是很多的高校尚未打造起相对健全的单位机构，工作缺乏机制，有关体系尚不够成熟，学生网络信息的工作团队大部分都是由学生组成，负责高校网络信息的监管工作，没有专业技能熟悉、经验丰富的专业指导老师，高校网络信息的工作团队在人员数量上很少。高校各个有关工作单位很少做到沟通交流、合作协调，大部分高校尚未打造出一个高校的网络中心工作队伍和共同工作系统，所以一些高校在掌握舆情信息、第一时间开展工作流程、尽快调控时间等方面常常准备过于匆忙，无法占据主动，表现出反应不够迅速，工作开展进程缓慢，不能在最有效的时候处理好事件。

7.4 高校学生网络信息引导策略研究

7.4.1 高校网络信息引导的原则

7.4.1.1 坚持“以人为本”原则

高校的根本任务在于人才培养，因此“以人为本”也是高等学校网络信息引导的基础性原则。高等院校网络信息指引始终不动摇以人为本的原则，该原则指的是就是尊重学生、理解学生的各种正当需要以及权利。因此网络信息指引工作第一要尊重学生的尊严，重视学生的提议以及看法。网络信息引导工作当中不但要持续地对学生实施教导和引导，还要理解学生、尊重学生、帮助学生。第二就是舆情指引工作要了解学生精神上的各种需求，仔细分析物质、精神、政治、心理这些方面对学生观点上的改变。舆情指导工作一定要联系学生在生活当中所遇到的问题，不然，就会成乏味的说教，而且舆情指导工作要提升对学生的思想素质教育力度，引导学生朝着更高的精神层次前进，加大有关马克思主义世界观、价值观、人生观方面的教育力度，指引学生理性地处理和自己有关的利益，理智地对待国家、集体以及个人之间的利益，全面地培养学生的责任心以及事业心。

7.4.1.2 坚持时间性原则

时间性原则是处理网络信息的关键性原则，高等院校网络信息指引工作的时间性原则同样非常关键。时间性原则主要包含及时性、适时性、动态性三个方面。

及时性是指各种突发事件引发高校网络信息后，学校各个有关机构要尽量在事情发生的最短时间内作出相应的动作。迅速评估与精准判断高校网络信息大致状况，最好是用最短的时间采集资料，迅速发布正确的信息并且实施相应的解释，然后实施网络信息引导的准备工作。实时性指的是在评估和分析高校网络信息基本情况的基础上选择适当的时机进行网络信息引导，根据高校网络信息的进行趋势，明确在怎样的时间发布消息才可以达到期望的效果，在怎样的状况下要延缓一段时间发布消息。人民舆情监测室明确表示突发事件处理“黄金四小时”思想，“黄金四小时”说的就是信息发布的及时性，也就是指在舆情事件发生之后高校要迅速发布事实，及时迅速开展舆情引导工作，并迅速处置[14]。高校贴吧、论坛、QQ 群、博客、微博、微信这些网络媒体不但是信息的接收者同时又可能成为信息的发布者、传播者，信息在这种复杂的信息传播态势下必然鱼龙混杂，泥沙俱下，在极短的时间内也许就可以把国内外各个热点新闻事件以及校内外突发事件等传播、放大变成有相当大影响力的高校网络信息事件。所以，高校要抓住舆情事件发生后的关键时间点，找到最适合的机会开展高等院校网络信息的引导工作[15]。

7.4.1.3 坚持统一协调原则

统一协调原则说的是高等院校要在网络信息引导上一直坚持内外协调一致，统一信息发布口径。该原则是高校学生网络信息引导的关键。高校学生网络信息引导是一个相当不简单的系统项目，内容很多、样式繁杂，往往涉及众多相关部门，因此在高校学生网络信息引导中必须做到统一指挥、内外一致，避免由于内外口径有偏差而出现不利影响。只要出现高校学生网络信息，就要立刻实施相应的处理手段以及引导工作，将矛盾遏制在萌芽状态当中，以防矛盾激化。在高校学生网络信息引导的环节当中，对内一定要严格制止未经授权的消息散发出去，内部不一致的观点不但会导致之前很容易解决的事件变得难以解决，甚至会导致出现更多不利的情况；对外的信息发布一定要统一口径，千万不可以产生内部矛盾，造成新的混乱，加大网络信息引导的难度。

7.4.1.4 坚持主动性原则

在信息传播渠道越来越多的当前社会，信息的传播速度是利用分秒来计算的，高校学生网络信息发生之后假若不主动地处理，让事件随意发展，事件很有可能带来无法挽回的损失。美国的马克•吐温有个经典的论述“当真理还在穿鞋的阶段，谎言已经传播到了半个世界”[16]。高等院校网络信息发生之后，高校相关单位假若不主动解释清楚事实真相，不但不能减少大学生的热心程度，反倒会给各种谣言的传播创造空间。所以高校要在学生网络信息发生之后最大化体现出主观能动性在第一时间实施相应的动作，仔细分析、热心引导，占据高校学生网络信息的主动，积极掌握事件处理的主导权，不给谣言的产生提供土壤。

7.4.1.5 坚持双向交互性原则

双向交互性原则说的是高校网络信息指引者应该与大学生联系，在网络上通过民主、平等、对话的方式去得到大学生的理解、认可以及尊重，利用和大学生的对话去搞清楚舆情的真相，而且要有目的性地实施引导，处理好学生的疑难之处。

高校贴吧、论坛是大学生思想观点的聚集之处，是大学生的交流平台。自由、开放的特征让贴吧和论坛成为大学生发泄感情、交流沟通、诉说心事的平台，高校网络信息引导者要在适当的时候，主动去了解高等院校网络的状况，审查贴吧与论坛上的言论，仔细解读学生的思想，在第一时间帮助学生化解他们所遇到的曲折，对学生提出的有意义可实施的建议进行收集，开展网络互动交流。高等院校网络信息引导者在对大学生实施网上思想政治教育时，首先就是要建立起双方互动交流的好的气氛，不要过于单调地灌输自己认为的思想，要建立起相互的信任，开展人情味儿、生活化的话题谈论以及情感交流；其次高校网络信息引导者要坚持“平等意识”，只有这样才能了解大学生学习、生活的真实状态，有的放矢，进而才能更好地促进和谐校园建设，维护安全稳定的校园环境。

7.4.1.6 坚持疏导与科学管理相结合原则

培养学生优秀的道德素质，整顿学校不良学风，传播有益的网络信息，不但有赖于高校工作者耐心细致的指引，还应该有有效严格的管理。提升与优化高等院校学生网络信息的引导工作也是如此，必须把正确的引导与科学的管理结合起来，将学校方面倡议的思想意识、道德标准贯彻到学校各个管理体系以及规定当中，通过建立健全的规章制度使自律与他律、内在管理和外在管理有机结合，在现实生活当中和虚拟世界当中打造出让人变得优秀的社会风气，进一步净化网络环境，确保网络信息的健康风气。具体到工作中就是要善于借助学校的各种工作网络、贴吧、论坛，将学生网络信息指引工作带入这区间，持续加深学生网络信息疏导工作的空间以及领域。大学生网络信息的引导和管理工作不但要注重疏导，增强学生遵守纪律的自主性，而且还要借助合理的管理体系增强疏导质量，保证舆情的疏导效果，二者相辅相成，缺一不可。

7.4.1.7 坚持软件建设与硬件建设相结合的原则

做好新形势下高校学生网络信息的引导工作既要重视软件建设，又要注重硬件投入。高校学生网络信息引导工作本质上是针对学生的精神领域开展工作，因此学校需要在软件建设上给予更多的关注，在充分考虑到学校在学生工作实际情况的基础上，尽可能地建立起一套完善的工作机制，从而让引导学生网络信息的工作能够在一定的标准和规则上合理地进行，将主要精力用于提升学生的法律素质和思想道德水平上，从而让学校的所有师生都能拥有一致的价值目标，构建起和谐文明的校园环境并形成长效机制，促进学校的稳定发展。在这一基础上，学校对于硬件建设也不可忽视，要在进行引导学生网络信息的工作上满足其物质上的需求并提供相关的硬件设施，最大限度地促进学校的网络化、信息化、数字化建设进程，尽可能地让学生舆情引导工作能够在实际进行的时候有更高的效率，且能够产生更大的吸引力。

7.4.2 高校学生网络信息引导

7.4.2.1 构造完善的学生网络信息引导机制

（1）构建学生网络信息引导的组织保障机制

在大学生网络信息引导工作上，要将其划分到学校的整体工作中来实施，构建起一套健全的组织保障体制。进一步提高对学生网络信息引导工作的认识，由学校主要领导牵头，联合学校党委办公室、校长办公室、党委宣传部、学工处、教务处、校团委等部门建立学生网络信息管理工作领导小组，确保全面掌握和熟知学校、学生相关情况。领导小组和成员对事情应该具备一定的预判能力，相互间能够进行合作，并且具有在承受重压的情况下作出正确判断和正确的决策并坚决实施的能力。对于网络行为要通过建立和健全各种制度规定来作出规范，专门让一位领导（校级）来针对性地管理网络信息工作，并设置相关舆情信息员来进行网络信息的监督管理、搜集、分析、研究、预警与公关工作，定期按部门对搜集、整理、分析和归类网络信息，以及不同部门之间存在的实际情况，作出简要的舆情监测调查报告，在第一时间将其反馈给各职能部门。专门任命一些人对舆情的工作长期进行引导。赋予领导小组拥有在危机情境下果断行动的权力，以增强舆情引导工作的效率和向心力。

按照在工作上产生的需求，可以在小组中招收在学生中享有一定声誉的专家教授、教师、思想政治教育专家、心理咨询专家、医学专家等来组成临时成员。通过在专家队伍建设上不断地强化，来进一步完善专家咨询机制，使专家在决策咨询中所具有的作用完全体现出来，从而达到“处置上迅速见效、所有师生积极参与、防范工作严谨合理、领导作出合理指挥”的学生网络信息危机管理局面，以使其具备足够的整体工作合力。

（2）健全部门之间的联动与合作机制

高校的一切工作本质上都是为了育人，相对于学校的整体工作，学生网络信息关系着学校的稳定与发展，学校的稳定与否对于管理者来说关系着发展目标能否顺利实现，这和每一个高校学生都存在着一定的利益关系。所以这方面所展开的引导工作必须要让从学校党委到全体学生大力拥护和积极参与。同时学校各相关部门之间要加强联动，充分利用和有效发挥现有资源，根据各自的工作职责有效合作，确保所有部门间都能够有紧密的联系并且可以互相合作。对于那些产生了较大影响并且具备很高关注度的重要学生网络信息，高校要充分推进所有相关部门去积极主动地参与其中，构建一套具备整体性的管理协调体系，从而达到一种在网络化、实际化上多样性发展的信息管理机制。

（3）建立通畅的舆情表达机制

建立起通畅的舆情表达机制是做好高校学生网络信息引导工作的基础。学生表达舆情主要是通过信访渠道和网络渠道这两个方面来进行的。

在往常学生在这方面经常使用的渠道是信访。采取这样的一种方式，一方面学生能够将自己的建议表达出来，并且可以将实际问题反映给相关部门，而另一方面对于自己存在的不满情绪也可以做出发泄。社会学家科塞的观点里提出在宣泄敌对情绪上存在一定的类似安全阀的作用，也就是说对自身愈发增强的不满情绪做出宣泄能够帮助稳定社会结构。不少高校目前推行的处长接待日、院长接待日、学生代表座谈会都具有信访的职能，学生可以通过这些有效的渠道表达情绪，宣泄不满，释放压力，进而降低在网上发布过激言论而引起学生网络信息事件的潜在可能性。

而在现今越来越发达的互联网技术的推进下，衍生出了现在这种网络渠道，在这上面贴吧、论坛、微博、微信等类似网络工具让学生在对舆情进行表达上拥有了更为方便快捷的途径。学校一方面要建立起一个由学生社团及较为突出的学生作为主体的覆盖所有学生的信息渠道，来对所有的与舆情有关的信息在第一时间进行精准的搜集，来保证为学校的决策和管理提供准确、可靠的信息支持。另一方面学校要积极拥抱新技术，加强学校官方微博、官方微信平台的建设，在学校贴吧、论坛培养骨干网络评论员，通过这些平台，及时、迅速发布学校的政策、成就等信息，回应学生建议，解答学生疑惑，积极进行网络信息引导，把握舆论导向，从而维护校园的和谐稳定。

7.4.2.2 积极构建和谐的高校学生网络信息环境

（1）以自身发展营造和谐的校园环境

国家和地方经济社会的发展、建立和谐社会离不开高校的和谐稳定发展，而高校的和谐稳定发展，离不开和谐的校园环境。和谐的高校校园环境可以提升广大师生的幸福感，可以激发老师兢兢业业的工作态度、爱校荣校的工作情感，还能让大学生具备努力拼搏、积极向上、活力四射的良好精神状态。在这一基础上，一个良好的校园环境还体现了高校学生爱校护校能与学校共奋进，学生爱校护校则学校也会减少很多不良的网络信息。所以主动去构建一个良好的高校网络信息环境第一步要做的就是关注高校自身的长久良性发展。

要想让高校能够得到长久良性发展就应该提高教育质量。高校的本职工作就是育人，因此高校要进一步完善教育设施，努力优化教育资源，不断提高学校的教育科研水平和人才培养的质量，积极增强学校服务国家与地方经济社会建设的能力，创造条件服务于高校学生的身心健康成长，让其能够有更高的综合素质。在各个方面上建立完善的规章制度并对其作出彻底的落实，认真仔细地进行服务，在管理上要具备合理性、规范性、公正性，以此来建立起一个和谐稳定的校园环境。

高校自身的和谐稳定发展还在于要营造一种和谐稳定、良性发展的校园环境，在这方面还包括了其自然与人文环境。通过优美的自然环境愉悦学生的身心，通过高雅的人文环境不经意地让大学生形成良好的日常行为习惯并使其能够提高思想道德修养，通过文化的力量引导大学生加强对崇高道德情操的追求，从而净化大学生的心灵，让其能够达到一个更高的思想境界并引导其行为方向，凭借一个良好的校园环境来熏陶人的思想，从而使大学生能够在一个适合的环境中健康向上成长。

（2）以健康的校园文化活动陶冶学生的情操

高校校园文化活动不仅是一个大学生对于自己所具有的创新意识与实践能力进行展示的平台，同时也是高校在培养创新型人才上的一个重要载体。中共中央国务院在 2004 年 10 月出台了《关于进一步加强和改进大学生思想政治教育的意见》，在其中具体地提出了“要构建能够将社会主义特点、当下时代特征和学校特色充分体现出来的校园文化，让学校在教学和日常生活中都具有良好风气。在大学生文化素质教育上加大力度，进行形式多样、健康主动的艺术、科技、学术、娱乐和体育活动，将在德、智、体、美上所有的教育联系在一起，在有趣的文化活动中展开教育”[17]。

高校是知识最为集中的地方，大学生是思想非常活跃的一个群体，要想通过校园文化活动来塑造学生的高尚情操，在这方面就需要将高校自身存在的特点充分表现出来，在校园文化活动中应该具备一定的知识性，要能够吸引师生参与其中并且要处于高雅层面，具体地将校园文化活动中所存在的人文精神表现出来，在考虑到学校所存在特点的基础上，使得大学生能够积极主动地参与其中，并让其能够感受到活动进行中具有的趣味，从而在精神上感觉到快乐，进而将实践活动中存在的价值充分发挥出来[18]。

在《关于进一步加强和改进大学生思想政治教育的意见》中还表示应该“在各个方面要对校园网的建设作出强化，在宣传主题、进行思想政治教育上将网络当作一种的重要方式”。随着互联网技术的飞速发展，高校的不少大学生社会实践活动和校园文化活动都将在校园网络上进行，创造了一个全新的活动开展方式。大学生网络社会实践活动是在吸收和再次构建课程学习中开展的社会实践活动、校内外实践活动等形成的一种不同于以往所有种类的社会实践活动形态。在大学生的社会实践活动中，校园文化活动属于一个非常关键的部分，这样既在培养大学生实践能力上起到了促进作用，还可以帮助大学生构建良好的人文精神[19]。在大学校园文化活动中，要将校园网络文化活动中存在的作用充分表现出来，要加大在校园网络平台上的建设力度，使其进行沟通互动并对信息作出共享。在开展多样且积极向上的校园文化生活的基础上，表现出高尚的人文精神，从而帮助大学生在认真学习理论知识、增强实践动手能力的同时，努力提升自己的综合素质，营造良好的校园网络文化氛围。

（3）校园各媒体良性互动积极传播校园正能量

长期以来，校报、电视台、广播站等高校的传统媒体在思想舆论引导，报道学校改革和发展的动态、经验与成就，宣传学校正面典型，弘扬正气，化解矛盾，沟通领导与师生意愿，展示学校形象等方面居于十分重要的地位。传统媒体本身具有的公信力、权威性和可靠性也让师生自然地把校园传统媒体作为获取信息的主要来源。同时传统媒体还可以筛选、选择、细化网络舆论，来调节并控制网络舆论的发展方向。

随着互联网技术的发展，新闻网、官方微博、官方微信平台等新媒体在学校总体宣传格局中的地位愈来愈重要，无限的容量、快捷及时的特点使新媒体可以将传统媒体中的重要报道和各种观点及评论采取链接、专题等形式全部集中起来，在这一基础上过滤、再现，让事件从整体上呈现出并且展示不一样观点直接的激烈冲突。让学生可以就这些方面互相进行交流讨论，积极对舆论进行正面引导。同时高校还要加强对校园网络资源的建设与管理，一方面重点建设好学校的门户网站和新闻网，并将其作为一个平台来进行种类多样的校园网络文化活动，教育并指导高校学生，主动地去构建一种良好积极的高校网络信息环境。另一方面要利用好学校的贴吧、论坛，主动出击，占领高校网络舆论阵地，避免产生负面、不主动、不健康的思想，确保能够始终拥有一种健康、良性的校园网络环境。

高校要做好学生网络信息的引导，就必须推动传统媒体与网络媒体的良性互动，加速二者的融合，充分发挥二者的优势，积极加强校园的正面宣传和引导，唱响校园主旋律，营造积极、健康、和谐的校园文化氛围，形成有利于高校大学生健康成长的思想舆论氛围，以正确的网络舆论引导大学生。

7.4.2.3 加强高校贴吧、论坛的网络信息引导

随着信息技术的迅速发展和新媒体在高校的普及，高校贴吧和高校论坛已经成为学生意见的重要生成地和高校舆情的重要影响力量，高校贴吧和高校 论坛在大学生的思维方式、行为习惯、思想观念、人际交往和学习生活上造成了巨大的影响。在最近几年，越来越多的关于大学生网络信息上产生的突发事件都起源于贴吧和论坛，因此，要做好高校学生网络信息的引导工作，就必须对高校学生网络信息的重要载体高校贴吧和高校论坛的言论加以正确引导。

（1）发挥网上“意见领袖”的舆论引导职能

意见领袖在另一种称法上是舆论领袖（Opinion Leaders），这一概念来源于美国传播学者拉扎斯菲尔德的《人民的选择》（1948 年）一书，是指在信息传播中一些具有特殊影响力的人。与其他一些平常的受众不同的是，意见领袖在报纸、杂志以及广播上比他们有更多的且大量的接触。在这些方面，相关的研究人员在其传播过程上进行了下面的推测：在普通人群中传播的内容并不是没经过任何处理就“流”向平常的受众，在这中间还存在着一个经过意见领袖的部分，可以简单概括为“大众传播—意见领袖—一般受众”。[20]

由于互联网信息庞杂、鱼目混珠，每当网络上存在很多的不实信息和偏激言论的时候，一般的网民会很依赖权威言论，在这时就需要“意见领袖”来对相关事件作出解释，来消除网民的困惑，因此网络“意见领袖”能量巨大，往往能左右舆情走向。高校有不少具备一定的文字表达能力，醉心在网络社交上时常发帖，在对问题的研究分析上能够领悟到更深层次的内容，在相关观点上有自己特色的大学生网民。在网络上，他们所发表的观点受到不少学生的追捧，积攒了大量的“粉丝”。因此高校在进行网上舆情引导和管理中，一方面要争取这样的学生“意见领袖”为我所用，将其存在的有用价值完全表现出来，通过网民中存在的言论来引导并影响网民，从而达到网民的自我教育和自我引导的目的，能够达到事半功倍的效果；另一方面学校也要在其校园网上培育出属于自己的“意见领袖”，在学生网络舆论中利用他们所发表的言论来起到引导作用，来增强学校在主要层面上的舆论，对中性舆论继续保持，对极端言论进行打击。目前，培养论坛的“舆论领袖”，再利用“舆论领袖”来引导网上舆论是我国一些比较有影响力的论坛在通常情况下采取的方式。“舆论领袖”所发表的具备自己特点、分析透彻的言论通常情况下版主会对其标大字体并添加颜色来吸引网民眼球，并将其在网页最显眼位置展示出来，来对主流言论进推崇，打击极端或不健康言论。与此相同，高校也可以强调培养出类似的“舆论领袖”，根据他们在网络信息上起到的引导作用，强调符合主流价值观念的舆论导向。

同时，除争取学生“意见领袖”为我所用外，高校还可以邀请相关的专家学者和权威人士担当“意见领袖”的角色，以在线交流的形式与大学生进行沟通讨论，对大学生偏颇的观点进行引导，回答他们在重大时事热点事件上的疑惑以及校内外与自身发展中存在的问题，展示出高校网络信息所具有的有用价值，从而从正面对高校网络信息作出引导[21]。

（2）通过设置议程改变学生网络信息的关注点

第一个提出要设置议程的人是政治学家伯纳德•科恩，设置议程是媒体主动去创造出一个公共讨论与关注的话题。在科恩的观点中，媒体不能简单地达到让人们怎么去想的目的，但是却能较为容易地引导人们去想什么。在议程设置理论中主要存在的内容是：大众媒体大量地报道某方面的问题或重点的对其进行报道，这些都可以改变受众在认知这些问题时所存在的重要性上的导向。议程设置理论在引导网络信息上存在着积极的借鉴意义，在网络舆论引导上首先要进行的就是设置议程，而媒体也能对相关新闻事件作出选择性的报道来将社会大众的关注点引导到特定的方向。高校针对学生网络信息引导，可以通过设置适应性的议程来构造大量话题，按照相应程序来引导网络信息的主体不再存在不实、极端、反动的认识，从而让高校学生网络信息的关注重点按照意见领袖的导向进行发展[22]。特别是在一些国际重要新闻事件、切实关系到学生个人利益的校内外突发事件上，学校应该持有一种严谨的态度，一定要确保相关信息具有一定的客观性、公正性和整体性，来避免因为这些内外信息上存在的冲突导致一些不必要的混乱。

针对高校贴吧、网络论坛的舆情引导，学校在设置议程时一定要在合适的时间自己去创立高校贴吧和论坛上的有很大关注度的话题，牢牢将话语主动权把握住；利用学校占有的各种资源，加强对网络信息更深层次的剖析，按照程序来慢慢引导大学生在高校网络信息突发事件中产生的认知转变到积极、合理的方向；将意见领袖所存在的价值完全表现出来，设置出适应性的议程，从而让学生网络信息不再关注在某一点上，从而消解因不良舆情信息产生的影响，按照合理的步骤引导大学生按照学校预先制定的方向发展[23]。

（3）通过线下说服掌握高校网络信息的主导权

在高校贴吧、论坛中产生的大部分网络信息事件以及与学生利益密切相关的国内外重大时事、校内外突发事件都会引发学生的大规模参与和讨论，一旦网络信息开始外显，学校如果采取拖延、掩饰、隐瞒事实等手段而导致不能及时、公正地处理问题，只要网上有人故意引导，往往就会引发群体性不满，甚至酿成线下的群体社会问题。在这一基础上就需要高校在对学生网络信息作出引导的时候在第一时间了解到网络信息上的发展方向，有的放矢，一方面要在网上通过意见领袖做好舆情的引导工作；另一方面要在线下完善说服和引导舆情重点人员工作，从所有的角度来掌控高校学生网络信息上存在的主导权。

进行线下说服引导工作在思想政治教育中属于一种传统基本方法，要做好线下说服引导工作，就必须有的放矢，构建起“学校—学院—辅导员—班级—网络骨干评论员”的传导链结构，并在学校贴吧、论坛重点培养吧主和版主，确保在网络信息出现的初期就能锁定可以让舆情扩大化的学生，在网络意见领袖引导失效的情况下，能通过传导链结构找到相关学生，采取线下说服引导的方法把握舆情的主动权。线下说服引导需要满足下面几点要求：第一，在进行说服引导的时候要对他人的观点言论充分尊重，在双方进行沟通的时候保持相互间的平等关系。第二，在进行说服引导的时候要有一定的特定对象，在充分考虑到实际情况的基础上，按照不同的人采取相应的合适方式来开展。第三，在进行说服引导的时候需要按照实际情况来展开工作，要用合理的观点说服别人。综合来说，大学应该在学生网络信息事件发生之后的第一时间进行判断，严谨地作出分析、主动进行引导、在合适的时机开展线下介入，主动控制学生网络信息的主动权，只要能在正面作出引导，就可以掌握事件处理上的主导权[24]。

7.4.2.4 加强高校网络信息引导队伍的建设力度

所有工作不能离开人的支持，在开展高校学生网络信息引导工作的时候，一方面要加大思想政治教育教师队伍的建设力度；另一方面要将更多的时间和精力放在建设出一支拥有较高思想素质、专业和业余结合、政治觉悟能力强、存在着显著价值的网络信息引导评论员工作队伍之上。

（1）提高思想政治理论公共课教师队伍的综合素质

高校思想政治理论公共课是大学生的思想政治教育最主要的渠道之一，一直以来，国家、社会和高校都非常重视大学生的思想政治理论公共课建设。高校的思想政治理论公共课也一直肩负着为祖国培养合格的建设者和接班人的艰巨任务。高校思想政治教育教师不仅掌握着丰富的思想政治理论知识，并且还是直接面向学校里的所有学生，认知到大学生心理上存在的特点，充分熟悉其生活，这在高校学生网络信息引导上处在关键环节。思想政治教育要想入心、入脑，思想政治理论公共课教师就应该改进授课方法，由过去的传授者转变为引导者，要敢于直面中国的现实问题，敢于直面敏感的话题，敢于直面大学生感兴趣的话题，并从中寻找改进授课方法的突破口。而高校贴吧、论坛中一些过激的、情绪化的言论往往能吸引大量的学生围观，引起不明真相学生的困惑，思想政治理论公共课教师就应该主动把握大学生的网络思想和行为特点，直面高校贴吧、论坛偏激、情绪化的言论，作出合理分析、公正的评价，采取一种平静的心态、恳切的态度来影响学生，从而在其价值观念和行为取向上进行引导，以达到合理主动地引导网络中不当言论的目的。在互联网技术发展越来越快的今天，高校更需要强化思想政治理论公共课教师的培训，充分运用自己在资源上所具备的优势，培训思想政治理论公共课教师在网络管理技术、网络安全技术等相关方面的知识技能，努力提高其利用互联网的技术水平，在这一基础上让他们能够开展产生更好效果的高校学生网络信息引导工作，从而更好地发展高校大学生思想政治教育。

（2）培养、建设一支战斗力强的网络信息评论员队伍

培养、建设一支战斗力强的网络信息评论员队伍不仅是高校网络文化建设中需要达到的重要目标，同时属于高校加大网络信息管理力度和掌控高校学生网络信息主导权的重要途径。通过层层筛选，高校应将那些具备一定的文字表达能力、醉心在网络社交上、时常发帖、在对问题的研究分析上能够领悟到更深层次的内容、在相关观点上有自己特色的人招纳到网络评论员的工作队伍之中，在这一基础上还要主动地去对其进行培训指导，通过加大学习强度和培养重点人群，按照一定的程序来让网络评论员拥有更高的综合素质，提高其在舆情引导方面的工作能力。高校应该将更多的精力放在建设网络评论员队伍之上，构建出与之配套的管理、指导和业绩考核机制，并在某一特定时间奖励和惩戒网络评论员工作。综合来说，高校要在领导上作出强化，制定出更加健全的机制，将更多的时间和精力放在培养并建设网络信息引导评论员工作队伍之上，还有让其在工作过程中能得到其必需的支持和援助，最大限度地发挥其在高校学生网络信息引导工作中的实用价值[25]。

7.4.2.5 重视和加强对高校学生的网络教育

（1）通过网络道德教育培养大学生的自律意识

随着互联网技术的发展，高校面临的网络信息环境也越来越复杂，有很多不具备一定网络道德的高校学生在高校进行网络信息引导工作的时候造成了很大的负面影响，因此加强大学生网络道德教育是高校学生网络信息引导工作的重要环节。少数网络道德缺失的大学生往往会在网上发布一些偏激、情绪化、充满负能量的信息，不少不明真相的大学生在盲从的心态下会受这些错误信息的引导，让他们不能够准确、合理地评价一些事情。所以高校需要在学生的网络道德教育上进行更多的关注，规范他们的网络言行，提高他们的网络素养，培养他们的道德自律意识和法制观念，引导他们树立文明上网的道德自律，对于相关网络法律法规能够主动去遵守，积极避免受到网络不良信息的影响。在这一基础上高校还应该在思想政治理论课的教学过程中添加相关网络道德教育内容，将其联系到在思想道德修养与法律基础课上制订的教学目标，从而使学

生能够充分了解到网络道德教育中的最根本需求，在网络道德上能够更加主动、自觉，构建起良好的网络道德观念。

（2）通过网络安全教育提高大学生的安全意识

由于大学生还未接受社会的历练，思想相对单纯，面对互联网鱼龙混杂的信息，对负面网络信息上不够警惕，往往很容易被极端、不健康、负面等不良网络信息所侵蚀，而又因为现在的大学生通常都对这个社会不够了解、做事不够理性、没有考虑到相应后果等特点，所以违法犯罪分子很容易就可以对他们进行利用。而又因为有很多的高校没有充分关注到网络安全问题，也不具备完善的网络安全教育体制，这也使得大学生在网络安全上存在的问题越来越严重，在某些层面上甚至还影响到了高校的长久良性发展。所以高校应该对大学生的网络安全教育不断强化，让网络安全知识能够在更大范围内普及，让大学生能够更加坚决地拒绝不良网络信息的误导。所以高校需要建立起一个专门的网络安全教育领导队伍，来调节所有部门间的关系，来整体性地进行网络安全教育工作。在充分考虑到自身实际情况的基础上，始终将理论联系实际，开展内容形式精彩多变的校园网络文化活动，推动大学生主动对网络安全知识进行学习，并积极地参与到网络安全实践活动之中，从而让大学生拥有更强的网络安全意识和自我保护意识[26]。高校在对学生开展网络安全知识教育上加大力度，既可以让大学生拥有更强的网络安全意识，并且在建立和谐稳定的校园网络环境上起到极其关键的作用，在高校成功进行学生网络信息引导工作上存在重要意义。

（3）通过心理健康教育增强大学生的抗压能力

在中国慢慢建立了市场经济并逐渐健全、越来越激烈的社会竞争中，大学生不仅要承受来自学业、人际交往、情感上的压力，还面临着社会传导过来的就业难、房价上涨过快、青年上升渠道受阻等因素的影响，大学生承受的心理压力越来越大，高校贴吧、论坛就成了他们表达诉求、发牢骚、抱怨、迷茫、发泄压力的平台和信息集散地。大学生的诉求得不到满足或者这些诉求因某些突发新闻事件的影响引起广大学生的共鸣，大学生的各种意见很快就会汇集起来形成强大的意见声势，甚至引发网络信息事件。

为了提高大学生的抗压能力，高校必须加强对学生的心理教育，可是在很长一段时间内，大部分的高校仅仅将工作重心放在思想教育、政治教育和道德教育上，却没有关注到学生的心理健康教育。高校要“主动出击”，组织心理咨询中心的老师或者思想政治教育者工作者通过网上和网下两个渠道来对大学生在心理上产生的问题进行解答，使其能够在短时间内缓解压力。在对大学生开展心理健康教育的基础上，使其能够对压力有更强的抵抗能力，这不仅是在高校学生网络信息引导工作中的关键环节，也是加大大学生思想政治教育工作力度的重要内容。

章末总结

互联网技术发展越来越迅速，其在我们的日常生活中多个层面都造成了巨大的影响，人们也愈加重视网络信息。作为网民中主要群体的大学生热衷于借助网络发表观点，他们或针砭时弊、或建言献策、或调侃吐槽、或围观起哄，网络信息在高校的发展与渗透，既给大学生思想政治教育带来了难得的发展机遇，同时也带来了挑战。本章从我国高校大学生网络信息引导工作的实际情况出发，调查研究其中所产生的问题及其原因，结合高校实际和思想政治教育的原理和方法，根据这方面所进行的研究得出的成果，提出了要健全我国高校大学生网络信息引导的对策，拓宽了网络信息引导研究的领域。

本研究的创新点首先是较为深入地分析了高校学生网络信息的现状及其问题；其次是借鉴学界关于高校网络信息的定义和特点，提出大学生网络信息的定义和特点；再次是提出引导队伍需要持续培训，需要不断学习新政策、新理论、新法律和网络新技术；然后是建议从培养学生的社会责任意识、推行信仰教育等角度拓展思想政治教育的内容，来提高思想政治教育的针对性和实效性；最后是基于实证研究，通过问卷调查和统计分析方法，总结目前大学生网络信息的现状与存在的问题，在现实数据分析结论的指导下，提出加强大学生网络信息引导工作的对策。

参考文献

[1]自媒体.百度百科.http://baike.baidu.com/link?url=92Cdsf31-d7zOaXsoppmQj1tKOksb9mr VKW6ZgeFWKW7T8247gVICnM5HKgY_2ky9ufVQc23wWBUm2bdrcUjqK.

[2] 王来华．舆情研究概论理论——方法和现实热点 [M]. 天津：天津社会科学出

版社，2003：25-28.
[3] 张克生 . 国家决策：机制与舆情 [M]. 天津：天津社会科学出版社，2004：36-37.
[4] 张元龙 . 关于“舆情”及相关概念的界定与辨析 [J]. 浙江学刊，2009（3）：48-49.
[5] 刘毅 . 舆情视角下的群体性突发事件机制研究 [J]. 湖北社会科学，2005（9）：39-40.
[6] 王国华，曾润喜 . 解码网络信息 [M]. 武汉：华中科技大学出版社，2011：98-100.
[7] 郝英杰，马海红，赵治 . 高校网络信息引导工作实务研究 [J]. 中国电力教育，2008（12）：40-41.
[8] 刘燕，刘颖 . 高校网络信息的特点及管理对策 [J]. 思想教育研究，2009（4）：46.
[9] 王磊 . 新时期大学生重点舆情及其快速干预机制的研究 [J]. 学术论坛，2008（5）：36.
[10] 孟威 . 网络互动——意义诠释与规则探讨 [M]. 北京：经济管理出版社，2004：66-68.
[11] 钱庆生，孙鲁痕 . 高校群体性事件的预防与化解 [J]. 人民论坛学术前沿，2010（20）：34.
[12] 刘正荣 . 从非理性网络舆论看网民群体心理 [J]. 现代传播，2007（3）：32.
[13] 叶皓 . 突发事件的舆论引导 [M]. 南京：江苏人民出版社，2009：89-90.
[14] 人民网舆情监测室 . 如何应对网络信息？——网络信息分析师手册 [M]. 北京：新华出版社，2011：19-20.
[15] 李彪 . 舆情：山雨欲来——网络热点事件传播的空间结构和时间结构 [M]. 北京：人民日报出版社，2011：125-127.
[16] 中发〔2004〕16 号 .《关于进一步加强和改进大学生思想政治教育的意见》. 2004（10）.
[17] 王金宝 . 充分发挥校园文化活动在高校创新型人才培养中的作用 [J]. 江苏高教，2011（4）：36-37.
[18] 曹银忠，胡树祥 . 新中国成立以来大学生社会实践活动的回顾与展望 [J]. 思

想理论教育导刊，2010（5）：25-26.
[19] 李晓平 . 和谐社会的舆论环境研究 [D]. 北京 ：中共中央党校，2008 ：35-36.
[20] 赵若尘 . 高校校园网络信息引导研究——以西南大学樟树林论坛为例 [D]. 重庆西南大学，2010 ：45-46.
[21] 李彪 . 舆情 ：山雨欲来——网络热点事件传播的空间结构和时间结构 [M]. 北京 ：人民日报出版社，2011 ：201-203.
[22] 徐正 . 传播的博弈 ：数字媒体环境下的舆论引导研究 [M]. 杭州 ：浙江大学出版社，2011 ：165-166.
[23] 邱伟光，张耀灿 . 思想政治教育学原理 [M]. 北京 ：高等教育出版社，1999 ：221-222.
[24] 葛晨光 . 试论高校网络评论员队伍的建设与管理 [J]. 教育与教学研，2009（12）：26.
[25] Jing Zhao，Pengfei Guo. Fuzzy Evaluation on Campus Network Security Based on Membership Degree Transformation New Algorithm[J]. IEEE Computer Society，2009（1）：190-194.